U0929435

The Epoch of Teaching Circulation Network

An Upcoming Educational Reform

教联网时代

一场即将来临的教育变革

■ 周洪宇　易凌云　著

科学出版社

北京

内 容 简 介

以物联网、人工智能和虚拟现实为代表的新技术正推动信息时代走向万物互联时代，并不断地颠覆我们的生产生活方式，也不可避免地对教育产生了深刻的影响和冲击。本书正是在这种新技术的时代背景下，基于对现实教育的关注和对未来教育的关切，作出未来的教育必将走向教联网时代的判断，首次提出“教联网”和“教联网时代”的概念。并对教联网时代背景下的教育新动向、教学和学习的新变革进行探索和研究，旨在与时俱进，未雨绸缪，应对未来的挑战，使教育在重构未来的社会形态中发挥更重要的功能和作用。

本书适合从事教育管理、教育教学的教育工作者，从事教育学、教育技术学教学和研究的教师，从事教育信息化、互联网教育、教育资源开发等相关研究的教育工作者、网络工作者，以及对教育与网络发展感兴趣的学者、管理者、企业家、未来学家等参阅。此外，本书还适合与未来同行的终身学习者，关注未来教育的家长们阅读。

图书在版编目（CIP）数据

教联网时代：一场即将来临的教育变革 / 周洪宇，易凌云著. —北京：科学出版社，2018.3

ISBN 978-7-03-055766-7

Ⅰ. ①教… Ⅱ. ①周… ②易… Ⅲ. ①网络教育-研究 Ⅳ. ①G434

中国版本图书馆 CIP 数据核字（2017）第 298572 号

责任编辑：乔宇尚 / 责任校对：何艳萍

责任印制：徐晓晨 / 封面设计：润一文化

联系电话：010-64033934

电子邮箱：psy_edu@mail.sciencep.com

科学出版社出版

北京东黄城根北街 16 号

邮政编码：100717

http://www.sciencep.com

北京虎彩文化传播有限公司印刷

科学出版社发行 各地新华书店经销

*

2018 年 3 月第 一 版 开本：720×1000 1/16

2020 年 3 月第四次印刷 印张：15 1/2

字数：269 000

定价：99.00 元

（如有印装质量问题，我社负责调换）

前　　言

回顾人类社会发展的历史，社会生产力的每一次进步，技术的每一次革新都直接或间接地带来了教育的深刻变革。最近一次技术变革是以计算机、移动互联网为代表的信息技术，它开启了信息知识时代，推动了包括教育在内的社会各个领域的深刻变革，与此同时，“教育信息化”应时代之需成为努力的方向。

目前，新一轮科技革命与产业变革兴起，随着物联网、人工智能、可穿戴技术、虚拟现实、大数据等信息技术的不断发展、成熟及应用，可以实现物体与物体、人与人、人与物体的自由互联互通，人类正在迈向万物互联的智能时代。

在万物互联的视域下，人类社会与周围的物理空间、自然环境、生态体系共处互联，完美连通人类世界和物理自然世界并使之无缝对接。人与物都是网络中的节点，作为信息交互的重要节点，意味着人与周围世界的交互更便捷、及时且智能。随着意识流和信息流的不断互联与融合，我们可以预见，复杂的世界将变得瞬息万变，社会发展也在强信息流的交互中千变万化。万物互联必将对现有的社会结构、社会秩序、社会生活、社会需求和社会分工带来深远的变革。

教育是面向未来的，也是创造未来的。教育的使命不仅是培养适应未来社会的人才，更重要的是培养能够重新构建未来社会的人才。在这样的时代背景下，教育领域的变革成为必然趋势，教育也要与时俱进，用万物互联的技术及思维来重构未来的教育，并为未来社会承担教育的历史使命。因而，在教联网时代，我们必然要为培养人才、构建未来社会推动教育变革，重新设计未来的教育。

本书在新的时代背景下在世界上首次提出“教联网”和“教联网时代”的概

念，并试图对万物互联在教育领域的影响和变革进行初步的探索和研究，目的在于呼吁研究者不仅要加强对当前互联网教育的研究，更要加强对未来教育形态的研究。“教联网”的提出是为了呼吁教育与时代同行，教育需要在万物互联的时代视野中来思考与规划，从而更具前瞻性、重塑性，使教育在重构未来的社会形态中发挥更重要的功能和作用；通过对“教联网”的研究与探索，对“教联网时代”的教育进行建设性的预判，从而构建未来教育的新理念、新模式、新途径。

本书融合了物联网等新的信息技术和现代教育理论，重点研究了“教联网时代”的教育。一是从时代变革的角度来研究“教联网”。主要阐述了从信息互联到万物互联、从互联网到物联网、从物联网到“教联网”的变革，归纳了“教联网”的定义和内涵，概括了万物互联背景下的“教联网时代”的教育形态及其重要特征。二是从新技术的角度对未来的“教联网”进行了研判，人工智能、大数据、可穿戴设备、虚拟现实技术不仅拓展和改变了传统的教育和学习，帮助学习者提高了学习质量和学习效率，更重要的是它们将重塑教学和学习的新内涵。三是对“教联网时代”的教育观、教育疆域的拓展、教育组织结构、教育经济新模式等方面教育进行了多角度的分析，全面把握了“教联网时代”教育的新动向和特征。四是从学习的角度来研究“教联网时代”的教育，提出了学习的新内涵，并在此基础上讨论了教联网时代多样化的学习体验、创新能力的培养、协同共享的生态圈及互联学习共同体、终身学习体系的构建等内容。五是从教学的角度来研究“教联网时代”的教育，主要从教学的新内涵、教学过程的智能决策和实时动态调整、教学设计的场景化、教学方式突出寓教于乐等方面来阐述万物互联时代对教学的重构。六是展望未来“教联网时代”的教育，未来的学校将是生命成长的地方，未来的教师将是以学生为中心的学习的引路人，未来的学生是创造者，能够释放原有的能力和天分，未来的课程是有意义互联的载体与流动的媒介。七是从政府规划、社会治理、技术保障、法规制定的角度来迎接“教联网”时代的到来，建立安全有序的“教联网”，并推动“教联网时代”的教育更好地发展。

本书引用了一些专家、学者的观点，在此表示感谢，并对科学出版社编辑们热心细致、认真严谨的工作作风表示敬佩，谨以此书向关心、支持我们的朋友表达最衷心的感激之情。

周洪宇　易凌云

目　录

第 一 章

伟大的变革：万物互联背景下的教联网时代

随着物联网技术的发展、成熟及应用，特别是基于物联网、人工智能、3D 打印、虚拟现实等新的信息技术的发展，人们实现了物与物、人与人、人与物的互联互通，并走向万物互联的智能时代。万物互联深刻地影响和改变了我们原有的生活环境、交互方式、行为习惯，甚至我们内心深处的观念、理念及思维方式等。我们可以预见，万物互联时代的到来，必将对现有的社会结构、社会秩序、社会生活及教育、文化、经济、政治等领域、行业产生颠覆性的变革。

教育是面向未来的，也是创造未来的。教育的使命不仅是培养适应未来社会的人才，更重要的是培养能够构建未来社会的人才。因此，在万物互联时代，教育需要提前布局，用万物互联的技术及思维重构未来教育，并为未来社会承担起教育的历史使命。

第一节　急剧变化的时代：从信息互联到万物互联

在这样一个技术迭代升级越来越快的时代，技术的创新与变革对社会结构、行业分工、人类行为习惯和思维方式等方面将产生深刻的影响甚至颠覆性的变化。互联网能够随时随地进行信息的联结交互，解决了联结效率的问题，实现了社会生活的场景化。而万物互联的智能时代，不仅能够实现信息随时随地的互联，更重要的是能够实时地对所有的“物”进行交互连接，并在更大的平台上实现“信息流”“物流”“人流”等各种资源的实时、便捷、高效的对接与交互，解决了价值和资源的再分配、共享、智能化控制问题，其中的物联网、人工智能、大数据、云计算等技术就是这一阶段的主要特征。而这些新的技术正在催生一个新的时代，即从信息互联的信息时代迈向万物互联的智能时代。

一、科技推动时代的列车驶入万物互联

计算机、互联网、移动互联网、物联网、大数据等信息技术的革新及广泛应

用，开启了信息（知识）时代。从“内容传播—信息搜索”的网络泛传播到以“个体创造—群体协作”的网络社会形成，社会生产力的每一次进步，技术的每一次革新都直接或间接地带来了教育的深刻变革。

科技日新月异，未来超乎想象。我们无法准确地预测未来科技创新的前景，但我们可以通过现有的科学技术、产品或服务，去构想未来科技创新的趋势和未来世界的模样。

物联网技术是推动时代列车向前的技术之一。物联网是以感知为目的，实现人与人、人与物、物与物之间全面互联的网络技术。其主要特征就是通过感知设备使每个物体成为信息源并接入网络，人们可以实时地对物体进行寻址、通信和智能化控制。其主要原理是通过传感器等方式获取物理世界的各种信息，并结合互联网、移动通信网等进行信息的传送与交互。它采用智能计算技术对信息进行分析处理，提升对物质世界的感知能力，使原来相对孤立的信息得以联结并即时共享，从而实现智能化的决策和控制。物联网技术可以实现人与人的互联，人与物的互联，物与物的互联，并最终完成现实世界与信息世界的完全融合。这将是一个超大尺度、无限聚融、层级丰富、和谐运行的复杂网络体系，它将实现任何信息主体在任何时间、任何地点，访问任何信息源的世界形态。它不仅能为我们描绘出各类信息主体之间相互叠加、高度融合、自由转换的理想化交互图景，而且能够使我们的地球真正变成一个整合统一的立体化信息系统。物联网的出现加速了虚拟网络和现实世界融合的趋势，寄托了人类利用信息技术进一步改造现实世界的希望。

物联网是在互联网的基础上发展而来的更高形态的存在，是互联网技术、传感技术、通信技术等技术应用的结果，它不仅可以解决传统互联网强调的人与人的信息沟通问题，还可以通过人与物、物与物的互联，提升我们的感知、理解和管理世界的能力，从而解决信息化的智能管理和控制问题。① 我们正处在互联网时代与物联网时代悄然转换的节点。2016 年 6 月，3GPP 组织（移动通信标准化团体）将 NB-IoT 标准协议（即“窄带蜂窝物联网”）确定为物联网通信的全球统一标准。2016 年 11 月，经过艰苦卓绝的努力和万分残酷的竞争，3GPP 组织将华为的极化码方案确定为 5G 短码的最终方案。这成为中国在通信领域拥有重大话语权的标志性事件。5G 技术被认为是物联网的标配，它能提供低成本、低能耗、低延迟、高

---

① 谭雪芳. 弹幕、场景和社会角色的改变. 福建论坛：人文社会科学版，2015（12）：139-145.

速度、高可靠性的通信，进而支持物联网长时间、大规模的连接应用。未来5年，身边所见之处的事物都可能被物联网连接，家用电器、智能汽车、机械设备乃至森林、沼泽和大海……产生的数据量将大大超越互联网时代，这些海量数据将成为人们制定决策的无尽源泉。同时，人工智能通过对物联网的数据挖掘，也将使现有的生活、生产方式被改变。互联网虚构了现实世界，是虚拟化的社会存在，而物联网通过互联网、传统通信网等信息载体，让所有能够被独立寻找的物体实现互联互通，从而将虚拟化的世界与现实世界重新对接起来，整合虚拟世界和现实世界的各种资源，并在物联网这个大平台上实现自由流通、自由对接、优化配置，最终实现万物互联，形成虚拟现实、线上线下有机结合的万物互联的生态圈。

人工智能是推动时代列车向前的另一关键技术。关于人工智能的定义很多，"不可思议的计算机程序""与人类思考方式相似的计算机程序""与人类行为相似的计算机程序""会学习的计算机程序"等都从不同的角度阐述了其对社会进步的影响。[①] 通常来讲，人工智能是指能模仿人类智能的机器人。按照维基百科关于人工智能的定义，人工智能是"有关智能主体的研究与设计的学问，而智能主体是指一个可以观察周遭环境并做出行动以达至目标的系统"。这个定义强调人工智能可以根据环境感知做出主动反应，又强调人工智能做出反应所必须达到的目标，同时，不再强调人工智能对人类思维方式或人类总结的思维法则的模仿。华东师范大学教育学部李政涛教授认为人工智能是一种自动化的感知、学习、思考与决策的系统，它以"算法"，包括"深度学习""高质量的大数据""高性能的计算能力"等三大支柱为基础，经历了从计算智能（能存会算）、感知智能（能听会看，能听会认）、认知智能（能理解会思考）等不同阶段和层次的演变。[②] 人工智能可以把人从简单、机械、繁琐的工作中解放出来，从事更具创造性的工作，其硬件设备也成为万物互联时代的重要特征，智能产品、智能硬件、智慧服务等正悄然地影响和改变着我们的世界，它们能够在某种程度上替代人的部分功能，帮助人们更好地分析和解决问题。

---

① 闫志明，唐夏夏，秦旋，等. 教育人工智能（EAI）的内涵、关键技术与应用趋势——美国《为人工智能的未来做好准备》和《国家人工智能研发战略规划》报告解析. 远程教育杂志，2017（1）：26-35.

② 李政涛. 人工智能时代的人文主义教育宣言——解读《反思教育：向"全球共同利益"的理念转变》. 现代远程教育研究，2017（5）：3-4.

2017 年 7 月第十六届中国互联网大会上，360 公司研究院研究人工智能的专家认为，人工智能将是第四次工业革命的重要推动力，互联网可以把信息联结起来，人工智能则提高了人类理解和处理信息的效率。创新工场人工智能研究院院长李开复认为，人工智能将带来很多的创业机会，解放人类的劳动。早在 1997 年，IBM 的深蓝战胜卡斯帕罗夫，就引起了世界的震动，让人为之侧目。而 2016 年，谷歌旗下的人工智能公司的 AlphaGo 战胜了韩国围棋冠军李世石，成为人类关于人工智能领域的里程碑事件，再度掀起人工智能的热潮。

人工智能的时代已经到来，且无处不在，影响至深。人工智能在我们生活中早已处处可见。将插线板接入网络，用户就可以在任何地方远程控制插线板的开关；通过远程控制可以随时查看家里的门是否关闭；通过智能可穿戴设备，人们可以随时检测心率、血压、运动等方面的数据，如 Nike 运动鞋，能够随时随地记录我们的运动状况。又如在汽车、金属制造等行业中重复性比较高的工作，可以用机器人来完成打磨、搬运、装配等工作，这早已屡见不鲜；再进一步发展的人工智能，可以实现机器人写稿、写诗，也可以进行精准诊疗等。随着计算机知识、神经科学、语音识别等技术的发展，人们早已认识到人工智能将是科技创新的重要机遇，人类已经从“信息时代”进入“人工智能”的时代。不仅如此，人工智能或许在某个时刻能够超越人类的智慧，成为有思想、有生命、有智慧的机器。例如，美国的未来学家雷·库兹韦尔预言，在 2045 年左右，人工智能将达到一个“奇点”，跨越这个临界点，人工智能将超越人类智慧，人类将面临人工智能的挑战，并需要重新审视自己与机器之间的关系，思考如何与人工智能相处，人类将在与机器的共生共存中，开启一个新的时代。①

大数据是互联网信息时代的必然产物，也是万物互联时代的主要特征。大数据成为当前的热点课题，云计算研究机构 Gartner 将大数据定义为：大数据是需要新处理模式才能具有更强的决策力、洞察发现力和流程优化能力的海量、高增长率和多样化的信息资产。大数据技术实际包含了资源、数据及应用三个层面，即对数据的收集及存储、整理、分析等处理数据的能力，以及预测、优化等应用数据的能力。② 大数据的价值就在于通过分析能够预测某种未知的行为、规律、结果等，能够通过大数据洞察规律，从而为未来提供合理的指导意见。其实，“数据”古已有之，人们通过对天文、地理、自然现象等的观测，推测出天体运行、四时

① 凯文·凯利. 必然. 周峰，董理，金阳，译. 北京：电子工业出版社，2016：333-335.

② 陶雪娇，胡晓峰，刘洋. 大数据研究综述. 系统仿真学报，2013（S1）：142-146.

变化、昼夜更替的规律，甚至毕达哥拉斯学派认为，“数”是世界的本源。

在漫长的历史长河中，人们只能通过有限的信息去发现规律，找到规则。并且随着不同时代技术的进步，如草绳记事、数字、文字、印刷术、造纸术等的发明推动了信息的发展，实现了信息的记载、推广、传播、交互，但是由于技术的限制，信息不能得到及时、全面、真实、低成本的记载、传播、交互、共享。而到了信息时代，随着互联网信息技术的发展，真正实现了信息的低成本和快速的传播交互，尤其是随着物联网技术的发展，物联网、云计算、移动互联网、手机、计算机及分布在各个角落的各种各样的传感器，作为数据的来源或承载的方式，使信息直观、真实、全面、实时地呈现出来。大数据技术的应用必将使大量的、原来被忽略的信息资源得到存储、记录，并被充分地挖掘和分析，成为预测、判断未来行为的重要手段和方式，也成为我们生活中重要的组成部分。生活中的每一个场景，每一个个体经历的每一个事件，一喜一怒，一叹一息，一言一行都可以形成大数据，这颠覆了我们传统的关于信息获取、信息记忆和信息储存的知识伦理。从谷歌的街景车开始，全球3000多个城市的800万公里街道的全景图，被事无巨细地记录在它的服务中。街景车看到的，不仅在今天变成所有人能看到的，也是未来所有人能看到的。在不断互联的未来，听到、看到的一切现象，都是有用的数据。①

过去漫长的历史最终形成了现存的世界，而现存的世界也必将影响着未来世界的走向和前景。在现实中，我们惊讶地发现，很多智能产品、智能硬件、智慧服务等正悄然地影响和改变着我们的世界。例如，3D打印具有使我们的创意从计算机软件中的建模到打印出实物的功能。智能制造和绿色制造正向我们走来，个性化、分散化和协作化的社会正走在前进的路上。2014年，美国的机器人记者已经开始写稿。2016年，谷歌旗下人工智能公司的AlphaGo战胜了韩国围棋冠军李世石，成为人工智能领域的里程碑事件。随着人工智能的进一步发展，未来世界的机器人越来越能干，并将在生产制造、生活服务等领域中逐步替代人的工作。麦肯锡2015年7月发布的报告指出，全球物联网有望渗透的下游应用市场规模将在2025年以前达到3.9万亿至11万亿美元，达到约11%的全球经济占有率，并与城市管理、生产制造、家庭事务、汽车驾驶、能源环保、物流运输、工作办公、消费结算、个人健康等重要领域结合，形成9个千亿规模以上的细分市场。上述

---

① 《互联网时代》主创团队. 互联网时代. 北京：北京联合出版公司，2015：272.

的种种迹象表明，科技正推动着时代进步，我们将走进万物互联的时代。

二、万物互联生态圈的形成

随着物联网、人工智能和大数据技术的不断发展，最终实现物与物、人与人、人与物的自由互联互通，从而走向万物互联的智能时代。加拿大著名传播大师马歇尔·麦克卢恩曾经说过："任何技术都倾向于创造一个新的人类环境。"① 物联网技术、人工智能技术的应用与发展必然使其区别于互联网信息时代的特征，并进一步影响和改变整个世界的关系架构、构成元素，形成新的社会环境、社会秩序、社会规则和行为模式。物联网与互联网紧密相连，又相互区别。物联网是在互联网的基础上发展而来的更高形态的存在，是互联网技术、通信技术、传感技术等技术应用的结果，它不仅可以实现互联网时代所解决的人与人的信息沟通的功能和作用，还可以通过人与物、物与物的互联，提升人们感知、理解和管理世界的能力，解决对物的信息化智能管理和控制问题。互联网以现实世界为模型，通过间接的信息联结方式，虚构了网络世界，是虚拟化的社会存在，而物联网通过直接的与物相连接的方式，将虚拟化的世界与现实的世界重新对接整合起来，重构和重组了虚拟世界和现实世界的所有元素，最终实现了万物互联，形成了虚拟现实、线上线下有机结合的万物互联的生态圈。

万物互联的生态圈离我们并不遥远，早在 2007 年 9 月 8 日，在意大利罗马市中心广场的巨幅电子屏幕上，由美国麻省理工学院"感知城市"实验室发起并命名为"维基罗马"的工程正式启动，也被称为"未来地图"，实现了虚拟世界与现实世界的完美对接，人们通过智能互联实时掌握各种信息资源，进而及时地对自己的行为进行合理安排，对外部的资源进行控制等。在"未来地图"这个显示屏上，人们可以实时了解交通流量、拥挤程度，可以实时感知公交运行的状况、实际的位置，等等。它精确、完美、立体地告诉人们关于城市里每个角落正在发生的一切。罗马市民可以在电子屏幕上找到任何静止或者移动的物体，可以非常清楚地知道当前人潮的流动方向、节目演出的地址、罗马名人的准确行踪、汽车火车的详细位置，甚至可以发现正漫步于街头的某个熟人的身影……另外，市民也可以通过手机、计算机、全球定位系统等网络资源查看"未来地图"。与其说这是

① 杨妍. 新媒体环境下场景化思维的应用. 收藏，2017（16）：157.

一幅地图，不如说是未来物联网世界里人们生活场景的一个展望。这些地图并不是专业的测绘人员辛苦绘制出来的，而是人们通过手机和全球定位系统把相关信息发送到计算机平台，经过系统整理后标注在地图上，再按需求反馈到人们的手机或计算机里。城市中的每个人，都可以通过互联网上传或下载这些信息，从而实现对整个城市情况“了如指掌”。可以预见，在物联网相连的未来世界里，“未来地图”的图景将会频现于人们的日常生活中。我们的世界正在更加全面地互联互通，我们也能够更透彻地感知和体验世界的本质和变化，在此基础上所有的事物、流程、运行方式都具有更深入的智能化，我们也将获得更智能的洞察力。新技术的革新与实践，将会是人类交往方式的巨大跨越与人类文明进步的重要标志。

万物互联的网络就像神经系统，通过身体的某一细胞可以立即感知周围细胞的状况。在万物互联的背景下，将形成一个超级智慧的“全球脑”，“全球脑”并非大脑，而是一个庞大的人类与机器的联接体。全球所有的计算机、存储器及所有的人，都将被连为一体，这是一个无所不包的连接体。通过互联的网络，随时被他人呼应，随时呼应每一个人。因此，每个人将拥有一切，每个人同时又微不足道，独立的机器和独立的人都不再有意义。凯文•凯利预言：“互联时代会把我们联结在一起，然后再把人类与机器进行连接。人类和机器才是真正强大的结合体，这就是万物互联时代的意义所在。”[①]可以说，随着人工智能、移动互联网、大数据、传感技术、通信技术、计算技术等新技术的发展、成熟及市场化应用，物与物、人与人、人与物之间将实现“亲密接触”和“心灵感应”，技术将整个世界关联起来，变成一个互联、互通、互享的生态圈。

物联网通过技术的革新把现实世界中的所有人和物连接起来，并通过物联网技术形成智能型控制，万物互联变革的不仅是技术，也包括人的思维理念、观念、意志等。人工智能、物联网和大数据等新技术所带来的影响绝不仅限于技术领域，而且广泛地深入人类的经济生活、社会生活、文化生活及教育生活中，从而全面而深刻地改变或重构我们的现实世界，形成万物互联的生态圈。人们在这个万物互联的生态圈中交互、共享各种资源，每个人各取所需，每个物各得其所，资源得到更加合理的配置和使用，从而构建了新的互联关系。人们在这个新的生态圈中，重新约定或构建适应万物互联生态圈的新的运行规则、程序、办法、途径等，实现各个资源的更加便捷高效的流通对接，从而使每个物、每个人的价值都得到了最有效的发挥和体现，真正实现以人为本，体现对生命的尊重。

---

① 凯文•凯利. 必然. 周峰，董理，金阳，译. 北京：电子工业出版社，2016：334-336.

在万物互联的时代，我们可以通过互联网技术、通信技术、传感技术等技术拓展视野，使我们从狭小的空间里能够看到遥远的星空，看到未知的东西，让我们的思想插上腾飞的翅膀，不仅如此，更让我们实现远距离的智能控制，从而在更大程度上实现自由。在万物互联的时代，我们拥有相对无限的空间和自由，通过万物互联这个大平台，我们可以随时随地找到需要的资源，能够自由地实现与外在世界的对接、互联，最大限度地去认知世界，最大限度地去对接资源，最大限度地拓展自己的能力、视野，在与世界的对话、交流、共享、融合中最大限度地实现自己的价值，真正发掘自身潜力，促进生命有意义的互联，促进生命的成长与体验。

万物互联的社会创造了全新的时代语境。在互联网时代，现实世界里，人类受时间、空间的限制只能实现近距离的局部的控制或自由；在虚拟世界里，我们可以实现思想的自由、视野的开阔，却无法实现对物的智能化控制。而在万物互联时代，人们通过各种传感器设备、物联网技术将现实世界与虚拟世界直接连接起来，从而实现了虚拟世界与现实世界的交互、协调、整合，并对现实世界的构成元素进行全面的解构和重构，形成不同于虚拟世界，也不同于现实世界的新的“混合世界”。可以预见，在万物互联时代，现实世界中固有的空间与时间的物质基础必将开始连接并转化，围绕着信息流动和交互，重新组织社会真实与虚拟并存着的流动空间和时间。在这样流动时空下的信息传播与交流过程中，每个主体都处于自由而平等的交流语境，这种高效的信息传播形态使主体之间突破了现实生活的种种局限，不仅实现了用户的信息感知，而且赋予了用户的情感体验。人类的意识流和信息流实现瞬时融合，人类关于情感的交流、情感的表达、意志的沟通等通过信息交互过程的灵活转换与有效互动，给予用户更突出的感官冲击与沉浸享受，为用户信息交流的畅通与信息反馈与控制提供了新的可能性。交互性、沉浸性、感知性与构想性成为这种新型交往方式的最主要特征。新的构成元素、新的运行规律、新的运行规则、新的思维方式，必然深刻地影响到我们的社会生活方式、产业形态、商业模式、价值观念、生态环境等各方面、各领域的变革，必然代表和标志着一次深刻的社会革命。

三、万物互联时代的教育新视域

在万物互联时代，一场正在来临的教育变革悄悄向我们走近。当机器人走上讲台，当物联网和大数据帮我们智慧决策，当我们穿越时空随时随地通过教育感知生命和成长时，万物互联时代的教育将彻底告别传统教育模式。尽管只是初现端倪，但若蝴蝶效应，万物互联对传统教育模式的挑战、对人才培养方式的改变、对国家竞争力的提升乃至对人类未来的走向都将产生不可估量的影响。万物互联时代既对未来的教育提出了新的挑战，也为未来的教育提供了思路、方法和实现的路径。未来的教育必然是以万物互联这个时代背景、万物互联这种思维模式、万物互联这种互联平台来进行设计，构建适应万物互联时代的教育。总的来看，万物互联将从教育理念、教育目标、教育价值、教育方式、教育内容、教育途径等方面，定义未来的教育所承载的价值和使命。如图 1-1 所示。

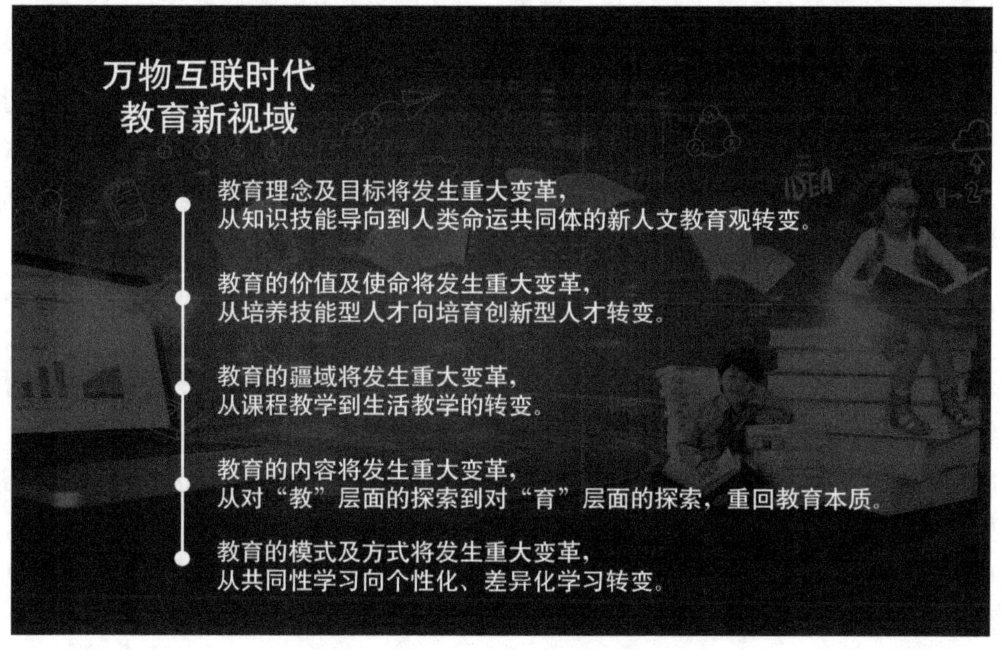

图 1-1　万物互联时代的教育新视域

1）教育理念及目标将发生重大变革，将从知识技能导向到人类命运共同体的新人文教育观转变。万物互联时代的特征之一就是联结，联结是未来发展的一切可能性的基础。万物互联的教育视域最主要的特征是联结教师、学生、教学工具和教学资源。联合国教科文组织 2015 年发布的报告《反思教育：向“全球共同利益”的理念转变？》提出“新人文主义”教育观和发展观。报告指出：“世界在变化，教育也必须变化。教育必须重视文化素养，有助于将可持续发展的社会、经济和环境方面结为一体。”这是新人文主义教育观，也是全人类的共同利益。笔者总结归纳了信息互联时代的新人文教育观：新人文教育是一种建立在全球视野和全球观念上的新教育，是以人为核心，在张扬个性的基础上又具备人类整体性意识的新教育，是一种注重绿色生态可持续发展的新教育，是吸收西方人文主义历史传统和精神同时又继承中华文化人文价值和精神的新教育。从全人类共同利益的全球视野出发，教育目标要实现从知识技能导向到命运共同体的新人文教育观转变，为社会和时代培养具有家国情怀、具有社会责任感和历史使命感的创新型人才。教联网所具有的开放、共享、连接、交互、免费、智能、个性服务等特性顺应了新人文教育观的发展趋势。特别是面向未来，我们可以感受到物联网、互联网所带来的全球共同体、地球村等，世界的每个角落都联结在一起，信息、资源、观念、思想等都在通过互联网逐步实现开放和共享，整个世界成为一个命运共同体，在这个命运共同体中，人类将面临共同的挑战和机遇，包括文明秩序的建立、价值观的共融、求同存异、多样性、同理心等，这些无不闪烁着人类的智慧和新人文精神的情怀，这也是万物互联时代对教育理念及教育目标的重新考量。

2）教育的价值及使命将发生重大变革，将从培养技能型人才向培养创新型人才转变。万物互联的时代，创新创造成为时代的主旋律，互联网技术、物联网技术的应用及互联网思维和理念的深入，正在解构并重构未来社会，这必然要培育新一代青年的建构性、创新性的思维、观念及能力，使其适应未来社会的需求。同时，随着人工智能的深入发展，未来的机器人将替代人类的部分功能，人们需要重新设定自己在未来社会中的角色，即人们将主要从事脑力劳动和创新性活动，也只有这样才不会被机器人所取代，因此，教育必然要回应时代的需求，培养创新型的人才。教育既要面对人类命运共同体的考问，也要回应国家和民族的特点和发展阶段及使命。从创新的角度来讲，创新驱动成为推动国家竞争力的核心要素和最重要的动力，创新也成为人所具备基本要素。一个国家的智力资本越强，软实力、巧实力越强，竞争的优势越大，竞争的格局就难以撼动。没有高素质创新型人才群体性的崛起，中华民族的伟大复兴之路寸步难行。因此，面对世界科技飞速发展的挑战，我们应培育民族的创新精神，培养具有家国情怀、具有社会责任感和历史使命感的创新型人才。

3）教育的疆域及视野将发生重大变革，实现从课程教学到生活教学的转变。教联网通过实现对物的联网使人类的学习网变成了一张更加泛在的网。早在 20 世纪20年代，伟大的教育家陶行知先生曾把学校比喻为远离生活的“鸟笼”，主张把鸟儿放回到天空中去，学校教育要让学生全面地感知社会生活，并提出了“生活即教育”“社会即学校”的著名命题。万物互联时代的教育就是要把学生从“鸟笼”中解放出来，真正实现学习的生活化、社会化，使学习教育和社会生活融为一体。物联网具有超强的联结性、全息性、公共性、信息流动的全程性、全面性和智能性特点。物联网不仅可以把各种教育资源和教学设备加入这个网络，还可以实现教师、学生和教育资源和教学设备之间的联结，将世界各地人、物、设备、空间等各类教育资源连接成一个不可分割的有机整体，支持真实教育场景的创设，创造出全新的虚拟空间，为学生提供图文并茂、丰富多彩的虚拟世界和交互式人机界面，使学生可以不受时空限制地共享资源，并自由地进行信息传递和交流，真正实现形式上的“天涯若比邻”，偌大的地球也就变成“地球村”“全球课堂”。物联网能将生活世界的信息形象、直观地呈现在学生面前，破除时空的壁垒，使学校教学能够自由、方便地联通外部世界，扩展学生的生活空间，从而实现从课堂教学到生活教学的转变。

4）教育的内容将发生重大变革，从对“教”层面的探索到对“育”层面的探索，重回教育本质。在互联网时代的教育中，师生之间更多是知识和信息层面的交互，教育的育人功能被弱化。在万物互联时代，人工智能能够替代教师的部分职能和工作，使教师拥有更多的时间和精力去创新教育内容、改革教学方法，更好地在“育”的方面去思考，培养孩子的素养、艺术和创新能力，使其适应未来的社会。教师要学习新的技能和适应新的教联网时代教师的角色，从掌握面对面的教学技巧策略过渡到既掌握传统的面对面分析的策略，又要设计和促进以学生为本的学习方式，给学生以智慧的启发和心灵的启迪。在万物互联的环境中，学生、教师和管理人员人无论在何时何地，都可以实现一对多、多对多的互动，并可以通过物联网技术实现对现实世界的直观感知。只要学习者有需要，未来的教师就可以随时随地和学生互动，教联网通过对教师和教学环境、教学设备、学习者之间的互联，为加强教师在“育”层面的探索创造了较好的条件。就教联网的互联过程来看，具有“物联和人联主体的交互与共生”“互联主体间的构造与重塑”及教育过程中的“贴近生命的解释与叙事”等特点[①]，这个过程充分体现了教育者通过万物互联可以更方便掌握学习者的思想品德、精神和性格的发展状态。在未

① 张务农. 物联网发展图景中的教育变革与挑战. 教育发展研究，2015（17）：21-26.

来的教联网时代，教师既可以把原先相关课程中的某些实验过程更加准确、直观且持续地呈现，也可以把抽象的知识点和现实的物理世界联系起来，还可以把知识点的学习和具体的情境结合起来，从而使学生更好地理解知识，同时激发学习兴趣，进一步发挥学生的主体作用，提升学习效果。教育一方面正视新技术带给教育的影响，与时俱进，顺势而为；另一方面，又要坚守教育之道，从教育的本质出发，从教育的目标出发，探寻教育本真，加强对“育”层面的探讨，守正创新。

5）教育的模式及方式将发生重大变革，从共同性、标准化学习向个性化、差异化学习转变。教育方式的变革主要得益于人工智能的发展、大数据的应用及各种传感器技术、视频识别技术的发展。万物互联时代的教育由于教学对象是以真实的、现实的身份联结到教联网的，教学是一种虚拟的“真实”，教师能够很好地保持与教学对象的黏性，教师也可以随时跟踪和监测教学过程中的关键环节和教学效果，是虚拟与真实交织在一起的教学空间。物联网通过身份识别系统让每位学习者通过自己固定的 IP 和教学资源、教学设备相联结，所以在物联网世界中，教育活动的一举一动都与原本的现实世界高度一致，并且都可以在教联网中有与其完全对等的数字化表达。物联网每个节点上的知识的 IP 显示着知识与现实世界的所有联系，并以一种全息的复杂网络的方式呈现，这为个性化教育的实现提供了更加有效的支撑。教师在面对学生时，通过全息的教联网可以实时把握每个学生的具体情况。

在万物互联时代，学习者可以穿梭于教育的时空隧道，获得“身临其境”的学习，物联网的智慧感知系统即时跟踪教学过程，了解学习者的学习状况，做出评估，对学习者遇到的困难和难点给出建议性的解决方案。总之，万物互联时代的教学是虚拟与真实交织在一起的教学空间，具有开放、共享、连接、交互、免费、智能、个性服务等特性，可以实现人和人、人和教学资源、教学工具之间的联结，能够及时解决教育中遇到的困难与问题。

人类早已习惯通过技术选择确立社会生活的基本准则，这些选择在人类的目标、途径、结果和表现形式等特定范围内往往定义着一个新的世界，一个与世界万物实现更广泛更深入沟通交流的崭新的世界形态。这对于人类的教育来说，注定是一次难得的机遇，它开辟了人类认知世界的全新视野，开启了现实生活中的教育与虚拟世界中的教育之间的互联互通，有效解决了自然主体间信息传播和社会交往的虚拟性难题。物联网和人工智能的快速发展虽然时间较短，但蕴含着巨大潜力并得以迅速发展，受到国际社会的高度关注和积极参与，甚至成为很多国家的发展战略。究其原因，既源于它顺应了现代社会对信息技术发展的深层要求，又源于它具有互联网的成熟技术与实践经验。在其尚处于起步阶段的今天，我们无法精确预计其成熟状态，也无法精确预测其发展道路，但首先能做的是面向未来的战略，在未来的战略中再聚焦并研究具体问题，万物互联时代的教育新视域也因此而打开。

第二节　从互联网到物联网

物联网是互联网等信息技术进入智能阶段的产物，是新一代信息技术的高度集成和综合应用，它已经成为全球新一轮科技革命和产业变革的核心驱动，以及经济社会绿色、智能、可持续发展的关键基础和重要引擎。物联网既与互联网紧密相连，又相互区别。物联网是在互联网的基础上发展而来的更高形态的存在，也为教联网的发展奠定了技术基础、理论基础和思想基础。

一、物联网与万物互联

万物互联的基础就是物联网技术的创新发展及广泛应用。1999 年，美国麻省理工学院提出了网络无线射频识别系统（RFID），即通过射频识别等信息传感设备可以将物体与物体、物体与人之间通过互联网连接起来，实现智能化识别和管理。后来，该学院的自动识别实验室在美国统一代码委员会（UCC）的支持下，率先提出了要在计算机互联网的基础上，利用 RFID、无线数据通信技术，构造一个覆盖世界万物的系统。物联网的兴起主要是以互联网为基础，并基于传感器技术、射频识别技术、嵌入式系统技术等关键技术的发展，从而让所有的物品都能够通过感知技术和感知设备与网络连接在一起，系统可以自动地、实时地对物体进行识别、定位、追踪、监控并根据需求进行相应的交互。其中，传感技术能够完成实时监测、感知和采集环境信息，实现了物品的感知；嵌入式系统能够有效完成信息处理，实现了物品的思考；射频识别技术能够通过无限电信号识别特定目标并读写相关的数据，实现了物品的标识；随机自组织无线通信网络能够完成将所感知的信息传送到用户终端。实质上，物联网就是通过传感技术及设备使所有的物体成为能够独立寻址的信息源，并以互联网为基础平台，实现物与物之间互联互通的网络。

互联网带我们进入了一个虚拟世界，在虚拟世界里共享信息。人们利用互联网主要是进行信息交换和沟通，互联网作为虚拟化的世界，与现实世界并没有发生直接的关联，而随着互联网技术的发展，互联网开始与各行各业跨界融合，最初主要是通过互联网实现信息的传递、整合和共享。随着物联网技术的发展，互联网与各行各业之间的关联不再局限于信息的传递与共享，特别是随着传感器技术、射频识别技术的发展，实现了与教育、环保、交通、安全、能源、健康等行业领域的深度融合，如人们通过智能监控系统可以解决安全问题，通过无人机可以对污染源进行监控等。互联网解决的是信息沟通的问题，而物联网不仅可以解决互联网时代的人与人的信息沟通问题，还可以通过人与物、物与物的互联，实现信息化的智能管理和控制问题。例如，可以通过远程控制实现对房屋的监控、对汽车的监控启动、对交通信息状况的了解等。互联网虚构了网络世界，而物联网通过各种感知技术又将虚拟化的网络世界与现实世界的万物重新对接整合起来，形成超级物联网平台，在这个平台上，现实世界的万物都可以通过互联网及传感技术连接到平台上，从而实现资源的连接与共享。从宏观的角度讲，人类可以通过这个超级物联网平台实现对物的重新定义、价值的重估、资源的重新配置等，从而在更大范围内实现资源的共享与最大价值的利用。从微观的角度来讲，人们可以通过这个平台和物联网技术连接物、分享物，并实现对线下物的智能控制和使用，从而形成虚实结合、线上线下有机结合的万物互联的生态社区，生成超大尺度、无限扩张、层级丰富、和谐运行的复杂网络系统。①

在物联网时代的背景下，互联网技术的应用、物联技术的拓展，将对整个世界的虚拟元素、现实元素进行重新定位、识别和价值的判断，使原有的社会结构、运行规则发生颠覆性变化，应该说，物联网时代变革的不仅仅是技术，也不仅仅是虚拟的世界，更是对现实世界的重新审视和深刻的变革，改变人们思维理念、观念、意志等，并最终反映到人们的社会生活及生产、产业业态、行业等，进而对社会各领域、各行业产生深刻的影响。其中反映到教育领域的就是通过物联网

① 张天军. 物联网时代的创新教育. 当代教育与文化，2010（5）：11-15.

技术的应用和拓展最终影响和推动着教育的模式与形态、教育的理念与观念、教育的价值与目标、教育的途径与方式等方面的创新与变革。

二、物联网的概念和架构

物联网作为“物物相连的互联网”，是通过射频识别（RFID）装置、红外感应器、全球定位系统、激光扫描器等信息传感设备，按约定的协议，把任何物品与互联网相连接，实现物品的自动识别和信息的互联共享，以实现智能化识别、定位、跟踪、监控和管理的一种信息网络。物联网具有全面感知、可靠传送和智能处理三大基本特征。其中，全面感知，即通过 RFID、传感器、二维码等即时感知和识别物体，采集和捕获信息；可靠传送，即通过网络将感知的各种信息进行实时传送；智能处理，即利用云计算等技术通过信息平台对海量信息进行处理，真正实现人和物及物和物之间的互联。

从物联网的概念中，我们可以知道，物联网的基础是互联网，没有互联网就没有物联网，物联网是在互联网的基础上扩展和延伸的网络；物联网主要通过广泛运用感知技术来实现对物品的连接与共享，并通过感知技术实现对物体的智能控制。物联网是一个非常复杂、系统多样的系统技术应用，一般将物联网的结构分为三个层次[①]：如图 1-2 所示。

1）感知层。以 RFID、传感器、二维码等为主，主要用于信息的识别和采集。利用传感器采集设备信息，利用射频识别技术在一定范围内实现发射和识别，传感网络是物联网的基础。

2）网络层。物联网的传输网络层是物与物相连的专用网。以有线或无线的方式实现无缝、透明、安全的接入，提供并实施编码和认知及计费等管理，包括泛在网、专用网。信息传输网络为物物相连提供保障。通过现有的互联网、广电网和通信网或者下一代网络 NGN，远距离无缝传输来自传感网所采集的巨量数据信息；对传感器采集的信息进行安全无误的传输，并对收集到的信息进行分析处理，将结果提供给应用层。

3）应用层。该层即输入输出控制终端，如手机、智能家电的控制器等，主要

① 葛彦强. 基于物联网的教育资源共享研究. 现代教育科学：教学研究，2013（9）：171-177.

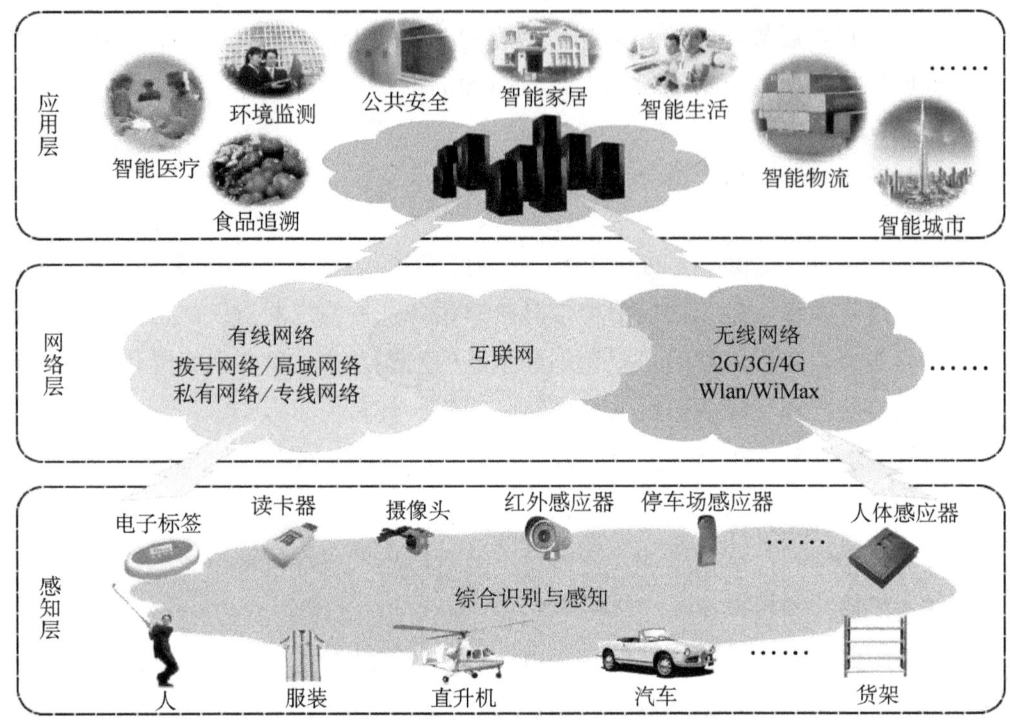

图 1-2　物联网的结构框架

通过数据处理及解决方案来提供人们所需要的信息服务。智能终端大体可以分为器物类终端，如装有传感器、RFID 的物体；机器与装备类的终端，如智能手机、智能家电和智能装备等，其特点在于机电一体化，具有智能功能；机构类终端，如会议终端、平台终端、移动终端等，其智能在于数据集成、分析、处理和业务协调指挥等。应用层为用户提供丰富的服务功能，随着物联网的发展，应用层会大大拓展到各个行业，给我们带来实实在在的方便。

在该体系结构中，智能终端层面器物类终端、机器与装备类的终端和机构类终端都是具体的，随着技术的不断发展升级，物联网的新设备也会越来越多，功能也会越来越强大。

三、从互联网到物联网：超越的五个维度

互联网发展的高级形态就是物联网，互联网发展的最终趋势也是走向物联网。物联网是以互联网为基础的延伸和拓展，是移动互联网、大数据、云计算、传感

器技术、射频识别技术等技术应用的结果。与传统的互联网相比，物联网具有鲜明的特征：物联网是各种感知技术的广泛应用，物联网上部署了各种类型的传感器，每个传感器都是一个信息源，不同类型的传感器获取的信息内容和格式不同；物联网是建立在互联网基础上的泛在网络，其技术的重要基础和核心仍旧是互联网，通过各种有线和无线网络与互联网融合，将物体的信息实时准确的传递出去；物联网不仅提供了传感器的连接，其本身也具有智能处理能力，能够对物体实施智能控制等。从互联网到物联网，超越了五个方面的维度。

1. 联结维度

互联网联结的主体是人—机（计算机）—人。物联网联结的主体维度多元化，可以是物与物相联，也可以是人与物相联，还可以是人与人相联。物联网实现的是万物相联，实现了多维互联。

2. 信息采集的维度

互联网的信息是事后输入的，有的信息可能不是很客观。而物联网是把现实世界发生的人与事关联至物联网体系，它是现实世界的镜像反映，是即时、客观、真实的，同时还是可预警或可预测的，正是这些特点能够帮助人们随时调整决策，引导事件向好的方向发展。

3. 信息传输的维度

互联网关注的是内部信息，是确定的；而物联网关注的是外部发生的事件，具有不确定性。物联网关联的人和事件具有不可复制性，如在某一个固定的时间，学习者通过互联网教育学习了新的知识，学习过程的时间、学习地点和学习行为是不可复制的。而通过互联网来传输的学习信息和学习内容却很容易复制。

4. 事件驱动

物联网关注的是外部现实世界的事件驱动。例如，学习者通过在线学习掌握“故宫博物院中存储的关于传统文化的知识”，学习事件驱动了此次事件的物联网架构组成。

5. 互联网和物联网的核心

互联网虽然是通过网络来传播信息、共享信息的，但其核心是信息共享而不是网络。物联网虽然也能传播信息、共享信息，但其核心是面向实体世界的感知和感知的服务。

从互联网到物联网，超越的五个维度如表 1-1 所示。

表 1-1 物联网超越互联网的五个维度

维度 名称	联结维度	信息采集	信息传输	信息处理	核心内容
物联网	人与物 物与物 人与人	自动，真实且实时，可预警	不确定，不可复制	外部事件驱动，智能化	面向实体世界的感知和感知的服务
互联网	人与人	人工事后输入	确定，可以复制	交换	信息共享

第三节 从物联网到教联网

一、物联网时代的新特点及其影响

物联网的核心和基础仍然是互联网，是在互联网基础上把其用户端延伸和扩展到了任何物品与物品之间。物联网的本质概括起来主要体现在三个方面：一是互联网特征，即对需要联网的物能够实现互联互通的互联网络。现有的互联网所拥有的特点，如共享性、虚拟性、互动性以及时空扩展性等，物联网时代同样存在并将继续其影响；二是识别与通信特征，即纳入物联网的物一定要具备识别与物物通信的功能；三是智能化特征，即网络系统应具有自动化、自我反馈与智能控制的特征。物联网的特征既是在互联网的基础上发展而来的，同时还增加了以下一些鲜明的时代特点，对人类的生产、生活及教育和人才培养等产生重要影响。

1. 可感知性

物联网通过存有物品静态属性的电子标签标识物体，通过射频识别（RFID）装置、红外感应器、全球定位系统、激光扫描器等信息传感设备实时探测物品的动态属性，读取并将信息转换为适合网络传输的数据格式，按约定的协议，通过无线数据通信网络把它们自动采集到中央信息系统，实现物品的识别，在物体身份识别的基础上通过网络实现信息交换和共享，从而达到对物品的“透明”管理。① 与传统的互联网（实现的是对虚拟世界的感知）相比，物联网实现的是对现实世界的感知。这使得网络和现实生活开始真正地交融，从虚拟化逐渐走向真实化，更加可信和可控，用户可以通过它建立和现实生活类似的学习生活情境；这也必

① 施鸣. 浅谈第三次信息革命“物联网”的起源与发展前景. 信息与电脑：理论版，2009（10）：71-71.

将促使人们对网络上的人和物的主体性的尊重，增强以人为本的理念。

2. 整合性

物联网具有强大的整合功能，通过传感器技术、大数据技术、通讯信息技术等把现实世界中的各项资源相互关联起来，形成资源信息共享的平台，实现生物识别、智能传感、信息可视化等功能，打破互联网时代原有的信息孤岛，为物体提供收集信息甚至执行决策、全面智能化、便捷化管理等功能。具体来讲，就是把感应器嵌入和安装到电网、铁路、桥梁、隧道、公路、建筑、供水系统、大坝、油气管道等各种物体中，感知其覆盖范围内出现的物体。然后将物联网与现有的互联网整合起来，实现人类社会与物理系统的整合。通过物联网，人类可以更加精细、动态和智慧化地管理生产和生活，提高资源利用率和生产力水平。这将有力地促进各行各业的快速和可持续发展，促进各部门间的融合，促进各行业间的融合，其中包括促进学校与社会的互动和融合。

3. 融合性

在物联网时代，伴随着人类社会与物理系统的整合及信息通信技术的融合和发展，传统的社会组织及其活动边界正在慢慢“融化”。无处不在的网络推动了知识的传递与共享，成为知识社会形成和发展的重要基础。知识社会的社会形态越来越呈现出复杂多变的流变特征。传统意义上的国家、学校、社区、工厂和实验室等边界在“融化”，变得越来越不明显，取而代之的是“地球村”社会、学习组织、网络社区和虚拟实验室等；教和学之间的界限也在慢慢“融化”，学生也可以教教师，教师也需要向学生学习，终身学习和协作学习成为必然。同样，对信息和知识的认识和理解也在变化，信息和知识不只是掌握在权威和少数人手中，其内容不是固定在发布商那里，而是活动在任何地方。

4. 应用性

物联网是继互联网、移动通信网之后的第三次信息产业浪潮，被列为国家重点发展的战略性新兴产业之一，而且当前正以 30%的速度增长，市场潜力巨大。物联网使人们以更加精细和动态的方式管理生产和生活成为可能，它的发展不仅能使生产确保质量，流通实现有序高效，资源配置更加合理，消费安全指数大大提高，而且还将带动微电子技术、传感元器件、自动控制、机器智能等一系列相关产业的持续发展，催生新兴产业、新的就业岗位和职业门类，带来庞大的产业集群效应。因此，有人称物联网是“新世纪人类 IT 经济浪潮”，为世界所关注。从本质上看，物联网是生产社会化、智能化发展的必然产物，是现代信息网络技术与传统商品市场有机结合的一种创造。这种创造不仅可以极大地促进社会生产力发展，而且推动着人们生活方式、工作方式、组织方式与社会形态的深刻变革。

二、物联网的行业分类及教联网的定义内涵

（一）物联网的行业分类

物联网在每个行业都有新的运用，如车联网。车联网概念引申自物联网（Internet of Things），它通过信息传感设备将车与车之间连接起来，进行识别与管理。传统的车联网定义是指通过无线射频等感知技术，对车辆上装载的电子标签进行识别，并提取和有效利用所有车辆的属性信息和静、动态信息，根据不同的需求，对所有车辆的运行状态进行有效的监管并提供综合服务的系统。具体而言，物联网的应用分类我们可以从图 1-3 得到一个形象化的了解。

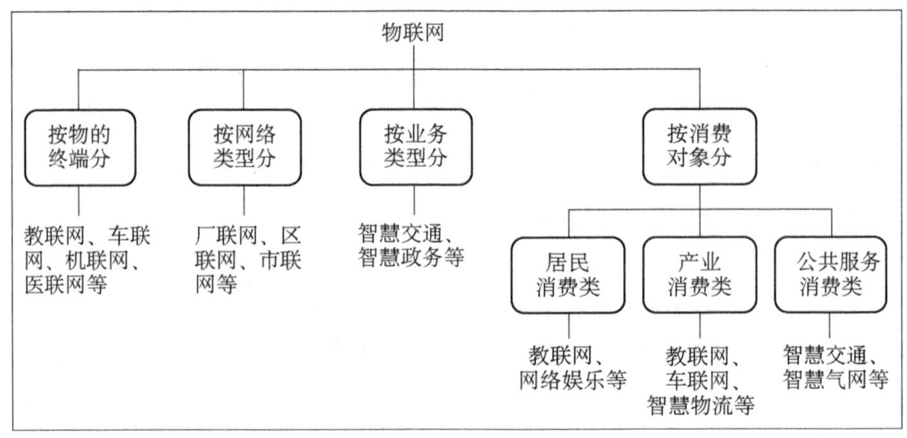

图 1-3　物联网应用的分类

按照物的终端分类，物联网中的“物”包括机器、汽车、电梯等各种形式的“物端”，如车联网、机联网，也包括物联网在行业中的运用，如教联网和医联网，按照网络类型，可以分为厂联网、区联网和市联网；按照业务类型，可以分为智慧交通、智慧政务、智慧农业等；按照消费对象，可以分为居民消费类、产业消费类和公共服务消费类。不同类别的区分更重要的意义在于不同领域、不同行业的物联网在技术的应用上有不同的表现和独特的规律。在大数据背景下，物体与物体之间，人与物体之间正在不断相联，如检查家里的门窗是否关好，只需在手机上查看软件，确认后远程遥控开关。在万物互联之后，人和人、人和物、物和

物都可以实现联结。[①] 当今时代，各国家的各个领域都在加强对物联网技术的运用。麦肯锡全球研究院在《12 种改变未来的颠覆性技术》报告中指出，物联网在 2025 年之前能够给全球经济带来每年最多 6.2 亿美元的经济效益。全球形成了发展物联网的共识，如美国提出“智慧地球”战略，发展物联网尤其是传感网络技术。欧盟提出 2020 战略之欧洲数字计划，建立 RFID 与物联网模型，力推物联网在航空航天、汽车、医疗、能源等 18 个主要领域的应用。日本提出了 U-Japan 计划，力求实现人与人、物与物、人与物间的联结。物联网技术也在安防、电力、交通、物流、医疗、环保、农业等领域得到推广和应用，如“机联网”“车联网”“医联网”等应运而生，这对推动各行业数字化、信息化、智能化具有重要的意义。如图 1-4 所示。

图 1-4　万物互联的未来的世界

（二）教联网的定义内涵

随着物联网技术的发展及应用，人类社会将步入万物互联时代。在教育领域也将迎来教联网时代。教联网时代是物联网人工智能等新技术在教育领域应用的必然趋势和必然结果，是对物联网技术在教育领域应用所形成的教育理念、教育目标、教育主体、教育内容、教育模式等的综合反映，是教育领域的未来场景。教联网时代的提出具有其重要的价值和意义，教联网时代的教育因其所处的万物互联的背景，面临着人类命运共同体的挑战，面对互联共享的生态环境，迎接着

---

① 凯文·凯利. 必然. 周峰，董理，金阳，译. 北京：电子工业出版社. 2016：336-338.

人类社会巨大的创新与变革等，新兴的物联网所催生的万物互联时代，正在改变传统人类的生产生活方式和思维方式，连接、交互、协同共享、命运共同体、个体生命体验等成为未来社会的关键词，未来的教育必然不同于以往的传统教育。教联网时代的教育理念、教育主体、教育内容、教育资源等将发生重大的改变，而要承载教联网时代的教育的价值和使命，必然要通过构建教联网这个平台来实现教育所承载的价值、使命、主体、内容，从而真正实现教育的价值和目的。

教联网的定义内涵因其万物互联的特定背景，因其教育自身特有的发展规律，因其所面对的未来的教育环境和所承担的历史使命，使其必然不同于物联网及物联网技术所应用的车联网、医联网等，不仅仅是纯粹的技术创新、变革与应用，还包含了必然的时代背景、历史使命、人文关怀、生命体验、教育规律等非技术元素。因此，笔者认为，教联网是在万物互联的时代背景下，以应对未来挑战及培养未来人才为使命，利用物联网、人工智能和大数据等新技术，在智能互联的基础上对教学和学习过程进行定位、跟踪、控制并智能管理，进而构建开放、互联、协同、共享的学习生态圈，实现智能化教学、个性化学习的教育生态网络。具体来讲，教联网的定义主要包含了以下内容。

1）教联网具有教育自身的特性。教联网是物联网在教育领域的应用，但又和物联网有很多区别，教联网里的物具有教育特性，更多地用于辅助教学。在教联网中还需要考虑教育者以及学习者，他们既是教联网的参与者，也是教联网的服务对象。教联网需要借助现代教育理论来推动教联网的应用。教联网融合了物联网和现代教育理论，既具有物联网的特征，又具有教育的规律。教联网在具有物联网技术性特点的同时，还要体现了教育所承载的价值观念、教学主体、教学内容、教学模式、教学方式等内容，并通过物联网技术使教育所承载的内容得以实现，从而真正实现教育的价值和目的。

2）教联网具有特定的背景和使命。教育是对现实世界的关切、反思和构建，教联网依赖于物联网技术的创新与发展，是进入万物互联时代之后的教育新形态。在万物互联背景下，原有的社会结构、社会环境发生了深刻的改变，整个世界通过物联网等技术将虚拟世界和现实世界对接起来，构成了一个新的世界，形成了新的人类命运共同体，面临更多的新的挑战。不仅如此，教育更重要的是面向未来，为未来提供建设性的方案和为推动人类社会发展所需要的建设性的人才，从而引导社会更好的发展。因此，教联网的发展既基于技术发展和应用的必然，同时又回应对历史的关注、对当下的关切、对未来的期待，必然是万物互联背景下的教育形态，必然是教联网时代的重要载体和形式。要站在人类命运共同体、全球共同利益的角度去思考教育的价值，教联网既要体现对创新能力的培养、对社会责任的担当、对历史使命的定位，又要体现对人性的关注、人文的关怀和对个体的尊重，要承担时代的价值和使命。

3）教联网以学习者为中心，在互联中获得生命的成长与体验。教育的目的是培养人才、促进个体生命的成长，这是根本。无论是传统教育、现代教育，还是互联网教育，都必然坚持以人为本，围绕着以育人为中心、以学习者为中心的教育目标。教联网必须坚持教育的本质，以学习者为中心，围绕学习者的需求来构建，否则就是本末倒置、缘木求鱼。教联网最终目的是为学习者提供优质的教育资源、教育内容、教育服务。同时，在未来的社会中，由于人工智能的发展，学习者仅具备储备知识和应用知识的能力还远远不够，很可能被人工智能所取代，因此学习者更需要创新的能力，通过学习形成互联的能力。总之，教联网必然要以提高学习者促进有意义的互联的能力为重点，加强对复杂世界的模式识别能力，在互联中获得生命的成长与体验。

4）教联网通过物联网、人工智能、大数据等技术的综合应用，为实现教学智能化、学习个性化提供支持。教联网的基础就是物联网等技术发展应用的结果，离开这些技术，教联网的功能和作用就不可能得到充分的发挥，教育的价值和目的也可能就无法得到实现。正是通过大数据、传感、物联、虚拟现实及人工智能等新技术的综合应用，将虚拟世界与现实世界的教育资源对接起来，从而使教育资源得到丰富和拓展，也使学习者更好地与现实世界沟通、对话、交流、互动和体验；通过技术跟踪和感知学习者的学习轨迹和学习状态，获取教学或学习过程中的各种信息，采用大数据和智能分析系统对信息进行分析处理，从而提升对教学过程或学习过程的感知能力，实现学习者与教学环境、教学设备，学习者与教师，教师与教师，教师与学生，教师与教学环境、教学设备的全面互联，使原来相对孤立的教学信息或者学习信息得以联结并即时共享，从而实现教育政策或者教学过程的智能化决策和控制，实现对教学和学习过程的定位、跟踪、监控和管理，并为学习者提供个性化的教育服务，推动个性化学习的实现。

5）教联网是开放、互联、协同、共享的学习生态圈和教育生态网络。这是教联网最重要的内容，也是教育价值、教育目标、教育目的等得以实现的最重要的平台。教联网是开放互联协同共享的学习生态圈、教育生态网络。开放是联结的基础、学习的基础，它决定了学习者的视野、学习的深度、学习的内容等，我们只有具备开阔的视野，把虚拟世界和现实世界对接起来，将现实世界所有的资源都接入教联网，才能最大限度地为学习者提供学习的资源，教师才能从课堂教学走向社会教学。协同共享是未来社会的基本形态，也是人类行为的主要规则，开放、合作、共享、宽容、同理心等，都是未来社会人们应该具备的基本素质和要求。人们在协同共享中学习知识，学习相处的能力，学习与社会、时代、自然对话的能力。

教联网的提出主要是基于国家重大战略的考虑，把教联网的研究与建设纳入国家物联网的战略规划中，从而在未来的竞争中占据优势；教联网的提出主要是基于对未来的思考和应对，未来的社会必然是多元化的社会、创新变革的社会、原有的秩序结构不断解构和重构的社会，作为面向未来的教育，必然要对未来社会作出预判，并据此培养能够为未来社会提供建设性意见并付于行动的人才；教联网的提出不仅具有宏大叙事的战略意义，同样具有个体微观关怀的意义，通过教联网能够为学习者提供个性化、个体化的教学，促进个体的生命成长和个体体验，通过教联网能够为教育者提供智能化的教学，提供更好的教育内容。从某种意义上讲，教联网时代的教育，就是要通过教联网时代所处的万物互联的背景，构建新的教育理念、教育目标、教育价值，并通过教联网，对建立在原有社会结构上的传统的教育构成元素、教育模式、教育内容、教育途径、教育方式方法进行解构和重构，进而构建适应教联网时代的新的教学观、课程观、教师观、学生观、管理观、评价观、质量观和教育发展观，以及在这种新的观念指导之下的新的教育渠道、教育措施等，最终为教联网时代的教育变革提供理论探索和实践路径。

三、教联网的体系架构

像“车联网是车、路、人之间的网络”一样，教联网是“教师与教育资源、教育管理者、学习者和学习资源之间的网络”。前面我们对教联网的定义做了界定，教联网是在万物互联的时代背景下，以应对未来挑战和培养未来人才为使命，利用物联网、人工智能和大数据等新技术，在智能互联的基础上对教学和学习过程进行定位、跟踪、控制和智能管理，构建开放、互联、协同共享的学习生态圈，实现智能化教学、个性化学习的教育生态网络。教联网离不开物联网、人工智能、大数据等新技术的应用，但教联网的发展基础是物联网技术，物联网的结构主要包括智能终端、管（传输管网）和云储存、云计算。笔者建构的教联网的体系架构，以物联网的体系架构作为参考。

教联网是物联网在教育领域的应用，但又和物联网有很多区别，教联网中的物具有教育特性，更多地用于辅助教学。在教联网中还需要考虑教育者及学习者，他们既是教联网的参与者，也是教联网服务的对象。为了突出教联网的教育特征，本书重点对教联网的应用终端功能进行展开与构想，构建学习者应用服务终端、教师教学终端、教育管理终端和教学资源终端，其系统结构见图 1-5。

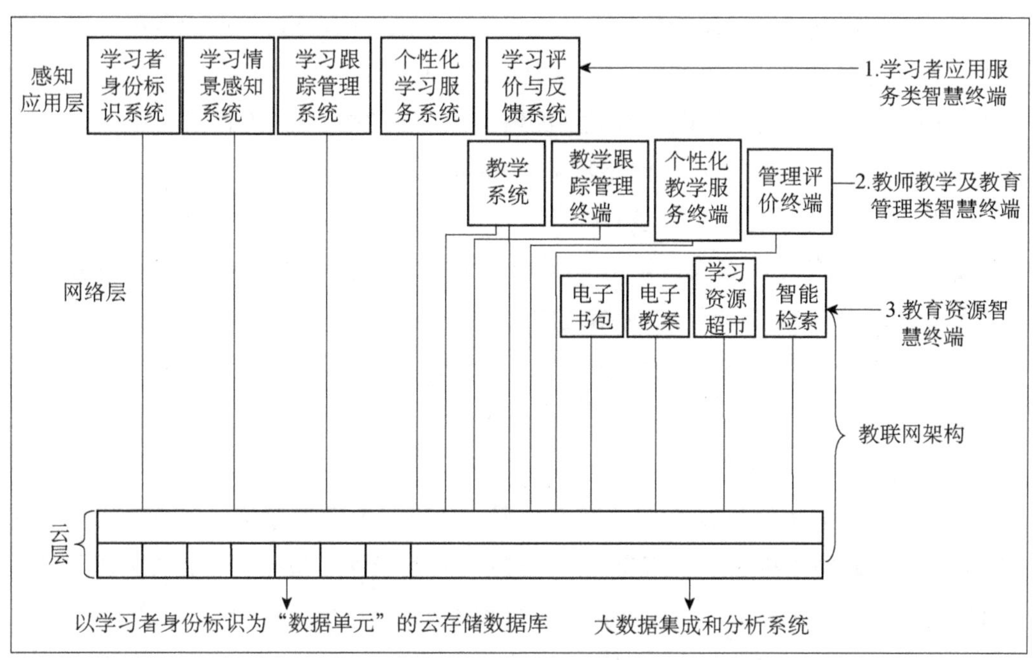

图 1-5　教联网的体系架构图

1. 教联网的感知应用层

感知应用层包括终端智能感知和终端应用服务。终端智能感知是通过传感器捕获和测量教学资源的相关数据，实现对教育教学物理世界的感知，其核心技术主要有教学和学习跟踪传感器技术、学习者身份识别的射频识别技术、学习空间的二维码技术、微机电系统等。终端智能感知完成人与教育资源的最终交互，对学习者身份进行智化识别，对教学和学习过程进行定位、跟踪、监控和管理，并将数据汇总在应用终端，应用端进一步对教学信息提取、汇总、分析、共享、反馈、决策等。终端应用服务用于个性化的学习推荐、个性化的教学服务、智能化的教学，提高教育信息的综合利用度，最大程度为教育者和学习者服务。感知应用层主要强调教联网在教育领域的应用，如对教育资源的整合，对教学和学习的支持和服务，对教育管理的应用等。

2. *教联网的网络层*

网络层的核心是数据传输。物联网时代的特征是任何物体都有一个 IP 地址，可以方便、快捷、安全、低成本地连接到云端。如果把物联网比作智慧城市，那么，信息传输的管道就好比城市的整个交通系统，是智慧城市的命脉。运营商提供的最底层的网络是信息通信的基础，还需要云平台服务提供商为各种设备提供更专业的连接方式，一方面所有设备数据能上行接入到云端，另一方面，云端的数据能下行进入不同的终端。教联网的网络层的核心技术是传感网自组网技术、局域网技术及广域网技术，网络层完成大范围的信息沟通。目前，国家教育部门在教联网的网络层已经有了实践探索，如架构了“三通两平台”（宽带网络校校通、优质资源班班通、网络学习空间人人通，建设教育资源公共服务平台和教育管理公共服务平台）。网络层将教学中的信息快速、可靠、安全地传送到其他学习平台，实现任何人在任何时间、任何地点采用任何方式学习任何内容的教育和学习一体化。

3. *教联网的云层*

云层主要解决信息存储、运算的问题，是当前大数据存储、运算最常用的解决方案。物联网实现“信息随身化”，信息化的智能管理与控制，获取你想要的任何信息。云平台就是在这种需求驱使下的“中间件”，它可以打通信息之间的壁垒，如存储在本地的影音无法跨终端分享，如果这些内容存储在云平台，所有的影音不仅可以在家庭内部成员之间形成共享，甚至可以在车载、电视、手机等终端实现无缝对接。通过学习者动态学习电子档案中的学习轨迹、学习难点、学习习惯、学习跟踪等可以采集到一批数据，教联网中的云层拥有云储存和云计算，云计算对大量采集的数据高效处理，通过关联性分析得出相匹配的数据，从而为教和学提供个性化的推荐与服务。

为了突出教联网在教育领域的应用，笔者对教联网的部分功能进行了构想，即应用终端的主要功能共包括四个部分：第一部分是学习者应用服务终端，通过对学习者身份的智能化识别，对教学和学习过程进行定位、跟踪、监控和管理，为学习者提供各种共性化和个性化的教育教学服务；第二部分是教师及教学服务和教育管理终端，为教师提供各种教学资源，对教学过程进行智能化识别、跟踪、监控和管理；第三部分是教育资源终端，提供了多种不同形式的教育资源，既有满足教师教学需要的课程同步教学资源，也有适合学生自主学习的课程同步学习资源、课外拓展学习资源等；第四部分是教育管理服务终端。

1）学习者应用服务终端。教联网的学习者应用服务终端包含学习者身份标识系统、学习情境感知系统、学习跟踪管理系统、个性化学习服务系统、学习评价与反馈系统等学习服务系统。未来教育是以教联网教育为支撑，在大数据的基础上使用一种新的体系来认证个人学历，学习者身份标识系统可以实现从唯一学号切入，伴随个人终身。动态电子档记录个人基本信息、学习经历和学历水平等必要信息。

教联网的学习情境感知系统和学习跟踪管理系统利用情境感知技术，如GPS、RFID、QR Code以及各类传感器等，可以实现对外在学习环境与学习者内在学习状态的感知，进而依据情境感知数据自动地为学习者提供推送式服务。在具体的学习过程中，学习跟踪引擎针对每位学习者量身打造和整合内容，让学习者能在自己喜欢的地方，以自己喜欢的步调，使用符合自己智能类型的方法学习，还可以帮助学习者依据知识点之间的知识网络，主动选择意义建构的资源学习。通过学习跟踪管理系统可以实现对学习者的实时跟踪，每个学习者都可以通过特定的穿戴设备并通过联网与教育者保持实时通讯，教师可以实时对学习者进行管理和辅导，及时了解学习者的状况，并对教学计划及时做出调整。

教联网的核心在于个性化的教育支持服务，个性化的教学服务的核心环节是数据，利用大数据实现个性化的学习包括数据的采集，数据的生成，数据的挖掘，数据的分析，数据的聚合等一次又一次地基于对数据的循环利用。教师根据学习对象的数据库可以任意维度地提取和分析信息，然后运用统计分析软件统计分析，还可以构建学习对象的模型。同时，教师根据学习者的情况，用数据化和学习目标动态结合的模式，对学习者进行个性化的路径引导，并生成可视化的学习导图。

通过记录和保留每一阶段的学习成绩，为学习者构建终身学习电子档案，同时学习与评价系统还可以为学习者提供全面的评价和反馈。

2）教师及教学服务终端。教联网教学服务终端包括教学服务系统、教学跟踪管理系统、个性化教学服务系统和管理评价系统等。教联网的教学服务系统包括教学资源的提供，同步和异步教学。教联网教育资源公共服务平台能够根据教师的需求，主动推送课堂教学的优质资源到教师空间，帮助教师备课、上课、进行教学评价。教师在教学活动中的再生资源也可以在教联网的教育资源公共服务平台共享，从而促进教育资源的共享，提高教育教学质量。教联网的异地同步视频互动教学平台可以实现所有学习终端同步上课。教联网教学服务平台还可以向教师推送相应链接，师生可利用教师空间和学生空间，开展教与学的活动。

教学跟踪管理系统可以通过情境跟踪传感设备对教学环境与教学状态进行感知，对学生个体、教学进度、教学效果等情况进行实时评估，进而依据情境感知数据自动调整教学节奏、教学进程及教学方法，帮助教师从经验型向科学数据分析型转变。

个性化教学服务系统和管理评价系统。在具体的教学过程中，教联网将借助大数据的优势使教师及时了解学生在知识、技能、情感方面的发展状况，为每位学生提供个性化的教学服务。

3）教育资源系统终端。教联网的教育资源终端包括智能检索、电子书包、电子教案、学习资源超市等应用系统，教联网的资源智能系统可以有效实现对各种教育资源的智能化管理、控制和服务。虽然在互联网教育中也能够有效地获取各种教育资源，但资源的获取有时不够便捷，不能实现资源深度整合，仍然存在着技术标准和资源系统共享的瓶颈。而在教联网时代，借助于教联网强大的数据计算和管理功能可以实现对教联网节点上的教学资源互联，在智能检索系统的帮助下，实现教师和学习者的深度整合，尤其是教联网的智能检索服务系统对学习者方便快捷地找到自己所需要的资源显得格外重要，用户通过智能检索服务，运用语言识别系统或可穿戴设备从教联网的资源终端进入，快速查找自己需要的学习资源，教联网智能检索系统不仅能精准地提供学习者所想要的学习资源，甚至还可以根据身份识别系统，自动推送相关的教学资源，实现对资源的最优化组合、最便捷的获取和最个性化的服务。教联网的学习资源超市系统提供的教育资源以知识点为单位，每个知识点设有固定标号，用户可以通过扫描二维码直接进入，方便选取、方便学习、方便转让、方便销售。学习者可以根据个人的喜好和需求，通过教育资源终端，可以像在超市购物一样，自主、方便、快捷地使用教育资源，与在超市购物不一样的是教联网的学习资源很多是免费的。

4）教育管理服务终端。教联网教育管理服务终端包括智慧管理、学分银行系统、学分兑换服务系统等教育管理系统。教联网的学分银行系统和学分兑换系统是在个人身份识别的基础上为每个学习者建立个人学分账号，无论是学历教育还是非学历教育的学分，都可以存入个人的学分银行。学分银行系统还可以实现学分累计、互认和兑换的功能，为每个学习者搭建衔接各种教育形式的“立交桥”。教联网背景下，教育管理通过建立弹性学习制度和学分兑换系统，实现各种形式学习教育成果的认证、积累和转换。

智慧管理系统通过大量的教学数据和学习者个人数据的积累，通过识别学习者的特征、跟踪并记录教学过程、教育管理系统可收集的数据，同时又将扩充原来的数据，构成数据闭合环。再从海量的信息中提取所需要的信息，发现隐藏的关联信息，并将这些规律用于教育管理中，为教育决策者和教育管理者提供及时、全面、准确的信息，从而提高教育决策和管理水平，在使学校管理走向智慧化的同时，也会使教育管理更加情感化。教育包含“教”和“育”两个层面，技术的运用在“教”的层面有很大的变革，但在“育”的层面，如情感目标的发展方面带来了一些挑战，技术使得教师与学生面对面的情感沟通和交流减少。物联网的发展充分实现了学习者在虚拟的教学空间中的真实化生存，学习者必须以真实的身份参与学习和实践，而这些都可以在教联网中得到充分的联通。

四、从互联网教育到教联网教育：重构教育互联

物联网技术在教育领域中的运用孕育了教联网。教联网通过物联网及其核心关键技术，使教联网的教育目标价值得到实现。物联网的核心和基础仍然是互联网，但物联网在互联网的基础上，拓展了连接的对象和范围。互联网是对虚拟世界的感知，而物联网是对现实世界的感知。作为物联网在教育领域的应用和发展，从互联网到教联网，通过技术的创新和运用，实现了任何事物之间的互联互通，重构了新的互联关系和互联生态。

1. 教联网重构了新的互联关系

互联网的关键节点是“人—机（电子计算机）—人”，而物联网的关键节点则是“人—泛在物—人”。互联网的本质其实是“人—信息—人”的互联，物联网的互联是则是泛在物，是现实物理世界中的任何物。在教育领域，通过物联网技术实现对教育资源（包括教育设备、教学空间、教学模式、教师、学生等）的互联共享，从而实现教育信息全方位的流通。不仅如此，通过物联网技术将整个现实世界纳入教育联结的视野，从而实现了教育的泛在化，使教育回归到了社会生活本身这个大教育课堂。在教联网的环境下，学生还可以通过物联网终端看到与学习内容相关的社会生活场景，并可以根据需要对这些场景进行智慧化管理和控制，从而实现自由的连接和互联，与现实生活世界构建新的互联关系。与互联网教育相比，教联网不仅是互联网上的人与人、人与信息的沟通互联，更重要的是实现了人与现实世界的物的沟通互联。

2. 教联网重构教学的互联过程

物联网是运用射频技术、传感器、全球定位系统等，实现了人与人、人与物之间信息的实时交互，进而实现人对任何泛在物的识别、跟踪、监控和管理的智慧化。教联网是运用物联网技术，将现实世界的教学活动联结起来，并通过互联网将人与现实世界对接，维护了教育教学活动的真实情境，建立和完善了与现实生活类似的学习生活情境，实现了场景化的学习教育。而教联网不仅是简单地对现实教育情境的再现，而是在互联网基础上共享教育资源，帮助学习者展开开放、交互、个性化的学习，并对教育过程进行跟踪分析、实时管理，进而帮助教学者及时调整教学策略。

3. 教联网重构了新的互联生态

教联网是物联网技术在教育领域应用的结果，但又和物联网有区别，教联网作为智能化教学、个性化学习的教育生态网络，遵循着教育的本质和规律，教联网里的物具有教育特性，更多地用于辅助教学。教联网借助了物联网技术和互联网思维，实现了在教育领域的创新与变革，对教育领域的教育理念、学习方式、教学模式、组织模式、时空空间等构成元素进行解构和重组，最终将学校与学校、学校与教师、学校与学生、教师与学生、学校与社区、学生与社区、学生与教学环境、学生与教学空间之间实现了相互联结，且当关联度越来越密切的时候，物与物、人与物的边界将变得非常模糊，实现了虚拟与现实无缝的对接。教联网是一个现代教育理论应用平台，需要借助现代教育理论来推动教联网的应用。在教联网中我们还需要考虑到教育者和学习者，他们既是教联网的参与者，也是教联网的服务对象。教联网融合了物联网和现代教育理论，物联网为现代教育理论的实现提供了技术手段、思维方式和实现路径，现代教育理论为物联网提供了新的应用场景、理论指导。可以说，教联网为未来教育理念的实现与发展提供了技术支撑、思想来源、理论基础，为教育所承担的实现个体自由全面发展的目标作了充分的理论准备和实践探索，从而推动未来教育向更为深刻的方向发展，构筑了新的教育互联生态。

未来的教联网会生成一种复杂而有序的教育生态圈，它不只是一个无比庞大的物我共语的子系统，更是一个天人合一的活系统。教联网是一个旧时代的终结，又是一个新时代的开始，认识到教联网时代的到来，在万物互联的时代视野中来思考与规划具有重要而深刻的意义。当今社会，各个领域正在加强对物联网技术的运用。新时代的教育要求我们必须以时代变迁对人才的新需求为导向，全面创新人才培养模式，教联网的研究可以贯穿于上述所有方面，并实现相互之间的沟通、整合与集成，从而推动教育教学的整体性变革。教联网对教育教学必将产生深刻影响。它把信息网络技术、传感器技术等应用于教育教学的每一个时刻、每一个过程，组成一个庞大的教学网络，使教育管理者能够通过教联网随时跟踪和服务处于庞大网络中的学习者的学习情况，从而实现对教育教学的智能化、个性化教学。从某种意义上讲，我们需要对教育系统内部进行解构及重构，构建适应新型人才培养目标的教学观、课程观、教师观、学生观、管理观、评价观、质量观和教育发展观，为教联网时代与教育变革提供理论探索和支撑。可以说，教联网的发展使教育理念和教育模式发生颠覆性变化并使新的教育理念和教育模式得以实现，将使教育领域和学习领域发生革命性突进。

第 二 章

技术引擎：教育与技术深度融合的教联网时代

面对万物互联的新时代，正如凯文·凯利在《必然》中所描述的："人类这个物种开始将所有的地区、过程、人口、人工制品、传感器、事实和概念编织成一张复杂到难以想象的巨网。在网络初始，我们的文明中产生了一种协作界面，或者说是一种超越任何先前发明的能够感觉和认知的设备。它如此深入地渗透进我们的生活中，以至于成为与我们身份相关的必要内容。"[①]像任何新生事物一样，教联网虽然还处在萌芽阶段，未来充满不可预测性，但有一点是可以肯定的，那就是教联网教育的大变革已初见端倪。面对新事物产生的新变化，我们可以去预见和把握，看见的不仅仅是眼下最新的技术在教育领域的应用，更是对未来教育的瞭望和布局，教联网新时代，教育的新期待。

① 凯文·凯利. 必然. 周峰，董理，金阳，译. 北京：电子工业出版社，2016：333-334.

第一节　人工智能：机器人走进未来教育

一、教育的人工智能时代已经来临

人工智能是当下关注的焦点，也是未来技术创新、产业创新的重点。人类已经从“互联网+”，进入到“人工智能+”的时代。谷歌旗下的人工智能公司的 AlphaGo 击败了韩国围棋冠军李世石，成为人工智能领域的里程碑事件；美国佐治亚理工学院一个 300 多人的课堂上，人工智能机器人吉尔·沃森（Jill Watson）走上讲台成为新助教。目前，在教育领域，人工智能的基本功能已经初步实现，并得到了多方面的应用，如机器人阅卷、自动批改作业、四六级英语考试口语评分、根据不同学习者提供不同的学习题库、高考机器人等。人工智能是一种自动化的感知、学习、思考与决策的系统，它以“算法”，即“深度学习”“高质量的大数据”“高性能的计算能力”三大支柱为基础。人工智能在教育中的应用越来越受到人们的关注，也成为推动未来教育创新发展的重要力量。

科技的进步带来社会的变革。教育作为社会领域的重要组成部分，也将不可避免地受到冲击、挑战，并带来前所未有的发展机遇，包括技术、模式、思维、意识等方面的发展。随着人工智能技术的不断成熟与发展，社会需求、社会分工发生了翻天覆地的变革，整个人类社会同处于一个地球村，相互关联影响，并共同面对技术发展、社会秩序等方面的挑战。技术变革推动社会变革，社会结构及需求推动对人才需求的变革，而人才终将依赖教育的变革，尤其是在社会急剧变革的时代，教育承担的责任和使命重大，教育不仅是对过去的总结，更重要的是创造未来。在教联网时代，人工智能在教育中的应用主要体现在以下方面，如图 2-1 所示。

图 2-1　人工智能在教育中的应用

1. 提供个性化学习

教联网时代，更加关注学习者的个性化发展，教学也更加注重个性化的学习体验。人工智能可以为因材施教、个性化的教育提供帮助，可以根据学习者不同的认知水平、学习能力和自身素质来制订个性化的学习方案。提供个性化学习主要通过两种途径：一种是构建和优化知识图谱，让用户更容易、更准确地发现适合自己的学习内容。这是最初级的人工智能的应用，主要是基于对用户的数据分析和判断，区分不同的学习者群并为其构建分类的知识图谱，使其选择更加有效快捷，如美国的分级阅读平台 NEWSELA，将新闻与英语学习融为一体，通过科学算法衡量读者英语水平，抓取来自《彭博社》《华盛顿邮报》等主流媒体的内容，并由专人改写成不同难度系数的版本供不同层次的读者阅读。另一种就是根据个体已经具备的知识和技能，动态地调整课程内容的层次或类型，智能化地推荐适合学生的内容和方法，如 KNEWTON，通过系统抓取学生的学习数据，分析下一阶段学习的内容并予以推荐，同时还根据学习者现在的学习状况预测分析其未来的学习程度，并建立自适应学习平台，为发行商、学校及全球的求学者提供预测性分析及个性化推荐。现在有不少在线学习软件，可以通过大数据和人工智能技术构建一套个性化学习体系，从学习行为数据搜集，到数据分析与应用，再到个性化学习效果的实现，帮助学习者定制个性化学习方案。利用人工智能还可以为每个学习者创建自适应的学习体验。当一个学习者阅读材料并回答问题时，系统会根据学习者对知识的掌握情况给出相关资料，推送下一个阶段学习者应该要学的知识，并且知道以什么样的方式会让学习者更容易接受。同时，系统还会在尽可能长的时间内保留学习者信息，以便未来能为学习者带来更多的帮助。

2. 智能化辅导学习及决策

从大数据到人工智能时代，随着语音识别、图像识别、手写文字识别、语音分析等技术的发展，特别是人机交互技术，使人工智能在这个领域的应用取得较大的进步，让机器代替传统教师的角色，模拟教师来答疑、做服务成为可能，如虚拟教师可以对学生的写作给予反馈，包括检查基本的错误、分析意义、主题和论点，还能给学生提供有针对性的反馈。[①] 大数据可以描述每个学生的学习特性，根据伦敦一家研究机构的分析，人们的学习方法可以分为70种，研究者可以利用大数据收集不同学习者的学习特征，再通过大数据分析和匹配，为个性化教学提供充分的依据。甚至还可以让机器人学习上亿人的成长轨迹，学会人类职业成长的模式，然后用他们的模式去指导毕业生规划人生。如果说今天课堂教学的主流方法是“从原理到应用”，那么机器人的教学方法就是“从案例到原理”，并且是同时学习多个案例。在线课程中，虚拟教室可以中断视频授课向学生提问，回放视频帮助学生理解特定的主题。美国佐治亚理工学院的机器人助教代替人类助教与学生在线沟通交流竟无学生发现，这说明了人工智能在这方面的应用潜力。人工智能还通过数据分析，帮助家长、教师、学生进行教育决策，如在高考志愿填报中，通过人工智能搜集海量的数据提供决策基础，人工智能用算法帮助学生找到最优的理论路径，从而选择更适合的学校和专业。

3. 对教学进行反馈和测评

随着大数据、文字识别、语音识别、语义识别等技术的发展，人工智能在智能测评方面得到了广泛的应用。例如，语音识别和语义分析技术使得自动批改作业成为可能，能够将教师从批改作业中解放出来，将更多的精力用在教学内容、

---

① 闫志明，唐夏夏，秦旋，等. 教育人工智能（EAI）的内涵. 关键技术与应用趋势——美国《为人工智能的未来做好准备》和《国家人工智能研发战略规划》报告解析. 远程教育杂志，2017（1）：26-35.

教学方法的创新上，切实提高教学效率；语音识别和语义分析技术可以辅助教师进行英语口试测评，也可以纠正、改进学生的英语发音。计算机科学家乔纳森研发了一款可进行英语语法纠错的软件，不同于其他同类型软件的是，它能够联系上下文去理解全文，然后做出判断，如各种英语时态的主谓一致、单复数等，因而它将会提高英语翻译软件或程序翻译的准确性，解决不同国家之间的交流问题。另外，在我国科大讯飞的英语口语自动测评、手写文字识别、机器翻译、作文自动评阅技术等已经通过教育部鉴定并应用于多个省市的高考、中考、学业水平的口语和作文自动阅卷。通过大数据分析还可以对学生的学习情况进行诊断，如成都市某高中学生的学业成绩诊断报告，就是借助大数据，通过对学生学习成长过程与成效的数据统计，诊断出学生知识、能力结构和学习需求，帮助学生和教师获取真实有效的诊断数据。通过这份“诊断书”，学生可以清楚地看到问题所在，提高学习效率；教师也可对症下药，针对具体情况，选择不同的教学目标和内容，采用不同的教学方式，进一步提高教与学的针对性、有效性和科学性。例如，华中科技大学在一堂广告创意策划课上，实施“弹幕教学”。在上课的过程中，学生手持平板电脑或手机，随时可以通过网络发表疑问，提出看法，这些内容会即时显示在课件上。授课教师根据学生的反馈，随时调整授课内容和方式。这种一边听教师讲课，一边通过网络发送文字在屏幕上讨论问题的教学模式，引起了学生的极大兴趣，使互动教学有别于传统教学，在更多建设性学习（或者说学生自己决定学习课题）的过程中，学生更主动，且收到更多的反馈。

4. 构建仿真及游戏化教学环境

游戏产业呈现爆发式增长，尤其是随着移动手机的出现，手游产业发展迅猛，腾讯的游戏产业收入约占腾讯总收入的一半。特别是随着虚拟现实技术的发展，游戏产业的前景更为广阔，游戏也渗透到我们的日常生活中，尤其对学生来说影响很大，如何利用游戏来为教育服务也成为一个重要课题。游戏化教学也是未来关注的重要方向，特别是随着人工智能技术的发展和人们思想观念的变化，游戏化教学必将推动教学和学习形式的多样化、游戏化。根据印第安纳大学开展的 Quest Atlantis 项目、哈佛大学的 River City 项目研究，游戏在教育中具有重要的价值。游戏的趣味性能够激发学习者的学习动机，在游戏的过程中他们能够学到各种知识，培养问题解决能力、协作能力和创造能力等，可以促进体验式学习、探究学习、协作学习、研究性学习等学习方式，构建仿真及游戏化的学习环境。例如，在我国医学教育领域，仿真模拟教学得到了广泛应用。仿真模拟教学利用各种模拟手段，再现临床医学工作场景，为学习者提供一个无风险的学习临床知识和技能的条件与环境，最大限度地弥补临床教学资源的匮乏。医学模拟教育已经从最初的基础解剖模型、局部功能训练模型到了后来的计算机辅助模型，目前利用的最为前沿的是触觉感知技术虚拟培训系统和生理驱动型综合模拟模型。在航天航空教育领域，通过虚拟现实、计算机视觉、机器学习等技术模拟仿真飞行器来训练宇航员，如美国红雀模拟器公司推出的红雀 FMX 型全动飞行训练装置，专门用来培训飞行员。

二、机器人走进未来教育的“冲击”与“机遇”

新浪科技在 2016 年报道了一则机器人走进教室的新闻，在美国的佐治亚理工学院的一个 300 多人的课堂上，学生们并不知道新助教吉尔·沃森是一个人工智能机器人，学生并没有发现和平常的助教有什么区别。机器人像以前的助教一样会提醒学生提交作业的截至日期，每个星期还会给学生提出一些问题，鼓励学生展开讨论。佐治亚理工学院教授阿萧克·格尔（Ashok Goel）使用这台人工智能机器人来减轻人类助教的负担。随着人工智能的不断发展，机器人执教将成为教育领域的新趋势，这引起人们重新思考教师这个职业，教师会被人工智能替代吗？教师职业是否面临消亡？

要回答这个问题，先让我们看看机器人走进未来教育将会对未来教育产生哪些方面的冲击和变革。

1. 对教育理念的冲击

在人工智能时代，社会对人才的需求，已由知识型人才向智能型人才转化，由从业型人才向创新型人才转化。从时代之需来看，要站在人类历史发展的高度，带着全球视野、全球意识和全球观念来培养人才，要有科学精神，勇于创新和探索，关注文化的丰富性和多元性，求同存异，和谐共生。从社会之需来看，创新驱动成为推动国家竞争力的核心要素和最重要的动力，创新型人才的培养成为社会之需。一个国家的智力资本越强，软实力、巧实力越强，竞争的优势就越大，竞争的格局就难以撼动。从个人发展来看，只靠简单知识记忆就能工作或者重复技能型的人才将会被人工智能时代的机器人所取代；相反，具有对复杂世界分析、决策、应变的能力，对真、善、美的感知和创造的能力，基于爱、恨、欢喜、愉快等理解他人的同理心和与他人互助的能力，这些将会是人工智能时代人才所需要注重培养的。

2. 对教师教学内容的冲击

人工智能时代，对于记忆类的知识可以借助可穿戴技术或者人工智能在一定的时间内取得较高的学习效率，或者很多记忆类的知识不需要学习。作为教师，如何根据学习者已经具备的知识和技能，动态地调整课程内容或类型，智能化地推荐适合学习者的内容，从而让学习者跟上时代不断发展的步伐，是人工智能时代首先要面对和思考的问题。

3. 对教学方式和方法的冲击

随着机器人走向讲台，任何重复性，基于知识积累的教学都终将被人工智能取代。今天主流的教育体系诞生在大工业时代，目的是要为快速发展的经济体系高效率地、批量化地培养掌握标准化知识的劳动力。教学的过程和大工业生产的作业方式高度类似：统一的上学年龄和上课时间、全国一盘棋的教学内容、标准化的教学方式和考核标准。人工智能时代的教学要关注个性化学习体验，根据学习者不同的认知水平、学习能力和自身素质来制订个性化的学习方案，因材施教。

4. 对教师身份和角色的冲击

随着大数据、文字识别、语音识别、语义识别技术的发展，人工智能在智能测评方面得到了显著的发展和广泛的应用，可以将教师从批改作业中解放出来，把更多的精力用在教学内容、教学方法的创新上，切实提高教学效率。特别是人机交互技术的发展，让机器模拟教师来答疑、做服务成为可能。

除此以外，机器人也为教育带来了新的机遇。

1）对培养适应新时代的人才带来机遇。随着人工智能的深入发展，未来的机器人将替代人类的部分功能，特别是对重复性、机械性的劳动的替代，将人类从繁重的体力劳动中解放出来，人类需要重新思考自己的定位，并重新设定自己在未来社会中的角色，只有这样才能不被机器人所取代，教育必然要回应时代的需求，以人为本，促进人才释放本来就有的能力和天分，让人才得到自由全面的发展。尤其是人的情感和社交行为，人脑的创造力和想象力，这些是人工智能无法取代的。因此，未来教育应更重视创造性、想象力、领导力、情商、社交能力的开发及企业家精神的培养。其次，从社会发展的角度开看，创新驱动成为推动国家竞争力的核心要素和最重要的动力。没有高素质创新型人才群体性的崛起，中华民族的伟大复兴之路寸步难行，因此，面对世界科技飞速发展的挑战，我们应培育民族创新精神，培养具有家国情怀、具有社会责任感和历史使命感的创新型人才。

2）教育更加关注人文化的发展。在人工智能时代，程式化的、重复性的工作，仅靠记忆与练习就可以掌握的技能，都将被机器人取代或者完成，但是文化底蕴和文化艺术类岗位往往不可替代。教育需要更加关注人文积淀、人文情怀和审美情趣。因此，在人才的培养过程中，需要关注人才的人文沉淀、人文情怀和审美情趣，培养最能体现人的情感和情怀的能力。例如，工作中对于艺术和文化的审美能力、创造性思维的培养，以及由生活经验及文化熏陶产生的直觉、常识，基于爱、恨、热情、愉快等人自身的情感与他人互助的能力，这些是人工智能时代最有价值，最值得培养、学习的技能。

3）在教学方式方法上，更加智能多样化。随着人工智能技术的发展，机器人的能力将不断提高，尤其是随着人机交互中的语音合成、检测和识别技术的不断进步，机器人能够与人类进行语言交流，可以使用面部表情、眼神交流等方式表达感情，甚至能够进行深度学习、自我提升。机器人将变得越来越灵活，越来越聪明，未来甚至可能拥有人类的意识和思维。新技术为实现多角色、多层次、多角度的交互提供了技术支持，教师不再是互动的中心或信息的来源，师生之间，生生之间是扁平化的教学结构。除了师生之间，教师与机器人教师、机器人教师与学生、教师与学生之间的互动也将多层次、多角色化。在教学的方式方法上，教师也将运用新的技能适应新时代教师的角色，既会利用机器人教师来大幅度提高教学效率（图 2-2），还会设计和促进以学生自由全面发展为核心的学习方式，大力推行互动式教学、混合式教学、探讨式教学、小组合作学习等以学生为主体的课堂，更加注重学生的个性化的发展及创新能力的提高，并整合优质教学资源，让教学方法与手段适应未来教育的需要。

图 2-2　机器人在教室里为学生讲课

4）人工智能将推动集体教育向个别教育、个性化教育转变，通过深度学习模式和大数据分析技术，为学生定制最合适的个性化学习路径和方法。传统的机器学习就好像人类“幼儿时候的学习模式”，不是基于知识基础上的逻辑推理，而是对人认知学习过程的浅层次模仿，依赖的是基于数据基础上的“举一反三”，是让机器根据大量的正反示例数据得出相应的判断。如果机器具备了基于神经网络的深度学习算法，它的识别率就已经非常高了。深度学习赋予机器的智能目前就像一个 3～4 岁的儿童，能够在汽车图片、单词“汽车”及汽车声音之间建立联系。如若利用智能机器人，可以让机器像人类一样听懂，即为语言识别；可以让机器像人类一样看懂，即为视觉识别。智能机器人可以逐步帮助学习者实现自适应学习，如构建一个具有多个相互联结的知识点的知识图谱，围绕着知识点做精细的标记和准备可用作测评的题库；根据对学习者测评的结果来确定对各个知识点的掌握程度，制订个性化的学习计划，并根据后续的测评进一步调整。自适应学习的结果是学习过程的高度个性化，包括学习内容、路径和节奏的个性化。在学生有自主学习意识的前提下，智能机器人通过大数据与人工智能技术等技术与教育的融合应用，搜集分析学生的学习行为数据，并为其提供个性化的解决方案，学生按照个性化学习路径展开学习，进而提高教育的质量和效率。

5）给教师职业带来新的内涵和机遇。机器人教师、助教的出现很大程度上解放了教师，提高了教学的趣味性，但也一度引起人们的忧虑：机器人是否将取代教师，教师的职业将消失？尽管学界对此争论不休，肯定、怀疑各有之，但尚无定论。教师与机器人混合教学或者教师与机器人合作教学将有可能成为未来教学的主要模式。从机器和人的关系来看，智能机器人与教师是相辅相成的关系，未来的机器人负责“教”的层面，教师则负责“育”的层面，教师根据智能机器人的人机交互技术、大数据技术、情感识别技术等分析诊断的结果，对教学节奏及方法进行合理调整与控制，从而最大限度地实现教育的价值。未来的教育靠的是人与人工智能协作，未来的教师要从知识的传授者转变为依据学生的特点做知识提供和辅助者，成为学生主动建构主义的帮助者、促进者，课堂教学的组织者和设计者，而不是知识的灌输者。同时，教师要保持开放的心态，具有系统思考的意识，引导学生与真实世界对话，养成系统思考的习惯，发挥人类的创新、复杂决策、情感关怀激励等更大优势。

6）机器人教师将在未来的教育中发挥更重要的功能和作用，但却不能够完全替代教师，这是由教育的本质所决定的。教育包括“教”和“育”两个方面。在

“教”的层面，机器人可能会完全取代教师的位置，但是在“育”的层面却显得不足。传统意义上所谓的知识型的教育和技能型的教育的“授业”，很大部分都会被人工智能的教育所代替，甚至一些内容本身也会被代替，但是对人生观、世界观塑造的“传道”和某种程度上的“解惑”还无法完全依赖人工智能解决。教师更重要的是从知识的传授中解脱出来，从事更具有创造性的工作，重点去思考创新教育内容、改革教学方法，让教育变得更有成效；去思考人工智能时代的原住民究竟需要什么才能适应未来的社会？从这个角度来讲，教师不可能被人工智能所取代。

7）教师在教育中的作用更加重要。传统意义上所谓的知识型的教育和技能型的教育可能会被人工智能的教育所代替，甚至一些内容本身也会被代替，但是对人生观、世界观塑造的“传道”和某种程度上的“解惑”还无法完全依赖人工智能解决。在人工智能时代，社会需求个性化的人才和创新创造型的人才，为此，教育也需要为培养个性化人才而改变。教师不仅传递知识，还需要给学生以美德、艺术等层面的熏陶感染，要引导学生健康成长，实现个体自由全面的发展，同时还要承担社会责任的使命，教育学生承担更大的社会责任和使命，将个体价值、社会价值和时代价值统筹起来，在实现时代价值和社会价值中来体现个体价值，成为具有家国情怀的创新型人才。人工智能在教育中的运用，可以帮助教师从繁重的重复性分析型工作中解放出来。教师能有更多的时间和精力投入在富有创造性的工作上，如教学创新、经验传授、情感关怀，进而培养学生的综合素质和情商，激发学生对学习的热情等。从这个角度来讲，教师的功能和作用更加重要，更加的紧迫，教师职业不仅不会消失，反而更要在新的角色中加大力度，更加关注“育人”功能的发挥和实现。

目前，人工智能技术在教育中的应用尚处于起步阶段，但随着人工智能技术的进步，未来其在教育领域的应用程度或将加深，应用空间或许会更大。未来的机器人随着技术的发展将为教育提供更多的解决方案，不断提高教育的质量并巩固在教育中的地位。

三、机器人陪伴个人终身学习

每一个学习者或许都曾梦想有一位这样的老师：老师一直在自己的身边，自己有不懂的问题可以随时提问并且获得帮助，最好是除了解答难题，还能主动关心和指导。这位老师要特别了解自己，了解自己过去的学习基础，现在的学习习惯、学习的兴趣和爱好，规划未来的学习路径，知道自己的优势和弱点，学习中在需要帮助的时候能获得及时的指导，更为难得的是，这样的老师一直在学习者的身边，能够进行情感交流，主动帮助学习者，是学习者的终身学习伴侣。

这样的梦想可能实现吗？随着人工智能和机器人技术的不断发展，这样的梦想将可能变成现实。人工智能不仅在语音识别、图像识别等方面取得了突破并应用到实际教学当中，而且新的技术正在不断地补充和完善机器人的功能和作用，如计算机识别技术可以模拟人类的感知、注意力、情感、动机、行为及表达性动作。[①] 应用情感识别技术使机器人通过观察人的表情、行为和情感产生的前提环境来推断情感状态，其目的在于赋予计算机像人一样观察、理解和生成各种情感特征的能力。情感是影响线上线下学习效果的重要变觉，学习过程中的学习者的情感数据采集至关重要。通过情感识别技术可以即时判断学生的情绪状态，进而提供针对性的支持服务。以在线学习为例，当学生在学习过程中出现烦躁情绪时，通过情感识别技术，系统可以给予学生适当的鼓励或是减慢学习进度；当学生感到枯燥乏味情绪低落时，系统可以适当降低内容难度并给出调动学生积极性的鼓励话语；当学生感到充满自信时，系统可以根据学生水平提供更具挑战性的学习内容与材料。当前，主流的情感识别技术是基于面部表情特征的情感计算，该技术通过摄像头实时采集学习者的脸部五官位置、肌肉运动等表情特征值，进行情绪识别。除此之外，还可以实时采集学习者的语音、文本、绘图等输入信息，对其中蕴含的情绪信息进行内容挖掘和智能分析识别。近年来，随着人类对人脑结构认识的不断深入，未来基于脑电波的情感识别采集技术将成为情感数据采集和情感识别的重要渠道。

情感识别是人机交互的重要基础，在人工智能的帮助下，未来的学习越来越方便。基于大数据、云计算的人机交互将越来越智能化，除了传统的交互方式外，还有语音识别、手势操作、人脸识别、触摸控制等交互方式。在未来，也许我们用手指轻轻一点或者眨眨眼睛，就可以让计算机搜索出我们想要的学习资源，只需要说一句话或者给个提示就可以展现出精确的结果。更智能的搜索基于意识搜索，大脑只要一想就可以得出结果，这是当前机器学习与可穿戴设备领域探索的

① 约瑟夫·巴科恩，大卫·汉森，阿迪·马罗姆. 机器人革命. 潘俊，译. 北京：机械工业出版社，2015.

方向。人机交互在教学中的运用将不断地推动教育的变革，解放人类的大脑，改善人与人之间的交流与协作，也能够帮助人类真正实现全面自由发展。未来的教育将在万物互联和人工智能的不断发展中实现更高的教育形态。

未来人类的学习可以借助于机器人来指导知识性的学习。这个机器人相伴一生，因其所具有的深度学习、大数据、情感识别等技术，能够提供个性化的学习方案，对人一生的教育学习起到很好的指导作用。在自适应学习方面，机器人能够根据对学习者测评的结果来确定对各个知识点的掌握程度，制订个性化的学习计划，并根据后续的测评结果进一步调整，自适应学习的结果就是学习过程的高度个性化，包括学习内容、路径和节奏的个性化，而这一切都依赖于机器人分析判断和针对性的指导。机器人陪伴个人学习还依赖于人机交互技术的发展。随着语音识别技术、手势识别技术、情感识别技术、物联网技术等技术的发展，机器人与个人的交互变得越来越清晰，未来人与机器的交流，将从机械的外在互动上升为内在情感层面的交流，所有具体的操作性设备将自然而然融进整体的信息基础建设中，取而代之的将是各种各样、无处不在的传感器，以及融合人工智能、大数据的云计算平台，他们将变得越来越聪明，实时为人机交互提供源源不断的信息。

不仅如此，随着人工智能的发展以及可穿戴设备的拓展，未来的机器人将与人更加紧密的联系在一起，机器人将成为身体的一部分，成为人的外脑。康奈尔大学教授布兰登•胡克韦（Brandon Hookway）认为，人工智能计算机不只是工具，而是可增强创造性和强化认知学习过程的第三个大脑半球，与人类是平等、互生的合作关系，或是人类和设备之间的混合思维。在人工智能、机器人、深度学习领域，作为未来学家的库兹韦尔预言，到 2030 年人类将与人工智能结合变身“混血儿”，计算机将进入身体和大脑，大脑和云端连接，而云端上可能存在数以千计的计算机，这些计算机将增强我们现有的智能。大脑将通过纳米机器人连接，这种微型机器人是由 DNA 链组成的，人类的思维将成为生物与非生物思维的“混血儿”。到 2045 年，人与机器将深度融合，奇点来临，人工智能将超过人类本身，并将开启一个新的文明时代。未来尚未到来，但机器人与人之间的关系变得越来越亲密却成为现实，在教育领域，机器人为个人提供个性化学习方案成为可能，也将为我们提供越来越多的个性化服务，并且通过智能穿戴设备融入人体本身，成为我们终身学习的陪伴者。

（一）当机器人陪伴个人终身学习成为现实，我们不得不思考当今教育该何去何从，该培养哪些无法被“机器”取代的技能?

1. 培养放眼世界的系统思考能力

在人工智能时代，人类、个人生存环境与地球间的相互依存却越来越重要。放眼世界的系统思考能力还有利于让人才将自我内心与身边其他人相联。国际视野、国际意识、国际知识和能力、国际理解、跨文化技能，都是人工智能时代人才需要具备的能力。在人工智能时代，未来世界的人才能够学会观察自我内心的世界，同理他人，关心身处的系统，以人类共同体的系统观思考所生存的环境，有信心面对现今时代各式各样的社会与环境难题，这也是今后人才培养需要思考的重要内容。

2. 创新能力

创新创造成为时代的主旋律，一个国家的智力资本越强，软实力、巧实力越强，竞争的优势越大，竞争的格局就难以撼动。通过分析和归类，在人工智能时代，与创新能力相关的有以下能力：首先是批判思维。随着计算机和人工智能的发展，知识的记忆、储存和调取很多可以由机器和计算机替代，但是对知识和信息的综合分析、整合判断就显得极为重要，这需要学生具备批判性思维；其次是迁移能力。具有迁移能力的人才不但能够从事自己所学专业的工作，而且还能从这个专业出发，迁移到别的专业。不仅能处理复杂问题，也能做到举一反三；此外，还需要具备丰富的想象力。想象力远比知识重要。罗素说，生活世界有很多现实的限制，但想象的世界是没有边界的。在人工时时代，想象力成为人才培养中一个需要特别关注的能力，人工智能、虚拟现实降低了我们的想象力的试错成本，也给了我们更大的空间去实践我们的想象。想象力比知识重要，因为知识是有限的，而想象力是无限的。

3. 复杂多变世界的认知能力以及通用的技能

在人工智能时代，信息高速流动，面对即时的信息，人们的决策也随时调整，未来的社会和生活充满了未知和不确定性。人们必须学会如何去预测未来变化的方向和速度，去识别未知的模式。未来的世界呈现不确定性和复杂性和多变性的特征，人才在积累经验和基础上必须学会预测未来的概况和远景的本领。此外，还需要掌握人工智能时代的基本通用技能。例如，对复杂信息的获取、综合分析能力，能够灵活运用各种人工智能的工具来协助工作的能力，在遇到复杂问题时的决策能力，人与人、人与机器之间的交流与合作的能力等。

4. 人文积淀、人文情怀和审美情趣

在人工智能时代，程式化的、重复性的工作，仅靠记忆与练习就可以掌握的技能，都将被机器人取代或完成，但是文化底蕴和文化艺术类岗位往往不可替代。因此，在人才的培养过程中，需要关注人才的人文沉淀、人文情怀和审美情趣，培养最能体现人的情感和情怀的能力。例如，工作中对艺术和文化的审美能力、创造性思维的培养，以及由生活经验及文化熏陶产生的直觉、常识，基于爱、恨、热情、愉快等人自身的情感与他人互助的能力，这些是人工智能时代最有价值，最值得培养、学习的技能。

（二）在人工智能时代，当机器人陪伴个人终身学习，面对新的能力要求，学习者该如何学习?

1. 重新建立对世界的认知范式

随着互联网信息时代到物联网时代的发展，由信息互联进入万物互联，所有的一切都纳入到连接的范畴，成为互联的关系。凯文·凯利认为，未来是个更加值得依赖的统一体，更加可靠的大机器，世界将连接成一个统一体，网络就是它的操作系统。全世界所有的显示器都将连为一体，手机、电脑、鞋、汽车，所有的东西都能实现互联。人类技术下一个阶段应该是一台具有庞大规模的包括思维、网页、计算机、万物为一体的统一物，它将是有史以来最大、最复杂、最可靠的机器，它的思维将超过一切个体。网络加上集体智慧给了人类一个全球脑。这是一个关于分享人类知识，所有人类智力的思想、创新和发明的总和的概念。这对我们认知世界既带来了机遇，也带来了巨大的挑战。仅仅依靠传统的知识传授认知世界已不可能，学习不再是简单的学习知识，更重要的是建立对世界的认知范式。

2. 学会人机合作

现在我们已经进入到借助于智能设备而生存与发展的时代，人机结合的学习方式会发挥更大作用，认知外包的现象会让个人更加注重方法论的学习。对于记忆类的知识可以借助可穿戴技术或者人工智能在一定的时间内取得较高的学习效率，或者不需要学习，更重要的是对方法论的掌握，建立认知世界的认知范式。外在的人工智能或许成为人体本身的组成部分，机器人和人的混合式学习、合作式学习将成为学习的重要方式。机器不可能取代人的思考，但是它可以成为我们的助手，不仅把教师从繁重的知识传授中解脱出来，也帮助我们从繁重的知识记忆中解脱出来，去思考和创造新的东西。

3. 从生活和实践中学习

在教联网时代，终身教育、终身学习成为现实，正式学习和非正式学习正在互补与融合。通过无处不在的移动网络与智能终端，支持学习活动由课堂内向课堂外延伸，与学习和教育相关的活动都将发生在学校围墙之外，学习与生活紧密相连，“教育即生活”成为现实。学习将越来越具有选择性，信息获得越来越容易，但知识的获得将更具有挑战性，对海量信息进行加工、分析、处理、表达等方面的信息素养成为学习能力的核心要素。

第二节 大数据：为复杂的教育问题提供解决方案

在教联网时代，人类收集信息、储存信息和传播信息的技术有了极大的提高，能够从海量信息中窥见数据中隐含的真理。不仅如此，大数据技术与人工智能、云计算、物联网等新技术深度融合，引起新一轮的技术革命。特别是大数据与人工智能的深度融合，将推动人工智能实现革命性的变革。在教育领域，大数据为应对教育中的复杂问题提供了新的解决方案，既往的教学过程的记录和及时的智慧决策，使学习者在学习中遇到困难和问题之前就表现出可预防的蛛丝马迹；全球成功的教学案例的汇集，让教师获得足够的数据寻找解开教学难题的密码；每个学习者的电子成长档案，为千万个学习者选择最合适的个性化的学习档案；学习者的每一次学习、实践和成长的每一步，都将汇聚为属于学习者个人未来成才的指引。通过大数据的收集和分析，我们对周围世界的理解得以进一步加深，从而改变对世界的认知。大数据能够搜集分析在教育管理、教学过程、个体学习中产生的海量数据，并据此分析教育管理运行中的规律和构建新的运行模型，提供个性化的学习解决方案，从而提高应对复杂教育问题的质量和效率。

一、社会的不确定性带来教育决策的复杂性

教育是社会的重要组成部分，是生产关系的重要内容。万物互联时代世界的不确定性、多样性和复杂性给教育决策带来挑战。人类生产生活的内容、方式、思维等决定了教育的价值、目的及其内容。万物互联时代，物联网、人工智能等

技术层出不穷，极大地改变了原有的生产关系，并渗透和影响生活的方方面面，对我们的生存状态产生深刻而深远的不可逆转的影响，改变着我们的生产方式、生活方式、交往方式等外在的行为方式，甚至人们内心深处的思维方式及透过内在的思维意识表现出来的外在行为。万物互联时代最核心的不仅在于互联网时代的突破时间和空间的连接，提高了信息传播的效率，降低了信息传播的成本，更重要的是通过传感器、射频识别技术、表情识别技术等将现实世界和虚拟世界对接，将触角延伸到社会生产、生活的方方面面，并对万物互联背景下的教育决策提出了挑战。

物联网是以感知为目的，实现人与人、人与物、物与物全面互联的网络。其突出的特征是通过传感器等方式获取物理世界的各种信息，结合互联网、移动通信网等进行信息的传送与交互，并采用智能计算技术对信息进行分析处理，从而提升人们对物质世界的感知能力，使原来相对孤立的信息得以联结并即时共享，实现智能化的决策和控制。

物联网技术所带来的影响绝不局限在技术领域，就如同互联网一样会广泛地深入到经济生活、社会生活、文化生活及教育生活，从而全面改变我们的现实世界。美国东北大学复杂网络研究中心主任，《爆发：大数据时代预见未来的新思维》一书的作者艾伯特·拉斯洛·巴拉巴西认为，“我们身处的这个世界，没有数字化设备就不复存在。我们每个人都在使用数字化的设备，其副产品是大量有关我们的数据，记录我们身在何处、与何人交谈、我们讨论的频率、我们的开销、我们的采购清单、我们在哪儿采购，不一而足，无所不包”。物联网打破了教育原有的藩篱，突破了学校、教室的限制，突破了课本课程的范畴，将教育的内容拓展到广袤的自然、社会之中。

教联网时代，技术方面的创新发展和共享理念，把现实世界的一切都纳入教育资源的范畴，拓展了教育新的疆域，拓展了教育的视野、理念和未来的高度，同时，也决定了教育的复杂性。社会的复杂性决定了教育的深度和广度，反过来讲，教育又承担着引领社会发展的功能和作用，教育既来源于社会的现实需求，又承担着理想主义者的使命。在新的时代背景下，整个人类面临严重的挑战，我们生活在一个多变、复杂和矛盾的世界里，社会内部及不同社会之间，脆弱性、不平等性及排斥、暴力现象加剧，不可持续的经济生产和消费模式导致全球变暖、环境恶化和自然灾害频发等，尤其是随着教联网时代的到来，整个世界都成为一个信息共享互联的生态圈，未来的教育不再局限于一国，而是放眼全球，成为全球公共利益，共同来应对未来世界的挑战，共同通过教育来解决人类所面临的社会问题、发展问题、环境问题等，推动全球的可持续发展。因此，我们的教育必须站在更高的角度去回应时代的需求，必须保持可持续发展的核心关切，重新审视教育的理念、体系和行为结构。

综上所述，教育既来源于复杂社会的重要组成部分，又担负着推动社会发展的使命，在时代变换的背景下，教育决策不可或缺且越来越重要；从全球宏观的角度而言，教育是全球共同的利益，教育决策实际上关系全球可持续发展问题，要回应人类未来所面临的挑战。世界的多元化、多样性，对于教育而言就是要发现和认识其他世界观并保持更加开放的态度，整合各种知识体系，超越狭隘的功利主义和经济主义，增强教育的包容性；对于一个国家和社会而言，教育都承担着特定的价值目标和价值追求，包括实现与国际的接轨问题、推动社会创新发展、实现人的全面自由发展等各个方面的关系平衡；从信息互联的角度而言，大爆炸、新技术的发展对传统教育产生了冲击，建立于工业革命时代的教育架构也面临信息时代的挑战，教育的内容、方式、途径、教师的角色等方面都要进行重新设定和思考；从个体的角度而言，教育是要推动个体的全面自由发展，实现生命的成长，但个体又生活在社会之中，且无时无刻不与社会发生各种各样的联系，如何在个体价值和社会价值之间寻求一个平衡点也是教育思考和审视的问题。从教育管理的角度而言，教育活动的开展，包括教学管理、学习过程，学校、教师、学生之间的关系，教育方式的改进、教育质量的提升、学习效果的改善等，这些都涉及教育决策，也决定了教育决策的复杂性。

二、使用大数据钥匙打开教育智能决策之门

早在2000多年前，毕达哥拉斯学派就提出，数是世界的本源。在经验时代，由于数据采集的随机性不确定，每个人的视野、思考、经验的角度、逻辑判断不同，得出的结果往往出现偏差。随着人类文明的不断发展和进步，关于数及数的应用也在不断地发展。到了教联网时代，大数据技术使我们从经验时代走向大数据时代，并对未来的生产、生活产生重要的影响。我们每天的行动都可以通过图像、语言、文字、数字等方式表达出来，每个时代、每个国家、每个社会、每个人都可以通过一定的形式表达或呈现出来。

从历史来看，信息的传递基于不同的时代有不同的表现。从最初语言的形成，

到文字的出现，再到后来印刷技术、广播、电视等新技术的发明，使信息传播的渠道、方式、介质等发生了变化，并且使信息传递扩散的效率得到了提升。尤其是互联网时代、教联网时代，物联网技术、大数据技术的应用使得信息传播呈现出几何式增长，大数据分析使得看似海量的信息有了可以窥见的规律，通过对数据的分析形成对未来的预测和判断，从而打开教育智能决策之门。

不仅如此，大数据技术与云计算技术、物联网、移动互联网等新型计算形态并与随之兴起的数据挖掘、机器学习和人工智能等相关技术深度融合，引起新一轮的技术革命。特别是大数据与人工智能的深度融合，将推动人工智能实现革命性的变革。创新工场人工智能工程院院长李开复认为，这一次人工智能复兴最大的特点是，人工智能在语音识别、机器视觉、数据挖掘等多个领域走进了真实应用场景，与商业模式紧密结合，开始在产业界发挥出真正的价值。并提出，“深度学习+大数据=人工智能”，大数据是人工智能的基石。正是基于大数据的深度学习，人工智能才实现了更大的突破，可见大数据技术对于我们认识世界、分析世界和把握世界规律具有重大的意义。大数据为教育带来了三大改变：①能够收集以前无法收集的反馈数据，如基于大数据的网络爬虫技术，网络机器人、网络蜘蛛、Web 信息采集器（如八爪鱼采集器、网页抓取软件等），都在数据采集领域有着广泛的应用。②实现迎合学生个体需求的，而不是为一组类似的学生定制的个性化学习。大数据技术搜集分析在教育管理、教学过程、个体学习中产生的海量数据，并据此分析教育管理运行中的规律和构建新的运行模型，并且基于特定的学生、教师和教室的具体需求定制教材、定制讲课内容，提供个性化的学习方案等。③通过概率预测优化学习内容、学习时间和学习方式。大数据还能够帮助我们更加便捷和低成本地获得知识，如在线课程、电子教科书等。随着大数据技术的应用，学习者将会改变许多以前所依赖的工具和机构，如电子教科书、数字化讲座，甚至是大学本身，都将成为获取和分析数据的平台或集合体，这将促进认识世界体验的多元化发展。[①] 教育决策是教育管理的核心，所有的教育管理活动都围绕着教育决策的形成和实施来展开。教育决策是教育行政管理和学校管理的关键，决策质量的高低关系到教育事业的成败。教育管理者在作出教育决策时，都要对现有的情况和原有的情况作出科学分析和了解，并对未来的发展趋势作出科学预测和判断。教育决策必须建立在科学的基础上，依据大量、可靠、及时的信息，才能

---

① 维克托·迈尔·舍恩伯格，肯尼思·库克耶. 与大数据同行：学习和教育的未来. 赵中建，张燕南，译. 上海：华东师范大学出版社，2015.

制订出正确的教育策略和管理举措。

在教育领域，不仅需要智慧化的基础设施作为支撑，还要依靠智能决策破解教育管理难题，提高教育管理运行质量，开拓教育管理发展道路。传统的决策支持系统需要人的参与，采用各种定量模型操纵数据，只对半结构化、结构化和具有明确过程性的决策问题提供支持。教育决策系统除了可对各级各类教育单位的人员信息、教育经费、学校办学条件、运维服务管理等数据进行图表式的统计与分析外，还可基于各级各类教育机构长期的数据积累，结合人口分布、经济社会发展、地理环境等现实情况，通过数据统计、指标展现、横向对比、趋势分析等技术方法将数据转化为知识，并在智慧管理平台中进行可视化呈现，为各级管理人员的科学决策提供数据支持。

教联网时代的教育决策是基于深度数据挖掘的智能决策。美国著名管理学家赫伯特·西蒙道出了管理的真谛，管理就是决策。传统教育管理者往往是根据自己本身的经验做出决策，缺乏科学的数据支持。在教联网时代，管理者尽可能多地收集与教育相关的信息，如区域内的成绩分布以及资源分布、政策、人才供求、教育动态等，并利用大数据技术对各种信息进行整理、挖掘和分析，从中获取一些具有规律性、倾向性的有用信息，并依据智能诊断和分析结果，做出科学决策，指挥调度教育资源、调整教育机构布局、分配教育经费，推动教育事业持续、健康、和谐地发展。

在教联网时代，智慧管理通过大数据和云计算等技术，能感知学习情境、识别学习者特征、跟踪并记录教学过程，整合各种数据资源，进行科学统计与分析，并借助相应的数据挖掘工具从海量数据中获取核心关键信息，发现隐藏的关联规律，并把这些规律运用到教育决策中，为决策者提供及时、全面、准确的数据支持，提高教育管理与决策的科学性，避免经验主义错误。

三、大数据携手人工智能为个性化的教育提供解决方案

在传统教育中，如何针对每个学生的不同个性、特质去进行区别化的教育，一直是一个难题。工业时代的大规模教育培养的是整齐划一的产业工人或者是技术工人，但万物互联时代打破了过去的一切，社会处于不断变化之中，原有的社会结构、元素都在不断地结构和重构，新的世界正在构建。每个人都要面对新的问题和挑战，并且总是在不断变化之中，如何应对未来的看似不确定的信息并应

对这样的机遇和挑战，需要未来的人才能够加强对复杂世界的模式识别能力，构建个性化的智慧网络，为此，教育需要针对每个学生的不同个性、特质提供个性化的教育解决方案。如何利用大数据和人工智能提升教育的质量、学习效果，如何为学生提供个性化的学习方案、教育方案，真正实现因材施教，实现个人全面自由的发展，成为我们教育永恒的重要的课题。个性化教育呼之欲出，大数据与人工智能的联合，为我们提供了个性化教育解决方案的钥匙。

大数据是一个抽象的概念，目前关于大数据统一的认识有四个基本特征：数据规模大、数据种类多、数据要求处理速度快及数据价值密度低。大数据不仅是数据分析，在方法论层面，大数据也是一种全新的思维方式，其价值在于数据分析及分析基础上的数据挖掘和智能决策。在大数据背景下，互联网教育实现了规模化和个性化培养相结合。基于大数据的数据挖掘、数据分析和数据聚合技术是实现互联网教育背景下个性化学习的基础。人工智能研究包括机器人、语音识别、图像识别、自然语言处理和专家系统等，这些方面的研究不仅需要基础技术的进步，还需要海量数据的支持，没有足够的数据分析，人工智能系统就无法像人脑一样处理问题。在教联网时代，通过人工智能和大数据，智能系统可以对学生的学习轨迹和生活轨迹进行数据的搜集挖掘，测算出一个学生的智商天赋、运动天赋、艺术天赋。这些测算出的结果既是因材施教的根据，也是释放学习者个性和天赋的基础。学校或教师可以根据学习者的天赋给出个性化的教育方案，学习者也可以根据自己的爱好选择自己的专业方向、适合自己的学习方式、并且尽量避免自己的短处，从而找到适合自己的学习方式、生活方式和人生的职业规划等。如图 2-3 所示。

1）通过大数据对学习进行收集和分析。在未来的教育中，数据将成为教育中最关键的资源和指标。利用大数据对学习进行收集和分析，主要功能是为了改善学习和学习环境。学习分析涉及多源数据整合以及分析，用来决定下一步的行动。学习分析的基础不仅包括数据科学，还包括心理学，商业分析和学习科学。学习分析的研究在许多领域进行，如给予自动化的反馈，以及课程设计来支持学生的学习。学习分析的作用在于，随着更多技术在教学和学习中的应用，有关学生行为和参与度的数据量增多，它提升了数据的价值。数据的激增带来了各种可能性，如更好地监督学生的学习进度，及时发现有学习障碍的学生，对于学生行为模式

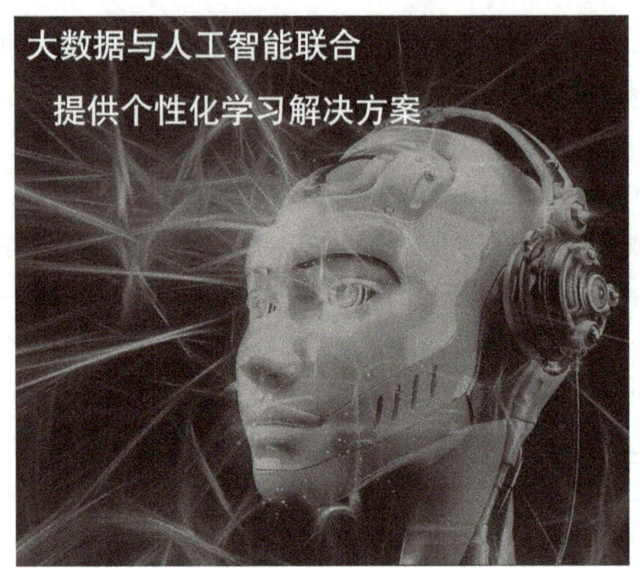

图 2-3　大数据可以提供个性化的教育解决方案

的新洞见，以及在数字化环境下做出实时干预。对学习分析的常见批评指出，单靠行为数据不能决定学习质量。通过精心设计的实验，研究者们能够基于行为数据推断学生的学习进度。学习分析作为一种方法论可从其中吸收经验。实验研究提供了解释学习如何发生的模型。这些模型可用来理解和预测真实的学习过程。例如，实验室研究表明了在学习活动中学生感到困惑时会出现哪些明显行为。如果这些判断标志在学生真实的线上学习中出现，就能有根据地判断该学生可能有困惑，如果识别了学生的潜在困惑，教师就能实施适当的教学干预。行为数据还能记录学生的学习方法，如学习频率和顺序。尽管这些并不能直接衡量学生学习情况，但是通过判定能够提高学生学习计划和学习管理水平的策略，将对学生学习环境产生积极影响。由数据推断表明，数据科学和学习分析不仅能互相学习，而且相辅相成，相得益彰。

2）通过大数据分析对学习活动进行设计。在现实的教育环境中，教学活动和学习活动的设计可以通过大数据获得帮助，也可以利用大数据分析反测教学活动是否达到了预期效果，就像实验设计中允许对实验室中的学习进行推测，学习设计也允许对教室中的学习进行推测。这两种场景都给数据赋予了意义。参考特定的学习设计来检测学生行为的数据，有助于教师看清学生是否如期地参与到活动中。如果没有，这也许意味着需要对这个设计进行反思和改进，由此，可以通过联系学生行为和学习设计来连接实验室和教室。关于大数据的讨论中，经常有一个假设：数据和分析会自动地给学生学习提供一个“答案”。对于大数据收集的错觉将最终导致确凿的事实，即学习这一挑战必须由学习分析领域来解决。就学习分析目前发展的阶段，教师在联结分析和恰当学习行为的过程中仍然处于中心地位。作为学习活动的设计者，教师需要判断学生的行为模式和学习效果是否符合最初的教学设计，通过学习分析和行为数据判断学生的学习效果是否符合预期计划，根据预判随时调整策略。

人工智能与大数据之间的关联如前所述，人工智能依赖大数据和深度学习，而深度学习主要是基于大数据的深度学习。深度学习可以从大数据中挖掘出有价值的数据、知识或规律。只要拥有足够规模的数据，人工智能就可以学会人类所理解的概念和知识、拥有人类的经验，并将这些概念、知识和经验应用到新的数据之上。在物联网时代，教育数据就是有价值的教育资源，是人工智能的养料。在教育行业，人工智能不仅被用来节省教师人力、提高教学效率，而且可以驱动教学方式的变革。以人工智能驱动个性化教育为例，收集学生作业、课堂行为、考试成绩等数据，就可以对不同学生的学习情况进行个性化诊断，并进一步为学生制订有针对性的辅导和练习，从而实现因材施教，这已成为教育人工智能探索个性化教育的重要方向。但是实现人工智能引领个性化教学的关键点是数据的采集与分析。教育数据产生于各种教育活动及教学的过程中，我们要想将人工智能更好地应用到教育中，首先面临的就是数据采集的问题。目前，教育数据的来源渠道有两个：一是来源于数字化的教学环境，教学和学习数据在这种数字化环境中自然而然的产生；二是从传统教学行为中收集教育信息，并将之转化为数据。在教联网时代，教育数据或将成为发展教育人工智能的一大制衡因素。

人工智能在实际中的应用很多，教育领域最关注的一项技术就是情感识别技术。情感识别技术就是通过观察人的表情、行为和情感产生的前提环境来推断情感状态，其目的在于赋予计算机像人一样观察、理解和生成各种情感特征的能力。目前，情感识别技术主要通过面部表情和语音特征来提取。专注于情绪识别引擎开发的 Facethink 宣布，通过对线上教学和双师课堂两个场景不断地测试和优化。除高兴、生气、惊讶、害怕、厌恶等常见的情绪指标外，还可以对教育场景下最重要的“专注度”进行建模，力图让机器识别的结果逼近有丰富经验的教师。另一个专为教育场景所开发的模块是"视线识别"，机器能够根据摄像头给出的录屏，识别学生将目光投向何处。通过对学生的视线和表情的收集来进行情绪识别，情绪识别的意义在于改善课堂教学、提供过程性数据，而非对师生双方的监控，最终会让双方受益。

第三节　可穿戴设备：信息融入人体本身

一、谷歌眼镜与外脑存储知识：学习者该学什么？

可穿戴设备并非字面意思所描述的那样，它有着更深层的意义，也将带来更长远的影响。2012 年，一款可穿戴设备谷歌眼镜（Google Glasses）让很多人产生了不可思议的感受。谷歌眼镜能够在眼睛前呈现一个透明屏幕，可以通过语音、手势、眨眼实现拍摄、检索、语音助理等多种功能。戴上谷歌眼镜，如果有人问今天的天气、路段的拥堵或工作要点，你可以立刻得知答案，因为谷歌眼镜可以储存大量的信息。①

有人说这叫"外脑存储"，它可以帮助我们不用记忆直接获取大量的信息。但是，随着科技的进步，我们的确正在将大量的信息转存到外部存储。例如，现在还有多少人记住大量的电话号码？人们大多都是直接到手机里搜索联系人的名字，然后直接打电话。谷歌眼镜将信息离我们更近一步，让信息成为我们身体的一部分，且结果将大不同，这就是可穿戴设备的内核，让虚拟与真实的信息融入人体本身。

不仅如此，我们可以想象每一个人看到的影像都通过谷歌眼镜的摄像头记录下来。这种记录方式在未来不仅可以存储在自己的云端，而且可以在自愿的情况下被广泛地分享。也就是说，当教室里的教师讲解到中国长城的时候，他不仅可以展示一幅长城的风景画面或播放一段长城的纪录片，还可以直接联结此时正在长城游玩的游客，游客通过谷歌眼镜分享他们看到的实时影像，这将带来非常真实的感受与视觉冲击。

---

① 杨晓哲. 五维突破：互联网+教育. 北京：电子工业出版社，2016：34.

可穿戴设备无论是否会成为主流，它都让人们以不同的方式看待技术，我们正迈向一个新世界，即技术与人们互动方式的多种可能，它会提出建议，如你该出去散步或学习了。当某一天谷歌眼镜遍布全球时，又一次吸引人们眼球的，也许是视网膜成像显示的增强隐形眼镜了。如图 2-4 所示。

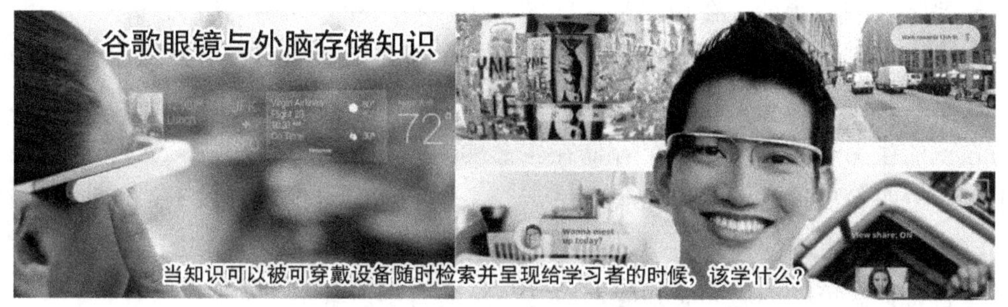

图 2-4　谷歌眼镜与外脑存储知识

2015 年，微软发布了可穿戴全息投影设备 HoloLens。借助 HoloLens，我们能够使用手势和语音在空间中看到全息影像，同时也可以完成复杂的操作，包括直接通过双手对呈现在空间中的虚拟物体进行旋转、移动等。HoloLens 的最大优势就在于它能够一边看着实际的实体空间场景，一边增加虚拟信息，两者之间发生更进一步地产生关联。关联得越紧密，也就意味着我们可以用多个不一样的视角去观察生活中的一切。

从某种程度上看，我们的人生经历、知识背景、专业见识都是一种增强现实，而在未来 Hololens 有可能帮助我们实现，这势必拓展我们随时随地进行学习的可能性。

可穿戴设备还在不断创造的路上，无论是谷歌眼镜还是其他的可穿戴全息投影，都在一步一步地通过可穿戴设备，把屏幕拉近，将虚拟与现实融合。

通过现在和未来的几款可穿戴设备，我们隐隐地打开了可穿戴设备的奥秘。可穿戴设备不只是方便穿戴，也不只是屏幕更近，而是成为身体的一个“器官”，成为各类海量信息的储存器，让虚拟与真实的信息融入人体本身。在教育领域，可穿戴设备将成为人们学习的一种关键技术，人们可以通过可穿戴设备这种介质来储存知识，也可以通过这种介质来认识世界，并成为人与设备共同思维的混合体，成为学习中不可或缺的重要工具，甚至成为人自身的重要组成部分，它能够快捷地连接世界、分享资源信息，让信息离学习者更近，让信息分享更真实自然，让交互的方式更加多元，实现与外部世界的分享、交流与创造。

另外，谷歌眼镜可以储存大量的信息给未来的学习带来一个关键性的问题：当知识可以被可穿戴设备随时检索并呈现给学习者的时候，学习者该学什么？大量的关于识记的知识，如历史事件、古诗词，还需要学习者背诵吗？

答案是，关于记忆的知识将不需要学习者背诵，但是基于知识所延伸的能力是需要学习的。例如，在历史知识的学习中，归纳和总结出的历史规律，对于历史事件中学到的教训或得到的经验启发等，这些是需要学习者将外脑储备的知识再送到自己的头脑中，经过思考的“消化”，才能有效变成自己的“经验知识”，与自己的生命产生联系，并且存储在生命的认知和智慧网络中。又如，有了类似于“谷歌眼镜”这样的可穿戴设备之后，未来的学习者的确可以不用再背诵古诗词，但是要让古诗词真正与学习者本身发生联系，还需要基于知识上的情感认同，关于古诗词意境的体验和感知等，而这些是需要学习者学习的。

总而言之，学习者的学习需要掌握一定的知识，形成一定的能力，但对个体来说，追求知识、能力的绝对数量，成为“百科全书式的人物”并不是明智之举，更重要的是生成融入互联世界的智慧。就如前面提到的关于历史知识和古诗词的学习，学习者只有掌握了与知识相关的情感和智慧，才能在实质上把握“已知的事物之间的联系”；只有真正与“已知的事物”发生了互联，才能形成真正意义上的“有意义的互联”，在所形成的能力范围内可以自主地解决实际问题。

因此，当知识可以被可穿戴设备随时检索并呈现给学习者的时候，学习更重要的是让学习者与固有的知识之间产生互联，是基于学习者个人自身的认知，形成自我认知复杂世界的认知网络，从而促进生命的成长。

二、可穿戴设备与信息融入人体本身：学习者该怎么学?

《互联网时代》一书中介绍了一位英国人通过植入在身体的芯片，实现了自我身体的进化。这名英国人名叫凯文·沃里克，是英国雷丁大学教授，主要研究人工智能、机器人和生物制药工程。凯文·沃里克在外科医生的帮助下，将一枚硅芯片植入了他左臂的神经系统中。沃里克因此获得了“世界第一电子人”的称号。电子人凯文·沃里克说：“我把这个芯片植入到我的手臂里，有了它，当我在屋子里走动的时候，电脑会为我打开大门，调节灯光。当我走到门前的时候，甚至会说你好。”不够成熟的技术，使沃里克的电子人身份仅仅维持了三个月，但这三个月成了沃里克人生难忘的体验。四年后，沃里克进行了更大胆的实验，不仅再次在手臂中植入更先进的芯片，还将另一枚芯片植入妻子的手臂中。凯文·沃里克回忆说："实验中，我的妻子握紧拳头的时候。我的大脑会接收到电波。我们实现了人类第一次神经系统间的交流。但这表明未来有各种可能性进行互联网与交流，而不仅仅只是通过语言，那太贫乏了，同时也有思想、图像、感觉、情感的交流。未来交流的各种可能性都振奋人心。[①]"在沃里克成为首个电子人 14 年后，这项技术被运用于普通人，与十四年前相比，芯片与人体结合的部位，从手臂迈向了大脑。

2012 年，美国匹兹堡大学医学中心神经外科的手术室里，外科医生成功地将一块芯片植入到丧失行动能力的肖伊尔曼·简，再次获得支配手臂的能力。肖伊尔曼·简说："我再不需要思考说应该把手臂向前移动到左边，我就直接去拿那个东西就行。实验室里面的所有人都在鼓掌，我一直都非常喜欢吃巧克力。而那一小口简直是我吃过的最好吃的巧克力了。"

2013 年德国图宾根大学的科学家发明出一种可以修复视力的微型芯片，通过植入病人脑内，放置于眼球后方，帮助 9 名盲人成功恢复了视力。这个 3 毫米的芯片能够让 1500 万患者恢复视觉功能，摆脱失明的困扰。

上述案例表明，可穿戴设备的作用和功能不可限量，它不仅是身体外部的装饰或时尚产品，也不仅是存储分享信息这么简单，它更重要的功能还在于可穿戴设备成为身体功能的重要构成，如通过可穿戴设备恢复视觉功能、控制肢体的运动，甚至可以通过可穿戴设备进入神经系统、思维系统进行思想的交流，这才是可穿戴设备最具魅力，也最具有挑战性的方向。今天，人脑与电子设备和网络结合的实验在世界各地的各大高校与企业的实验室里进行着，一些科学家探索通过无创的方式来实现人脑与电子设备的结合。在万物互联的时代，当可穿戴设备可以将信息融入人体本身，当知识和信息变得随手可得，仅仅需要重复记忆的知识不再需要学习的时候，学习者该怎么学呢？如图 2-5 所示。

在教联网时代，随着可穿戴设备和人工智能的不断发展，重复性的、仅靠记忆与练习就可以掌握的技能将是最没有价值的技能，因为这些几乎可以由机器来完成；反之，那些最能体现人的综合素质的技能，如对艺术和文化的审美能力和创造性思维，由生活经验及文化熏陶产生的直觉、常识，基于人自身的情感的爱、恨、开心、悲伤等情感感知与他人互动的能力等，这些是教联网时代最有价值，

---

① 《互联网时代》主创团队. 互联网时代. 北京：北京联合出版公司，2015.

图 2-5 可穿戴设备与信息融入人体本身

最值得培养、学习的技能。而且，这些技能中，大多数都是因人而异，需要“定制化”教育或培养，不可能从传统的“批量”教育中获取。

三、脑电波及意识操控：如何丰富生命的感知和意义？

大脑就像人体内的“黑匣子”。一个人的大脑里正在想什么，他人是无法获知的，人们只能够通过观察外显的行为去猜测。不过，随着科技的发展，越来越多的脑电波检测仪器可以检测到大脑的活跃度，还可以进一步探测大脑具体的活跃区域。在美国，科学家们正在通过头戴式的脑电波识别系统完成用意念控制飞行器的实验。如果科学家们通过可穿戴设备头盔式的帽子能识别脑电波，完成用意念控制飞行器的实验，那么在未来，意识操控技术就可以被运用于控制人形机器人。我们可以憧憬和想象，在人与机器共生时代，利用脑电波和意识的研究，可以更好地关联教与学。

电影《阿凡达》中，科学家人工培育名为“阿凡达”的肉体替身，并通过自己的意识对其进行“远程控制”。这些伴随对脑电波的数字化识别、传输、翻译，似乎极为遥远的电影场景如今已在现实中有了映射。浙江大学的研究团队成功地在猴子的大脑运动皮层植入两个芯片，并通过意念控制一只机械手做不同的动作。虽然“脑—机接口”目前还处在单向识别上，电脑可以接受人的脑电波识别人的意识，但还不能将机器中的信息输进大脑，信息不能双向流动。但“人机合一”的大胆设想正走向可能。

明尼苏达州大学神经工程中心主任、神经生物学家贺斌向《互联网时代》摄制组介绍：“国际科技界的脑机接口基本上有两大类。一类是把芯片植入人脑。另一类是把装置置于颅骨之上，是完全无创的，其目标是尝试为瘫痪并非那么严重的病人服务，让他们控制计算机外部设备。通过检测跟踪脑电波信号，然后解码信号来控制外部设备，如控制轮椅或电子邮件，或移动电脑鼠标，微控制直升机等。”

更为惊人的实验是华盛顿大学首次实现的两个人脑之间的远程控制。华盛顿大学通过互联网发送其中一人脑中的“想法”，实现对另一人大脑及手部动作的控制。当时传到网上的视频显示，计算机教授拉杰什·拉奥头戴一顶连接脑电图仪的帽子，盯着电脑游戏屏幕，想象移动右手点击鼠标，发出“开火”指令，向游戏中的目标射击。脑电图仪捕捉到“开火”的脑电波信号后，将其通过互联网传给位于另一实验室的心理学助理教授安德烈亚·斯托科。斯托科头上戴有一个名为经颅磁刺激线圈的装置，该设备刺激他左脑皮层，指挥他的右手做出动作。斯托科在未看到电脑屏幕的情况下，“不自觉”地移动右手食指，按下键盘的空格键“开火”，将游戏目标击中，整个过程基本同步完成。斯托科描述称，右手“不自觉”地移动，感觉像是“神经痉挛”。通过想法控制别人的活动，听起来好像科幻电影。斯托科解释试验中所用的只是易被脑电图仪识别的简单脑电波信号，而不是人类真正复杂的思想。

Neocomimi 脑电波兔耳朵出自日本厂家 Neurowear，是一款以女性和 Cosplay 爱好者为目标的智能脑电波产品。只要将脑电波的兔耳朵戴在头顶上，头上的脑电波传感器就会探测并自动分析观察到的脑电波，相对应人类情绪的起伏，从而做出相应的表示性动作。[①] 例如，集中注意力认真完成学习任务时，显示脑电波的“兔子耳朵”就会竖起来；学习走神或者疲倦无神时，显示脑电波的“兔子耳朵”就会平躺下来。

试想一下，如果全班学生都带着这样一个脑电波检测设备的“兔子耳朵”，会是怎样一幅场景呢？教师可以看到哪些人在走神，哪些人很投入、很专注吗？这会使师生之间的互动变得更直接、更有趣，还是我们可以开始有更多维度、更精准科学的方式研究教学？

随着脑电波检测技术的成熟，未来会有非常多与脑电波检测相关的设备出现，

---

① 杨晓哲. 五维突破：互联网+教育. 北京：电子工业出版社，2016：56.

如当我们带上具备脑电波识别的耳机时，我们只要一想，不需要查找诗歌的名字，耳机就会自动发送要查找的诗歌给我们听。

当脑电波设备与物联网结合到一起时，就可能实现意念控物。当脑电波设备与课堂结合，与教学结合，与学习结合时，将更客观地发现并解释很多教与学的具体策略的前因后果和各种关联。可穿戴技术的重要意义在于它延伸了学习者感知世界的触角，拓展了生命与世界交互过程中时间的自由性和空间的无限性，交往深度和广度是在传统教育中无法比拟的，同时回归了人的多种感官的统合，回归了人的自由，回归了自然的本真。如图 2-6 所示。

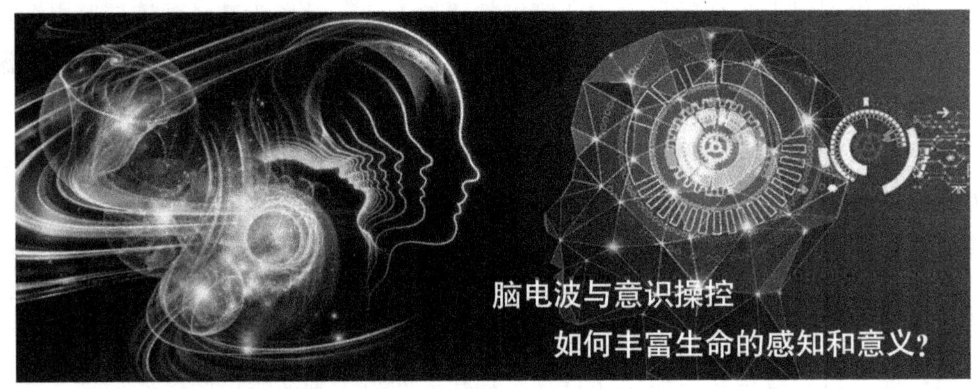

图 2-6　可穿戴设备带来的脑电波和意念控制是信息流与意识流的统一

如果未来每一个人都可以非常简易地对可见的物体进行基于脑电波的意念的编辑，并通过信息流进行交互，这就意味着相同的实体物体，学习者可以赋予不同的编码信息并进行联想或是拓展。可穿戴设备带来的脑电波和意念控制是意象思维与数字技术交织的产物，互联所产生的信息流“无所不在”使人们的生命体验能力强大到随心所欲的地步，甚至以自己的意象思维力量来推动整个互联网络的建构。在这个信息流动的空间里，那些纵横交错的互联节点成为个体意象构建的支点，信息的输入输出随着人们的意识流动而信手拈来，无拘无束。因此，万物互联对人类生存世界的全面联结很大程度上可以理解为人类意识思维在另一种空间的再建构，这是一个与物质世界紧密贴合的空间，意象已不再停留在心之营构之象，思想到达之处即是人的身体力行之所，人类的意识思维也将在对物境的深度认知中实现全面超越。在万物互联时代，脑电波和意念控制可以实现信息流与意识流的统一，这必将带来未来学习的革命。当脑电波设备与课堂结合，与教育结合，与学习结合时，学习者可以与全世界的精品教育资源免费相联结。未来，学生们可以在网上搜寻数以百万计的不同课程，他们不需要按顺序把课从头听到尾，而是可以利用脑电波技术，与任何学习资源相联结。

这将是一个全新的认知领域，与此同时，带来的不仅是学习的革命，更展现了学习者生命体验的丰富性和成长性。随着学习者通过脑电波技术自我建构的日益多样化，学习者本身不再是体验与反思的单一性，而更像是联结在一起的一个互联与体验交互的网络，自我也不再仅仅是大量现实系统的交集，而是有一系列可能的意义丰富的自我。可穿戴技术赋予了狄尔泰著作中反复提及的“人类生命的深不可测”一种新的激进的意义，无限多的情节和阐释将“在建构中”同时开放着，我们的生命体验也将因为这样的开放而持续丰富永无停止。一边是原始既定的陌生世界，另一边是深度感知的交往世界，沉浸的魅力位于这两个领域的交叠之处，在这里，生命的本质得以赋形，生命的张力也将得以彰显。这种虚拟与现实不断交互，信息流与意识流不断交互的生命体验，在跨越时间和空间限制的同时，并不只是通过联想和想象得来，而是将人类视觉、听觉、触觉等的感知信息加以整合并重组，将意识由脑电波链接使信息传递具象化，将表意过程演变为一种直接的生命体验。未来的学生可以为释放自身的潜能和天分而学习，也是为了自身的兴趣和需求、自身的全面自由发展而学习，学生在学习中不断地丰富自己生命的感知，构建自己的智慧网络，这都将影响教育的发展方向。

第四节　虚拟现实技术：沉浸学习

虚拟现实是在万物互联的时代背景下备受关注的关键技术。它是利用计算机大数据模拟产生一个三维空间的虚拟世界，提供体验者关于视觉、听觉、触觉等感官的模拟，让体验者如同身临其境一般，可以及时、没有限制地观察三维空间内的事物。模拟环境中的一切看上去是真的，听上去是真的，动起来是真的，甚至闻起来、尝起来等一切感受都是真实的。虚拟现实在教育领域的应用广泛，主要应用于虚拟实验环境、虚拟实训基地和虚拟仿真校园。在虚拟实验环境方面，如建造人体模型、电脑太空旅行、化合物分子结构显示灯，为学生提供生动、逼真的学习环境。在虚拟实训基地方面，利用虚拟现实技术建立虚拟实训基地，通过虚拟现实的沉浸性和交互性，使学生能够在虚拟的学习环境中扮演角色，全身心地投入学习环境中去，包括军事作战、外科手术、教学、飞行等方面的技能训练。在虚拟校园方面，如基于教学、教务、校园生活等三维可视化虚拟校园，为在线教育教学点提供可移动的电子教学场所等。

一、虚拟世界与现实世界的无缝对接

虚拟现实是通过计算机、大数据等技术模拟产生的三维空间的虚拟世界，提供关于视觉、听觉、触觉等感官的虚拟模拟，观察者可以选择任意一个角度，观看任一范围内的场景和物体，帮助使用者获得身临其境之感。虚拟现实有以下几个特征。

1. 多感知性

虚拟现实除了一般的视觉感知以外，还有听觉、触觉、味觉和运动感知，在教学中运用就可以让学习者感知很多课堂和学校里无法实现的现实世界，如可以在虚拟现实中感受沙漠、在虚拟现实中感受冰雪世界。在瑞士苏黎世联邦理工学院，正在研究一项技术，科学家用3D扫描仪和先进的模型化系统生成一个真实物品的虚拟现实替代物，如生成一个杯子、一个盒子，甚至一次实验中科学家们生成了一只绿色毛绒青蛙玩具。生成的3D数字虚拟现实替代物可以被传送到相距遥远的人们那里，接收者需要佩戴虚拟现实护目镜并触摸一个可触界面，这样就可以对虚拟现实替代物进行移动、刺破、戳入等动作。

2. 沉浸感

体验者感到作为主体在虚拟模拟环境中真实程度。虚拟现实的沉浸感在教学中的运用可以让学习者全身心地投入三维虚拟学习环境中，激发学习者浓厚的学习兴趣，产生高效率的学习效果。

3. 交互性

体验者对模拟环境内物体和环境的可操作可以进行实时的感受反馈，如学习者在虚拟太空环境中感受太空的失重。

4. 构想性

可再现真实存在的环境，也可以随意构想客观不存在的甚至是不可能发生的环境。虚拟现实为教学提供情境化、真实性、自然性的环境和情境的支持。

教联网为教学信息、教学资源和教学内容的交互活动创造了全新的时代语境，充分体现了教学过程中的“现实性”与网络世界“虚拟性”的错综复杂。“现实性”被认为是在真实世界中的存在状态，而“虚拟性”则被理解成未被本质承认的虚幻状态，在物联网的交互语境里，这两个看似矛盾的概念完美地融合与并存。物联空间的信息交互除了物理信息本身，还必须关注信息用户的感性和信息技术的理性之间固有矛盾的平衡。在物联信息交互系统建构中，将教学内容、教学资源、教学工具等显性存在的物质世界与教师、学习者、学习伙伴等用户和教联网的相关技术有机地结合起来，以揭示物理实体环境、用户感知因素和信息技术应用对于信息交互方式的重要影响。基于信息交互形态的演变，从物体、用户和技术这三个维度整体地进行信息交互机理的研究，有着全面性、综合性、系统性的特点。可以预见，物联世界里，固有的空间与时间的物质基础必将开始转化，并围绕着信息社会中真实与虚拟并存着的流动空间和时间重新组织。

在这样流动时空下的信息传播与交流过程中，每个学习者都处于一种自由而平等的交流语境中，这种高效的信息传播形态使主体之间突破了现实生活中的种种局限，带来了具有更加愉悦体验的信息传播效果，这不仅实现了学习者的信息感知，而且赋予了学习者的情感体验。它将人性中关于情感的交流、意志的沟通、欲望的表达等通过信息交互过程的灵活转换与有效互动，给予学习者更突出的感官冲击与沉浸享受，为学习者信息交流的畅通与信息欲望的满足提供了新的可能性。交互性、沉浸性、感知性与构想性成为这种新型交往方式的最主要特征。因此，教联网背景下，强调在真实的世界中学习的同时也注重虚拟空间的设置，无论是一所学校还是一个班级或者一个组织都可以有意识地创建自己的虚拟空间。教师、学生、家长可以感受到虚拟空间，并通过空间快速地获得信息。学校或者组织也可以通过空间宣传自己的文化，提供组织与受众沟通交流的平台，成为学习者学习的另外一个虚拟空间。

二、虚拟现实与沉浸式教学

与虚拟现实相关的学习理论是虚拟沉浸。虚拟沉浸理论（flow theory）于 1975 年由国际著名专家 Mihaly Csikszentmihalyi 首次提出，主要是指在虚拟学习中，学习者高度集中注意力，在虚拟的情境当中过滤掉所有不相关的知觉，进入一种沉浸的状态。根据沉浸理论，未来的学习可以利用虚拟现实环境，让学习者足不出户就可以感受到头脑风暴，虚拟现实模拟的环境看上去和真实世界中感受到的一样，如同在现实世界中的感受。

利用虚拟沉浸技术，可以支持以下几个方面的教学。

1）知识内容更形象，更好理解。虚拟沉浸可以再现现实生活中无法观察到的自然现象，也可以通过虚拟再现事物的变化过程，为学习者提供形象生动的学习资源，加深对抽象概念的理解。例如，在地理课上，丘陵、沙漠和雪山将不再是一个个的地貌名词，学生可以通过虚拟现实（VR）去感受和体验每一个地貌的特色。

2）探究学习更有趣，印象更深刻。虚拟沉浸可以对学习者探究所提出的各种假设进行模拟，通过虚拟现实技术可真实地观察到这一假设所产生的结果和效果，从而达到探究学习的目的。例如，在化学课程上，复杂的化学反应是怎么被发现的，又有几个反映过程？学习者可以在化学的世界里，把自己缩小到分子级别，去探索究竟。

3）技能训练带来虚拟的沉浸。学习者在虚拟的学习环境中扮演一个角色，通过沉浸在角色中的实践学习，学会现实中因为场景限制而无法学会的技能。例如，虚拟现实的课堂就很好地解决了汽车驾驶培训的问题，这也适用于飞行驾驶，重型机械操作等。

4）虚拟现实让学习者足不出户感受头脑风暴。虚拟现实（VR）运用于文化教育领域受到了人们的欢迎。在 2016 年的里约奥运会期间，NBC 通过其美国版应用提供 85 小时的奥运会虚拟现实（VR）节目，学习者可以通过手机去观看。毫无疑问，VR 内容将会给奥运迷们带来身临其境的感受。随着虚拟现实（VR）技术的不断普及和设备价格的大众化，虚拟现实和沉浸式教学在互联网教育中的运用也越来越广泛。与虚拟现实技术相关联的包括增强现实（AR）、混合现实（MR），增强现实在使用者的现实世界叠加数字创建的内容；混合现实在使用者的现实世界叠加可以与之互动的数字创建内容。这些新兴科技在教育中的应用越来越广泛。使用虚拟现实及相关联的技术可以为各级学校的学生提供身临其境的多感官的体验，比起传统的讲课、字卡图卡或教科书等方法更有效。例如，在讲解宇宙行星时，教师可以通过虚拟现实技术让学习者进入虚拟的太空，自己感受宇行星间的距离和每个行星的特征。如图 2-7 所示。

除了可以利用虚拟现实技术学习抽象的或现实中很难感知的知识，还可以用来虚拟建模。建筑系学生不再需要花费时间制作设计模型，只需搭配行动装置或 AR 或者 MR 眼镜以及适当的应用程序，就能 3D 立体呈现他的设计，既漂亮又精确，而且设计修改时不需重制模型，节省不少时间。在才艺学习方面，虚拟现实眼镜可以协助指导学习者按照步骤学习乐器、绘画、雕刻、编织等才艺。尤其对于开始学习乐器的学生，搭配增强现实眼镜及相关应用程序，可以显示各种乐器

图 2-7　利用虚拟现实技术学习宇宙知识

的指法及乐谱，甚至还可以指导练习，纠正练习过程中的错误并记录过程，让初学者可以轻松上手。

三、跨越虚拟与现实之间的“分界线”

虚拟现实技术的发展为未来教育插上了想象的翅膀。德国慕尼黑大学教授茨威博士率领的研究团队，致力于研发新的技术让虚拟世界中的物体和人具有真实的可触碰性，科研人员正在发明可触摸的多模式通道界面，新的信号传输技术和先进的虚拟现实生成技术，让虚拟现实物体能在真实的世界中逼真地再现。在日本的东京大学开发的“触控全息术”，让真实与虚拟有了更深的关系。这种远程显示可以保证学习者在接触到投射在空气中的虚拟画面时会有触觉感受。一旦有物体打断了超声波的传输，压力场就会作用于身体某个部位上。这种改进了的全息触控方案能带给学习者真实的触觉感受。虚拟现实技术是仿真技术与计算机图形学人机接口技术、多媒体技术、传感技术、网络技术等多种技术的综合，模拟环境是由计算机生成的、实时动态的三维立体图像，除了视觉感知之外，还包括听觉、触觉、力觉、运动等感知，甚至包括嗅觉、味觉等。多感知技术的发展，将实现虚拟环境与现实环境有效的全方位的对接，让虚拟与现实浑然一体，甚至达到“虚拟即现实”“现实即虚拟”，这种仿真虚拟环境为教育、教学和学习提供了便捷的获取知识的通道或路径。人们在虚拟的环境中即可以获得在现实生活中的经验、知识并建立关联，如模拟实验室、飞行模拟器等，都是虚拟现实技术应用的雏形，虚拟现实技术的发展将为未来的教育带来广阔的发展前景。

虚拟现实技术的发展，不仅将虚拟世界和现实世界连接起来，而且在虚拟的世界里能够通过各种技术模拟真实的世界，能够让人通过虚拟的模拟环境真切的感知现实世界。它在实现万物互联的同时，更代表了一种新的认识和阐释世界的方式。如果说互联网时代的教育可以让虚拟现实成为教育的一种新形态或者是新元素，那么教联网时代，又为这样的“虚拟”增强了“现实”的功能，通过“虚拟”而回归“现实”，赋予技术创造世界的真实性和自主性，其意义表达在经由交互主体的重构之后，重新回归到物体本身。教联网时代，教育跨越了虚拟与现实之间的“分界线”。教师、学生、教育资源都成为信息交互的重要节点，除了传统的师生交互以外，更加凸显了教学与教学资源的交互，学习者与学习资源的交互，学习者与学习环境中的任何学习内容、基于学习内容对应的物的交互。这种新型交互关系的切入点着眼于在虚拟现实技术的环境中学习者主体的彰显。在教联网中，戴上可穿戴设备去参观著名的动物园、博物馆或是课本上提到的历史景点、地标或是建筑，以学习者的认知进度来欣赏它们，甚至还可以配合动画显示，来加深印象与了解。教联网中的应用程序会根据学习者目前正在观看的事物，在屏幕上提供详细资讯，意味着学习者与周围世界在时空关联上的极大压缩，更意味着学习者与周围世界的交互生存方式开始全面进入现实生活。

在教联网时代，虚拟和真实的界限将被彻底打破，真实的物理世界开始有虚拟技术的参与，虚拟的信息空间也开始有真正实物的依托，虚拟现实技术的现实意义正是体现在这一交叠之处的紧密融合与交互贯通，以及由此激发学习者的无限遐想与缤纷体验。不难预见，随着人工智能、可穿戴技术和物联网技术的发展和逐步成熟，学习者对自然界中存在的知识及与知识外化相关的物体意义的领悟必将更加深入，“人之物化”与“物之人化”对人之存在的建构也必将更加凸显。在此情况下，教联网时代的教育更加注重“人之物化”后的人文化发展，千连万联，最重要的是学习者的心相联，最终与生命相联。

第 三 章

“育”见未来：教联网时代与教育新动向

教育要面向未来，创造未来。培养适应未来社会的人才是教育的根本使命。万物互联时代具有全球共同体、全球一体化等特征，世界的每个角落都连接在一起，整个世界成为一个命运共同体。在这个命运共同体中，人类面临的共同挑战和机遇，包括文明秩序的建立、协同共享的价值观、求同存异、零边际成本、同理心等，这将是未来教育面临的重大课题。2017 年高等教育版《新媒体联盟地平线报告》对教育与全球的共同利益进行了解读："如果教育被视为推动全球经济的工具，那么它必须像北极星一样引领社会进入下一个大事件，启发新的思想，以解决当前紧迫的挑战，创造机会塑造美好未来。"在教联网时代，万物互联的思维方式和以物联网为代表的新技术可以整合我们的教育资源、教育理念、教育组织模式、教育经济模式、教学模式等，从而使教育走进教联网时代，为万物互联时代培养理想人才。

第一节　教联网时代：教育是全球的共同利益

教育，是人类文明飞跃的助推器，是全球共同利益的引领者和守护者。教联网时代的特征之一就是联结，联结是未来发展一切可能性的基础。教联网的目标是联结教师、学生、教学工具和教学资源，这里联结的不仅是教学资源，还有思想、观念、观点、价值观等，以及在教联网平台上相互交流、交锋、碰撞、吸纳、借鉴等，同时在相互碰撞交流中形成相近的观点、观念和思想。教联网具有的开放、共享、交互、免费、智能、个性服务等特性顺应了全球生态圈和全球共同利益的新趋势。

康德在关于教育的论述中指出："在世间万物中，人是唯一需要教育的一种存在。"[①] 在人类文明发展的历史中，教育以其独特的价值而备受关注。教育的价值和使命就在于回应变化的世界，应对挑战，引领人类走向美好的未来。针对传统的教育模式无法适应新经济结构的要求，大批生产者被迫接受新技术培训，联合

---

① 伊曼努尔·康德. 论教育学. 赵鹏，何兆武，译. 上海：上海人民出版社，2005：5-6.

国教科文组织通过了《学会生存：教育世界的今天和明天》，提出了"终身教育"的理念，以解决就业问题。1996 年，联合国教科文组织又发布了第二份教育思想报告《学习：内在的财富》（简称《德洛尔报告》），指出了技术、经济和社会变革引发的多种矛盾，教育的价值在于通过教育使个体"学会做更好的自己"。2016 年，联合国教科文组织又发布了第三份教育思想报告《反思教育：向"全球共同利益"的理念转变？》，以及《2030 年教育行动纲领》。这份报告认为，经济增长和财富创造降低了全球贫困率，但在世界各地的社会内部及不同社会之间，脆弱性、不平等、排斥和暴力现象加固。不可持续的经济生产和消费模式导致全球变暖、环境退化和自然灾害频发等，并提出了新的教育价值定位，即教育是全人类的共同核心利益，是实现全球可持续发展的关键，要把教育当成全球的共同利益，实行人文主义教育。这就超越了个体或国家的狭隘观念，上升到全球和整个人类社会的高度来思考教育的定位，这正契合了教联网时代协同共享、多元共存、多元融合的宏大叙事背景，以及基于全球化的可持续发展的挑战。知识是全人类的财富，教育是人类的共同利益，要承担未来的可持续发展的重任，这正是教联网时代的教育主旨。

《反思教育：向"全球共同利益"的理念转变？》报告中提到教育应该以人文主义为基础，以尊重生命和人类尊严、权利平等、社会正义、文化多样性、国际团结和为可持续的未来承担共同责任。在教育和学习方面，我们要超越狭隘的功利主义和经济主义，将人类生存的多个方面融合起来，采取开放的灵活的全方位的学习方法，为所有人提供发挥自身潜能的机会，以实现可持续的未来，过上有尊严的生活。未来的教育也将是协作共享理念主导下的教育，尤其是在物联网等技术的支撑之下，全球的教育资源、学校的教育资源、机构的教育资源、社会的教育资源甚至个体的教育资源都通过教联网以特定的形式展现出来，从而形成教育资源共享平台，所有的教育者、学习者都能够在这个平台上找到适合自己的教育资源，从而实现教育的目的。只有这样，才能真正把握教育的本质和使命。而这正是在教联网时代顺应全球一体化的必然选择。教育的价值和使命就是要坚持个人需求、社会需求及时代需求的有机辩证统一；要站在历史的高度和时代的高度，具有国际视野，融入时代精神；要体现教育的个人担当、社会担当和时代担当。其中，个人担当要坚持以人为本，充满人文关怀，注重个性发展、健全人格等，实现个性化和人的全面自由发展；社会担当要坚持融汇优良教育传统，传承和发展文明，培育具有全球观、中国心和正义感的现代公民，使其承担起社会责任和历史的重任；时代担当，我们要站在人类历史发展的高度，带着全球视野、全球意识和全球观念来变革教育目标，关注全球的绿色生态和自然环境，关注文化的丰富性和多元性，求同存异，和谐共生。另外，还要有科学精神，勇于创新和探索，适应未来生活，构建“教育是全球的共同利益”的教育观。如图 3-1 所示。

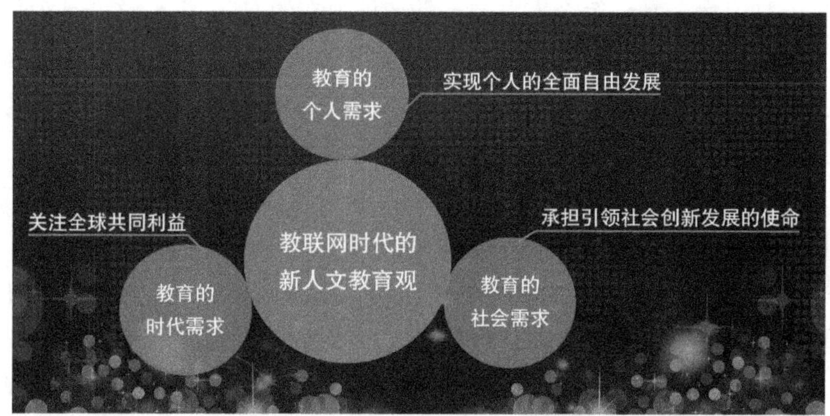

图 3-1　教联网时代的新人文教育观

一、教育的个人需求：实现个人的全面自由发展

技术既为教育带来了思维方式、学习方式、教育方式等方面的变革，同时也对原有的教育提出了新的挑战及探索。任何时代都需要我们去思考教育的目的是什么，我们要培养什么样的人。这是技术对教育最根本性的触动，或者说是对教育本身的一次追问。技术的革新是为了更好地创新教育，为人们提供更好的教育。只有把要培养什么样的人想清楚了，技术才有可能用到真正有意义的地方。作为连接现实世界的物联网、教联网，对现实世界有其特定的反映，并通过万物互联影响着我们的教育。

教育的内在价值和本真目的是追求人的全面自由发展，追求个体的不断自我完善，而不是片面地求“利”求“效”。而在当下，教育的价值在多元思想的冲击下出现了道德失范和价值迷失。教育求“利”、求“效”的现象趋于严重。教育的市场化、功利化体现在急功近利地追求应试教育的成绩，唯分数论、唯升学论的观点还比较普遍。当教育被“利”“效”异化的时候，教育急需解决的问题是回归人的本真存在。因为教育的目的是使学习者用其内心的力量和天赋及其理性天然的直觉能力，去把握和追求真、善、美。

回归人的本真存在的教育应关注人性、人的价值和尊严。教育不仅强调要发展人的理性因素，而且还要发展人的非理性因素。理性因素和非理性因素共同构成了人的全面发展，两者相互关联，相互影响。也就是说，教育不仅是传授知识，更是传播和创造思想的过程。正如英国思想家纽曼曾说："知识是一种习得的精神启示，是一种习惯，是一笔个人财富，是一种内在的禀赋。"① 这就是为什么我们觉得把学校称为教育场所而不是教学场所要更为确切、更符合习惯的原因。从这个角度来讲，教育就是要唤醒人的内在本质，全面挖掘人的潜力，培养其理性和非理性的因素，从而实现人的全面自由发展，进而推动社会的创新发展。教育是灵魂的教育。教育最终是以心养心的过程，是生命对生命的影响。德国哲学家雅斯贝尔斯说："正如一棵树摇动另一棵树，一朵云推动另一多云，教育是一颗灵魂唤醒另一颗灵魂。"② 教联网时代的教育目标，最终也要回到教育最初的使命和最初的价值追求，即要围绕人自身的全面自由发展、个性价值、人的本真存在、人的生命成长等。技术的发展和创新在历史的长河中扮演的角色越来越重要，它影响和改变着我们的生活方式、价值思维，在技术革新风起云涌、风雷激荡之时，更需要我们理性地去思考教育的价值追求。

基于互联网的免费、开放、共享、融合等特征，教联网时代必将推动教育资源的开放、共享，为我们带来低成本、快捷高效的教育。教联网所具有的连接一切的功能，即将教师、学生、教学工具、教育资源等联结起来，甚至将全球的资源对接起来，纳入到教联网的范畴，实现教育资源的多样性、全面性、共享性，满足不同个体的不同需求，实现个性化学习，推动个体价值的实现。不仅互联互通本身所具有的功能发挥特定的作用，更重要的是在教联网时代，需要我们预定教育的功能和价值，需要我们围绕个体价值的实现来重构教联网时代的教育目标，真正使教联网发挥应有的功能。

二、教育的社会需求：承担引领社会创新发展的使命

教育的外在价值是社会工具价值，承担社会发展所需要的人才培养和选拔功能。联合国教科文组织总干事伊琳娜·博科娃（Irina Bokova）认为"再没有比教

① 陈鹏. 纽曼的大学教育目的观及其启示. 内蒙古师范大学学报（教育科学版），2009 (7)：58-60.

② 雅斯贝雅斯. 什么是教育. 邹进，译. 上海：生活·读书·新知三联书店，1991：2-8.

育更加强大的变革力量”[①]，教育承担着引领社会发展的使命。教育承担促进社会进步发展的使命，需要培养大批能够适应时代需求的创新型人才。社会历史变迁对人才培养提出的新要求，始终是推动教育教学变革最重要的历史与现实动因。现行的教育教学体系是三百年工业文明的产物，教育的大众化为工业社会输送了大量的人才，在漫长的历史岁月里培养了大量能够胜任机器大生产的熟练产业工人，有力促进了经济社会发展，但是这些输送的人才大都是普通流水线上的普通劳动者。当人类社会全面迈入信息时代，传统的人才培养目标已经不再适用。进入以数字化制造、新能源、新材料应用及计算机网络为代表的第三次工业革命时代，不仅需要高素质的基础劳动者，更需要高素质的高端创新型人才，且必须拥有创造思维和个性化思维，具有开拓性、创造性的人才。[②] 3D 数字制造技术开启的个性化和定制化生产方式和生活方式，给全球的人才培养模式带来了全面挑战。因此，在新的时代变革中抢占制高点，教育的作用至关重要。不仅如此，要适应教联网时代所需创新人才培养带来的挑战，我国的教育差距甚大、任重道远，这在客观上急切呼唤教育目标的变革。尤其是在人工智能时代，需要从全球化、人类社会深刻转型、中国的崛起、科技革命四个方面进行全面认识，培养优秀的人才是关键。毕竟人的情感和社交行为，人脑的创造力和想象力，这些是人工智能无法取代的。因此，未来教育应更重视创造性、想象力、领导力、情商、社交能力及企业家精神的培养。

教联网时代的教育还体现了教育的社会价值。新人文教育强调培养科学精神，善于思辨，掌握技能，适应未来生活；强调开放、创新，勇于探索；强调创新型人才，而创新型人才的培养需要关注其批判性思维、协作能力、沟通能力、解决复杂问题的能力、解决多学科的开放性问题的能力、创新能力、交流与合作的能力的培养和提升，只有这样，才能适应创新创造为主要特征的信息时代的要求。

在教联网时代，教联网承担引领社会创新发展的使命。随着人与物随时随地的联结和沟通成为可能并可控，信息的传递和共享变得更加快捷和智能化，社会对人才的需求，已由知识型人才向智能型人才转化，由从业型人才向创新型人才转化。教联网时代就是创新的时代，科技变革日新月异，社会各方面因为互联网技术的运用及互联网思维的深入，正在解构和重构社会的构成元素。信息化和经济全球化相互促进，万物互联已经融入社会生活的方方面面，深刻改变了人们的

---

① 联合国教育科学及文化组织. 反思教育：向“全球共同利益”的理念转变？ 北京：教育科学出版社，2016.

② 周洪宇，鲍成中. 第三次工业革命与人才培养模式变革. 教育研究，2013（10）：4-9.

生产和生活方式。从社会之需来看，创新驱动成为国家竞争力的核心要素和最重要的动力，创新也成为人之基本要素。同时，国家智力资本就是一个国家人力资本、关系资本和结构资本的综合，是软实力和硬实力的直接体现。没有高素质创新型人才群体性的崛起，中华民族的伟大复兴寸步难行。一个国家的智力资本越强，软实力、巧实力越强，竞争的优势越大，竞争的格局就难以撼动。[①] 所以，面对世界科技飞速发展的挑战，培育民族创新精神，培养具有家国情怀、具有社会责任感和历史使命感的创新型人才，就是增加国家智力资本的重要途径，也是连接世界的核心能力。

教联网时代的教育，不仅实现个体的价值，也反映、体现和实现社会的价值，将创新创造的特征蕴含在教育中。人始终生活在现实世界之中，自身价值的实现蕴含在社会价值之中，通过社会价值实现个体价值。人与社会的和谐共振、良性互动才是推动社会发展、实现个体价值的有效途径。社会的发展需要个体价值的实现，个体价值的实现依赖于社会环境、社会氛围的营造。在教联网的背景下，一切社会资源都可以纳入教育资源，社会资源不仅仅是物理空间的概念，物质上的资源，更重要的还有思想层面包括观点、观念、价值等。整个社会的价值观都可以通过教联网的方式来分享、传递和推动，整个社会的教育资源都尽可能地实现为我所用，不仅实现了个人的社会化学习，更重要的是通过社会化的学习，使社会责任和历史责任在教联网的背景下传递给每一个人，使社会价值得以传承和实现。

三、教育的时代需求：关注全球共同利益

教联网时代的教育，需要站在万物互联的信息时代和全球视野的高度、全球共同利益的视角来进行。联合国教科文组织在 2016 年 11 月发布了报告《反思教育：向“全球共同利益”的理念转变？》，提出“人文主义”教育观和发展观。报告指出：“世界在变化，教育也必须变化。教育必须重视文化素养，有助于将可持续发展的社会、经济和环境方面结为一体。”[②] 这是人文主义教育观，是全人类的根本共同利益。报告还界定了什么是共同利益观，强调参与过程，知识必然成为人类共同遗产的一部分。同时还指出，“要在相互依存日益加深的世界实现可持续发展，就应将教育和知识视为全球共同利益”。这意味着知识的创造、控制、获取、

① 马化腾. 互联网+国家战略行动路线图. 北京：中信出版社，2015：33.

② 顾明远. 未来教育要以人文主义为基础. 师资建设，2017（2）：1-1.

习得和运用向所有人开放，教育关乎时代的发展，全球的共同利益。笔者总结归纳了互联网信息时代的新人文教育目标观：新人文教育是一种建立在全球视野、全球意识和全球观念上的新教育，是以人为核心的和谐共生的新教育，是在张扬个性的基础上又具备人类整体性意识的新教育，是一种注重绿色生态可持续的新教育。在万物互联的背景下，教育的时代需求必须考虑和关注全球的共同利益，从人类命运共同体、全球共同利益的视野出发，实现从知识技能导向到命运共同体的新人文教育观转变，为社会和时代培养具有家国情怀、具有社会责任感和历史使命感的创新型人才。如图 3-2 所示。

图 3-2　全球命运共同体与人才培养

世界创新创造的发展趋势表明，创新创造是信息时代和智慧时代的特征，也是信息时代和智慧时代对人才培养的要求；全球化的趋势注重人与人之间的合作、分享、和谐；人类文明的发展进步需要培养具有时代使命感、关注绿色生态、有同理心的人才。教联网时代的教育体现了一种新的教育目标观。这种新的教育目标又称为新人文教育。笔者对新人文教育目标观进行了详尽的阐述，提出了新人文教育强调以人为本，注重个性的发展和人格的健全，体现了教育目标的内在价值：促进人的全面自由发展。教育不仅仅是传递知识，提高学习者的综合素质，更重要的是释放学习者的个性，实现每位学习者的全面自由发展，培养其探究创新精神及正确的情感态度与价值观。站在全球一体化的宏观背景和应该具备的历史使命感的高度，新人文教育还强调做有全球观、中国心、正义感的现代公民；重视终身学习，不断自我完善和发展；注重绿色生态教育，注重与人的协作，关注全球共同利益。

正是教联网时代区别于传统教育时代的特质，契合了教育目的外在价值和内在价值辩证统一的观点，也契合了未来教育目标的趋势和方向。在教联网时代，新人文教育观注重以人为本、个人价值，注重个性的全面发展和人格的健全；注重社会价值和社会责任，注重国家和社会对教育改革的呼声和期盼，特别是对过去历史经验的总结，以及新一轮科技革命和产业变革兴起的时代机遇所要求的创新驱动发展。要实现中华民族的伟大复兴和社会主义现代化，必须实施创新驱动发展战略，必须具备强大的创新型人才队伍的支撑；强调时代精神，基于万物互联所带来的全球一体化，开放共享、连接互通、创新精神及面对未来的挑战形成的命运共同体，强调全球观念、绿色生态、环境教育和未来公民等，具有强烈的时代精神和创新意识。

在教联网时代，教育的价值定位就是要顺应世界的变化，回应社会的关切，站在人类命运共同体、全球共同利益的角度来思考问题，超越个体和国家的层面，放在更大的时代背景和更广阔的视野中去思考教育的价值和使命。面对未来的挑战，教联网时代要求站在未来的角度来审视教育，推动教育的全球化，特别是在全球思想、观念、价值交流碰撞中形成理解、包容、同理心等，形成人类命运的共同体。作为人类命运的共同体，教育在构筑现存世界和未来世界中扮演越来越重要的角色。教联网作为未来教育的重要形态，正在重新定义或重构未来的教育观，真正使互联网教育和教育变革得到深化和落实，并最终构建真正意义上的教联网时代的新人文主义教育观。

第二节　教联网时代教育疆域的拓展

人类所经历的农业革命、工业革命、信息化革命和互联网革命，无不肇始于科学技术的进步与发展。农业革命兴起于农耕技术，工业革命兴起于蒸汽机技术，信息化革命兴起于计算机技术，互联网革命兴起于网络连接技术、移动互联网技术、物联网技术。技术的革新不仅推动了社会根本性变革，还深刻改变了人们的生活方式和思维理念，特别是互联网、物联网和人工智能等新技术的发展及互联思维的深入，对原有的社会结构进行解构和重构，社会各方面因为互联正在形成新的空间、新的元素和新的关系，必然拓展教育的疆域，在更大的范围内实现教育资源的共享，在更广的视野里实现教育资源的重新配置及使用，从课堂教学走向社会生活，实现教育无疆、学习无界。

一、现实世界与虚拟世界的联结整合

在万物互联时代，世界是人们的意识流和数字信息流交互的产物，互联所产生“无所不在”的信息流更使人们的生命体验能力不断强大，甚至以自己的意象思维力量来推动整个互联网络的建构。在这个信息流动的空间里，那些纵横交错的互联节点成为个体意象构建的支点，信息的输入输出随着人们的意识流动而信手拈来，无拘无束。意象思维和信息节点之间形成了一种若有似无但实则割裂不断的密切联系。在教育领域，通过物联网技术实现对教育资源，包括教育设备、教学空间、教学模式、教师、学生等的互联共享，从而实现教育信息全方位的流通。物联网、移动互联等新技术将整个现实世界纳入教育连接的视野，虚拟现实将虚拟世界也纳入教育连接的范畴，现实世界与虚拟世界的互联，拓展了教育疆域。同时，教联网时代带来的新变化、新趋势、新理念也在教育领域拓展和应用。

教育作为一种有目的的培养人的社会活动，通过对受教育者个体施加积极的影响，实现教育目的。教育疆域的拓展需要选择适当的路径。有人认为构成教育的基本要素包括教育者、学习者和教育资源，这只是从静态的角度去解读教育，是远远不够的；教育实际上是动态的过程，是教育者、学习者、教育内容、教育途径、教育手段、教育环境相互作用的结果。教联网时代的教育疆域、教育内容的变化拓展，需要相应的途径来实现，这也必然使其区别于传统教育的发展路径，而彰显出教联网时代的不同特质。如图 3-3 所示。

图 3-3 教联网时代教育疆域的拓展

从教育空间的角度讲，形成实体空间和虚拟空间并存、线上线下结合的教育空间，为学习者提供了无所不在的学习环境，在线教育、虚拟课堂。该教育空间能够容纳更多的学习者在一起学习、分享和交流。甚至整个世界都可以连接，形成巨大的超级课堂，各地的学习者在一起相互交流、讨论共同的主题。这不仅突破了空间的限制，还突破了时间的限制，人们能够随时随地进行交流学习讨论，碎片化、交互性学习成为常态。从教育内容的角度讲，由于物理空间的拓展和基于互联技术的发展，人们能够便捷且低成本地接收更多的教育内容，学习的广度、深度也都得到了大幅提升；从教育的途径和方式来讲，学习形式变得多样化，获取的知识也将多元化，且移动学习、合作学习、在线学习等学习方式，实现了线上与线下教育相互融合。从教师和学生关系的角度来讲，在传统的工业社会，因为知识获取渠道的狭窄单一，教师是不容置疑的知识权威。但在物联网时代，信息渠道多元化、透明化，致使教师的权威弱化，教师和学生可以共同交流、分享经验和知识。从教师掌权的垂直权力体制到学习团体的横向模式转变，这无异于教育的一场革命。教师正在从讲师向导师转变，且培养学生的学习技能变得比传授知识更重要。从学生与学生关系的角度来讲，在传统的教育时代，学生被限制在特定的范围之内，虽然学生间存在交流的机会，但交流的范围较窄。在教联网时代，学生突破了地域空间的限制，他们可以在更大的平台上交流、分享经验和知识，可以更大范围地扩大自己的视野和获取更多的知识和经验、方法。另外，在传统的教育时代，交流学习主要发生在同龄人之间。而在教联网时代，不同年龄段的人可以相互交流学习。除此之外，教联网还在教育的场景化、碎片化、社会化等方面与传统教育存在不同，这也正是教联网时代带来的新变化、新趋势、新理念。

以物联网为代表的新技术带来的万物互联的世界，代表着一种新的认识和阐释世界的方式。物联网的高速发展让“虚拟世界”和“现实世界”互联互通，通过“虚拟”而回归“现实”，赋予技术创造世界的真实性和自主性，其意义表达在经由交互主体的重构之后，重新回归到物体本身。物体作为信息交互的重要节点被大规模应用，这意味着人类与周围世界在时空关联上将受到极大压缩，这更意味着人类与周围世界的交互生存方式开始全面进入现实生活。此时，虚拟和真实的界限将被彻底打破，真实的物理世界开始有虚拟技术的参与，虚拟的信息空间也开始有真正实物的依托，这一新的认识和阐释世界的方式在教育中的意义正是体现在这一交叠之处的紧密融合与交互贯通，并由此激发学习者知行合一的体验。

当智能技术和信息处理能力通过物联网注入世界的每一个物体之中，让物质世界实现数据化并赋予其生命的时候，物体的拟主体意义被极大程度地展示出来，此时的学习者在认知中也在一定程度上成为物的“对等物”或“结合物”，与物体一起成为世界体系中的一个互动载体，共同实现对世界体系的认知与理解。因此，在教联网时代，必将带来学习者对关于生活世界与自我认知更深关系的思考，物体在体现人类认知观念变迁的同时，也将物理世界更多未知的现实问题带入人们的视野。物联网既是一种实存、一个概念，也是一种理念、一种实践。它不是人与人、人与物、物与物的简单相连，而是一种新的生存方式和生存空间。

在万物互联的背景下，人与人、人与物、物与物的沟通和感知呈现出新的时空和形态。人类期待走进这个崭新的时空和形态之中，探寻和发掘其内在机理与运动规律，并在与物体世界交互共生的过程中发挥对原有社会空间的建构作用并赋予其全新的意义。在这样的背景下，教联网中的教师、学习者、学习资源、学习内容和学习工具等都在交互共生的过程中实现对原来的教学活动的建构并赋予新的内容。

在教联网时代，学生可以通过物联网终端看到与学习内容相关的人们的生活场景，也可以根据自己的需要对这些场景进行智慧化管理和控制，从而实现自由的连接和互联，并与现实生活世界构建新的互联关系。未来的学校社区化、实践性、体验式学习所占的比例会越来越大，随着移动学习被越来越多的人接受和认可，学习者的学习环境无处不在，传统的教学空间得到了极大的拓展。互联网教育背景下的教学空间要综合考虑课程实施及学生成长对空间特别是公共空间的需求。未来的学习场景将由实体学习场景向虚拟网络学习空间、虚拟与现实相结合的学习空间发展，由封闭场景向开放场景转变，由校内场景向校外场景转变，由单维度学习场景向多维度社会生活场景转变，主要形态由校园、教室、课堂等传统的实体学习场景向社会、社区、自然等新的实体场景转变，向虚拟课堂、虚拟知识社区等新兴学习场景转变。

教联网教育背景下的教学空间要满足集体授课、小组讨论、个性化学习、展示、表演、游戏、动手做、种植养殖、运动等的需要，其中既包括正式学习也包括非正式学习。有研究指出，21 世纪学校物理空间必须要支持的 20 种学习方式包括：独立学习、相互学习、团队合作、一对一教学、讲座、项目式学习、远程教学、学生展示、研讨式学习、讲故事、基于艺术的学习、社会和精神的学习、基于设计的学习、游戏化学习等。[①] 尤其值得关注的是在教联网教育背景下学习社区的构建。学习社区是指由几个教室（空间）加上一个公共空间而构成。学习社区可以有不同的构成方式：①不同班级构成学习社区。这种模式适用于小学阶段。小学生需要归属感和认同感，这样的布局有利于学生之间的交流和构成学习共同体。②按照学科群构成学习社区，这种模式适合中学阶段，特别是高中阶段，学生课程的选择性增强，同类学科群的学习空间在一起，便于整合资源。有些空间可以按照功能划区，同一节课也可能由于学习方式不同或者所用资源不同在不同的教学区域间流动。

二、教室小课堂与社会生活大课堂的融合

物联网等新技术的发展不仅推动了教育模式、教育理念的变革，推动了教育由规模化、标准化向定制化、个性化发展，更重要的是通过互联网技术，特别是物联网中的射频识别技术、传感器技术等的应用拓展，将世界万物联结起来，实现了现实世界的万物互联，并在创造网络虚拟世界的同时，与现实世界对接，实现了虚拟世界和现实世界的互动互联，有效地支持了人机交互、人与物品之间的交互、人与人之间的社会性交互。万物互联不仅仅是连接、关联，更重要的是为教育带来了更广阔的前景，拓展了新的教育疆域和内容。相对于工业时代封闭式校园的学习环境，以课程教材为主要内容的基本特征，教联网时代的教育是基于开放互联的环境，实现校园与校外的对接、课程内容与课程外的对接，并将整个社会纳入教学之中，并通过传感器技术、射频识别技术、虚拟现实技术等使学生更直观地感知、获取知识及掌握解决问题的方式方法等。

教联网使人类的学习网变成了一张更加泛在的网，学习无处不在、无时不在，学习内容无限拓展。在传统的教育中，教育与社会严重脱节，学习者在固定的学校和课堂里学习，与外部世界隔离开来，即使是现代的教育与传统教育相比也相差无几，这与陶行知先生在 20 世纪 20 年代所构想的"生活即教育""社会即学校"相差甚远，所以有学者指出"教育丧失了教育的基础和根基——生活世界"[②]，儿童被淹没在"书本世界"和"科学世界"之中，只见白纸黑字的书本，不见丰富多彩的生活。但要实现教育回归生活的设想却不是一件很容易的事情。学生在两

① 王素，曹培杰，康建朝，等. 中国未来学校白皮书. 北京：中国教育科学研究院未来学校实验室，2016：17.

② 王兆璟. 教育研究者的身份认同危机及学理建构. 社会科学战线，2017 (4)： 229-236.

点一线的学校学习中很容易脱离社会，因为无论是学校还是家庭，都不太容易增加与社会生活的联系。导致这些问题的出现的原因既有教育理念、观念的滞后，更关键的是技术的不成熟，人们尚不能提供这样的技术来支撑生活教育。而随着物联网技术在教育领域的应用和拓展，学习者可以随时联结与学习内容相关的人类生活场景，可以根据自己的认知需要对场景中的物（数字资源）进行智慧化管理和学习，这就为“生活即教育”“学校即社会”提供了技术条件。总之，教联网时代就是要把学生从“鸟笼”中解放出来，真正实现学习的生活化、泛在化、社会化，使学习和社会生活融为一体。

教联网时代，我们可以对教育空间进行全方位的拓展，最大限度地为学习者提供与外部世界对接的资源及拓展对接的渠道。学习环境既包括正式学习环境，也包括非正式学习环境。教联网时代的学习环境需要打破原有的工业化时代的线性设计，即实现集体授课、小组讨论、个性化学习、展示、表演、游戏、动手做、种植养殖、运动等方式。因此，未来的教育空间更加多样化，生活化、社区化，实践性、体验式学习所占的比例会越来越大。未来的学习环境将由三部分构成，分别是主动式学习区域、探究与创造学习区域、非正式学习区域。每个学习区域都配备可移动、易于变换的桌椅设施，为师生提供更加丰富的技术和资源，支持教师开展多样化的教学活动，促进学生的高级认知活动。我们还要推动非正式学习与正式学习的融合，开展学习角、开放式长廊、社会性活动空间及生活休闲空间等方面的探索，给学习者提供更多的活动和交往空间，让他们在交往中建立人际关系、掌握行为规范、了解自己与他人的思想感情、提高控制自己行为的心理能力，促进其社会性成长，并获取更多的人生体验。

物联网的技术如此强大，以至于它不仅可以把各种教育资源和教学设备加入这个网络，还可以实现教师、学生和教育资源、教学设备之间的联结。基于教联网就可以实现教育信息的全方向的全息流通，同时在这个网络节点上的任何人和物都是教育的主体，也是教育的对象化存在。教联网将世界各地连接成一个不可分割的有机整体，支持真实的情境创设，创造出全新的虚拟空间，为学习者提供图文并茂、丰富多彩的虚拟世界和交互式人机界面，学习者可以不受时空限制地共享资源并自由地进行信息传递和交流。教联网的出现使得关于生活世界的信息能够形象、直观地呈现在学习者面前，使学习者产生“身临其境”之感，从而破除了时空的壁垒，使学校教学能够很自由、很方便地联通外部世界，扩展学习者的生活疆域，从而实现从课堂教学到生活教学的转变。

三、个性化的自由组构学习时空与全球协同共享的教育课堂相统一

教联网时代，人和人、人与物之间通过信息与数字的联结、聚合、交互等实现联通，发挥学习者的集体智慧对学习元进行操作，使相关学习资源自动建立起永久性的动态联结，最终可形成具有持续进化能力的知识网络。有了这样的教育生态，学生学习不再局限在固定的班级和学校，而是基于教联网自由组构学习时空，学习者能够在任何时间、任何地点获取其所需的资源，构建以学习者为中心的个性化知识网络。教联网个性化自由组构学习时空主要基于以下几个因素。

1. 学生身份的多元化

学生不限于某一所学校的学生，可以是多所学校和其他教育机构的学生。甚至学生可以在家上课，即便走进某所学校学习，也可以自由选择所学的课程，包括在线学习所注册和选择的课程也不局限于所在的学校，除了获得所在学校的文凭，还可以获得其他学校或教育机构的文凭。同时，学生也不仅仅限于在校生，干部、教师、工人等各种职业者都可能是互联空间的学习者，学习者也可以自由组构学习空间。

2. 学习课程个性化

学生可以根据自己的实际情况和需要，选择、组合拼图式的课程菜单。教联网时代的学习，可以创建个人的“播放列表”。如同听音乐的时候，可以截取、混合最爱的音乐并将之列入音乐播放器一样，我们的课程也可以实现规模定制，创建个人的播放列表。可以不是给定的一本教科书上的内容，可以不以同样的顺序和步调进行，而是成千上万种不同的组合方式。学校根据大数据判断选择最适合教学的书籍，同一组学生仍然会使用相同的教材，但是教材可以进行个性化的处理。

3. 学习空间个别化

每一个学生都有一个属于自己的学习空间，在这个空间中保存着他所有学习活动的足迹和成果。这就为教师远程指导学生学习提供了诊断摸底的原始材料，也为对学生进行综合素质评价提供了原始“大数据”。学生的学习轨迹和学习情况都能够实时记录在后台终端，便于教师随时掌控学习者的学习状况，跟踪学生的学习生涯，探讨学习规律，进一步挖掘学习潜力，提出个性化的学习方案，再根据个性化的学习需求生成个性化的学习导图，为学生提供个性化的学习资料和学习解决方案。在教联网背景下，学习者通过虚拟现实、人工智能和可穿戴技术，构建移动学习、在校学习、家庭学习、旅行学习、虚拟学习、休闲学习等超越时

空界限、多场景无缝联结的学习空间。随时获取知识信息并获得对应的学习体验，与生命发生联结，获得生命成长。每位学生既是知识、智慧、认知的生产者，也是知识、智慧、认知的消费者，交互性、碎片化、场景化、扁平化、社会化学习成为常态。

随着教育疆域的不断拓展，教学环境也将不断生长与进化，它将逐渐具有智能性、生成性、进化性与适应性等特征。教联网时代可以自动感知学习情境，识别学习者特征，为学习者提供个性化的智能服务，如为学习者提供合适的学习资源，提供便利的互动工具，而且还会自动记录学习过程，评测学习结果。[①] 教联网时代的教育疆域突出学习者与人和物的互联，只有通过技术看到学习者互动性的本质内核时，我们才可以从“生命”层次上来理解和设计智慧学习环境，构建自由交互的个性化学习空间，并共享教育资源，从而促进学习者更好地实现教育资源的共享、个性化的表达及个体的生命体验。

第三节　教联网时代新的教育组织结构

万物互联背景下的协同共享既是物联网和人工智能等新技术应用的必然结果，也是社会发展到一定阶段的必然产物，满足了未来社会互联共享、合作共赢的价值需求和价值目标。协同共享是未来社会的基本形态，也是人类行为遵循的主要原则。协同共享成为万物互联背景下社会组织结构的新特征，反映到教育领域，教联网通过降低信息获取成本、减少信息处理时间和加快信息流动等各种方式，强化了管理和组织效率，从而推动了教育组织结构的变革。

一、学习共同体：万物互联背景下的协同共享

万物互联在于优化对等生产、全球接入和在公民社会中培养并创造社会资本的敏感程度。这个世界中所有的人和物联结起来，所有的供给和所有的需求都在一个平台上得到展示、对接和实现，每个人各取所需，每个物品得其所用。互联

① 黄荣怀，杨俊锋，胡永斌. 从数字学习环境到智慧学习环境——学习环境的变革与趋势. 开放教育研究，2012（1）：75-84.

使每个人都成为产销者，每项活动都变成一种合作。物联网把所有人联结到一个全球性的社区中，所有人都会根据自身能力和需求去产出、消费，使得共享型经济成为可能。共享型经济既是物质层面的共享，也是情感层面的共享。从情感层面来讲，分享经济的实质是分享油然而生的愉悦之感，是个人更高精神的追求；分享不在于物质性的交换、回报，在于分享之后能收获到更多的知识。从物质的层面来讲，未来的社会将是物质极大丰富的社会，能够按照人们的需求来生产，能够极大地满足人们的需求。然而，没有用到的东西就是浪费。天生万物，每一件东西都有可用之地。废弃之物只是因为放错了地方。所有的物在万物互联的平台上连接起来，每一件物品的价值都得到充分的利用和展示，每一个资源都在平台上流动起来，使其真正到达需要者的手中，实现其价值。如图 3-4 所示。

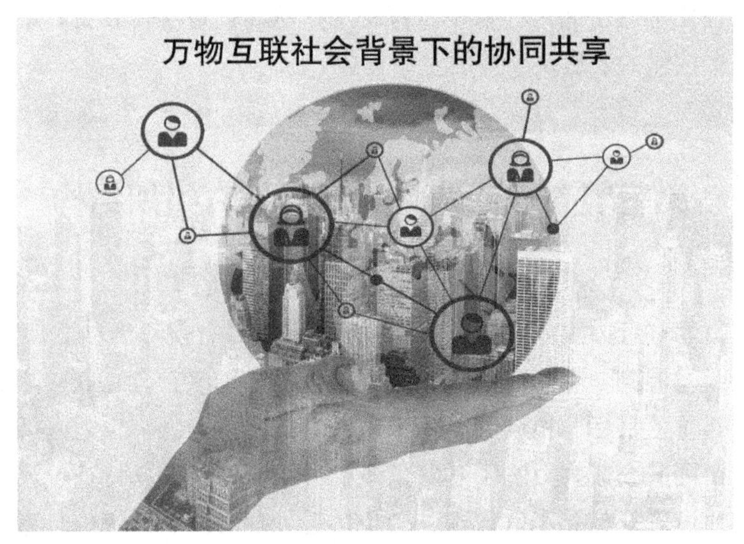

图 3-4　协同共享带来新的组织结构

在万物互联时代，各种资源的配置也正在从拥有向使用转变，物联网平台的意义在于对接资源，实现资源的共享。人们在平台上不仅仅是消费者，还是生产者，既是信息、价值、资源的消费者，也是信息、价值和资源的生产者。人们通过协同的方式来生产信息和资源，通过共享的方式来消费。物联网的基础设施以分散的形式配置，旨在促进协同效应，使物联网成为促进经济社会发展的理想技术框架。

万物互联下的协同共享理念反映到教育领域，就是协同学习、共享学习。传统的课堂把知识看作实体化和孤立的事，教联网背景下的协同课堂，知识源于学习者经历的集合，其中包括学习者认知、思考和感悟。鼓励学习者打破独立学科的壁垒，用更综合的方式思考，跨学科和多元文化学习可以让学习者轻松接纳不同观念，从而更善于发现不同现象之间的协同效应。目前，越来越多的课程通过项目的方式，加强多学科整合的能力，以系统性和关联性的思维、协同共享的理念，让学习者在分享与互动中多角度来思考和处理问题，从而提高学习效率。全球协作教室也在这种理念下应运而生，不同国家、不同地区的学习者都可以协作学习同一门课程，讨论和交流同一个问题，分享彼此的学习体会，也可以共同完成同一项学习任务。学习过程不仅从封闭的课堂转为虚拟的互联网空间，同时，还可能改变原有的学习方式，产生新的学习方法或方式，如体验式学习或称为服务学习。在美国数百万中小学生和大学生参加社区服务学习，从而将正式的教学与社会参与结合起来，通过社会实践获取知识、能力。

学习共同体或者学习社区成为未来学习的发展趋势和重要形式。未来的教育将会形成真正意义上的学习共同体或者学习社区，学习社区既包括虚拟社区空间和实体空间，还包括生物圈能够达到的边界，特别是物联网技术的应用，即使远在天边，也是“天涯若比邻”，形成互联共享社区。无数个互联共享的圈子构成一个不可分割、相互关联的整体，即全球共享的生物圈，这是一个不可分割的共享社区，所有的社区都嵌入其中。新的教育理念为共享社区提出了新的命题，生物圈是一个共享社区，包括无数互联共生关系，而这些关系以共享共生的方式，让地球上所有生命得以蓬勃发展。作为面向未来的教育，要通过教联网教育的方式，重新构筑未来的生态圈，以及与之相适应的开放、互联、共享、共生的理念和行为方式，使之从独立竞争的关系回归到协作共享的关系。

二、扁平互联虚拟：协同共享背景下新的教育组织结构

协同共享背景下新的学习模式促使教育组织结构发生变革。传统学校教育把学生集中在固定的地方、规定的时间内，采取基于年龄和学科的学习组织模式，对同一学习内容采用相同的教学方式。而在教联网时代，完全突破原有学习组织的地域限制，向全球学习者提供学习内容和学习方案，通过大数据分析、语音识别、表情识别等技术提供个性化的服务，学习者采用个性化学习方式和个性化学习路径成为可能。学习不仅仅是个人孤立的活动，而是互联的、与外在发生关系的活动。学习不仅仅是纯粹获取知识、获得实践经历，学习的新内涵是生成有意义的互联，

是贴近生命的成长与体验。社区、文化馆、图书馆、艺术馆、科技馆、植物园、生活场景都是学习的场所，在校学习、社区学习、家庭学习、场景学习、旅行学习和虚拟学习都是教联网时代常见的学习方式，社会与学校的互通，线上与线下融合，大规模在线开放课程和虚拟现实的课堂都将促使教育组织结构发生变革。

1）协同共享背景下新的教育组织结构向扁平化的方向发展。传统的教育组织结构具有垂直层级的结构特点，机构重叠、多头管理、信息不畅通。在教联网时代，信息的传递、扩散不再采用垂直层级的方式，而是演变为网络互联模式。在其中，信息传递具有快捷、方便、网络交互的特点，决策层、执行层和一线的教师将共同掌握教学与管理中的各种信息。与传统教育系统中大量的中间管理层不同，教联网时代教育组织机构的重心会下移，这使其由纵向垂直模式转向多向交叉的互联模式，并呈现一种崭新的扁平化趋势。在这种趋势下，原有结构的复杂性转化为组织成员的知识、技能、需求、愿景和文化的复杂性，知识管理应时而生，网络化管理不断深入，学校建设转变为学习型组织将势不可挡。教联网采用降低信息获取成本、减少信息处理时间和加快信息流动等各种方式，强化管理和组织效率，这又进一步对教育组织的结构产生影响。这种改变从大学、中学、小学逐渐明显，并成为今后教育组织结构的发展趋势。

2）协同共享背景下新的教育组织结构互联互通。教联网的跨界融合将促进整个教育体系的核心要素重组与重构，学习消费者、内容提供者、教学服务者、资金提供者、考试提供者和证书提供者等都可能来自社会机构、企业、专业化公益组织、科研院所、互联网教育公司等。专业化的公益组织、专门的科研院所、互联网教育企业等社会机构将成为优质教育供给的重要来源，教育机构、社会组织与学校之间互融互通，开放的教育生态系统促进扁平化的教育组织结构的形成。

教联网时代，学校的基本功能、基本运作规则、基本运作模式和基本办学形态都会发生根本性的改变，学校会根据学生的能力（非年龄）、学习时间或是其他因素来组织学习。学校将为学生提供更为灵活的课程安排，满足学生的个体需求，而不是按照传统的学期或固定的课程结构来组织。另外，学校将会把线上教育和生活教育融入其中，为学生提供更多的选择使其选择更适合自己且更精准的教育。

大数据技术的发展，为“以学习者为中心”的现代教育理念提供了更多的机遇，对“基于数据流的教学业务流程重构”“基于数据流的教学生态建设”的研究与探讨，为许多学校构建新的教育生态带来一缕曙光。通过人工智能、大数据等技术，在技术和理念等层面实现突破，推动传统的学校和教育机构重构新的教育生态，打破原有的封闭的系统，打造虚拟与现实相结合的教育空间。但是在教联网时代，教育机构、学校和社会是一个环岛，彼此之间是互通的。通过互联互通在学校与学校之间、学校与社会之间形成知识社区、学习中心等，形成学习共同体或学习中心。学习中心会选择不同的学习中心进行合作，学生可以在不同的学习中心进行学习，共同构成一个学习社区。学生还可以在不同的学习中心选择课程，且学分有效，教师也可以跨越学习中心指导学生。这样，教育机构、社会组织与学校之间互融互通促进了教育组织结构的变革。

3）协同共享背景下，虚拟化在未来教育中将是一种常见的管理、教学组织形式。在形式上，没有固定的地理空间和时间限制，组织成员通过高度自律和相似的价值取向共同实现组织的目标。在教学场景中，虚拟主要是指基于网络环境下的教学活动，包括非面对面的教学实施、教研活动、虚构的教研专家指导、智能化的教研资源配备等。需要强调的是虚拟性在本质上必须有实的一面，传统的深入课堂、深入学科组的研究形式仍然不可缺失。

丰富的在线教育资源既可以实现传统教育所关注的教育规模，解决大规模教育的问题，实现地区之间、学校之间教育资源的均衡发展，还可以解决个性化优质教育的问题，如图 3-5 所示。

图 3-5 丰富的在线教育资源

总而言之，万物互联背景下，协同共享是社会组织结构的基本特征。在教育领域，协同共享促使了教育组织结构的变革，教育结构向扁平化发展，教育体系内的组织互联互通，虚拟化也成为未来教育中常见的管理和教学组织形式。

三、分散与合作：新组织结构下的教育形式

协调共享背景下新的教育组织结构对传统教育产生了深刻的影响，催生出教联网时代新的教育方式，其中之一就是分散式合作教学观。从新名词的构成来讲，包含两个关键词，即分散与合作。分散是指通过在线学习、虚拟课堂等，学习者虽然分散在全球各地，但是可以通过互联网教育平台来实现合作式学习，分散式合作教学营造一种全球参与的教育与学习环境。分散合作教学的教学服务是针对分散的学习者提供答疑解惑、教学支持和教学评价等个性化的学习服务，有利于发挥集体的智慧，兼具“自主”和“集中”的特点和优点。教联网教育背景下的分散式合作教学有利于培养学生的合作精神，在文化差异和个体差异的基础上相互理解，相互合作。

分散，可以更好地实现个性化学习。未来的教育组织构架将可以根据学生能力、个性或其他因素组织学习，为学生提供更为灵活、适应他们的自身个性特征和价值观的教学，为学生提供更多的选择性和适应性，而不是按照传统学期或固定课程节奏来学习。协同共享背景下新的教育组织结构的变革，带来了新的学习模式和理论实践。万物互联背景下，网络无处不在，信息无处不在，学习无时不在。未来的学习是一个自组织的智慧学习环境，在大数据、人工智能的基础上，能够精确地了解学习者的认知结构、知识结构、情感结构、能力倾向和个性化特征，并据此提供个性化的自组织课程、自组织学习和自组织内容，支持完全的个性化学习，不仅能补齐学习者的短板，还能发挥学习者的优势和特长。未来的教联网教育，不仅为学习者提供教学资源，更重要的是通过个性化的教学、虚拟现实的体验、即时互动的交流、能力素质的提升，为学员提供全方位和个性化的服务，从而促进学习者的全面自由发展。未来的教育趋势是集学校、社会、社区于一体的无缝学习，在线教育产业的盈利模式除了课程以外，还可以打造汇聚更多优质课程的免费社区平台，为学习者提供个性化增值服务。未来的教育将实现传统课堂和在线课堂的有机结合，是学校课堂和生活课堂的互补，使线上的云计算、大数据、虚拟现实和线下的社区学习、社会学习相结合。寓教于乐成为下一个亮

点，类似将网游等娱乐形式开发成教学手段，学习过程中不断挑战，不断得到即时激励。

与分散合作教学观相关的就是扁平化学习观。分散与合作都是根据教联网的特征而来的。扁平化学习观也是互联中扁平化思维带来的新的学习观，重在师生关系上。教联网教育中教师不是凌架于学生之上的权威者，而是和学生一起参与学习的合作者和引导者。教师与学生之间不是森严的层级关系，而是一种扁平化的关系。学生与学生之间组成学习小组，学习小组在共享经历、共同合作的基础上，讨论知识、分享经验、互增见解、分析研讨、达成共识。扁平化的学习观与互联网的结构特点有关，互联网是网状结构而不是层级结构，它没有中心节点，平等是互联网非常重要的基本原则。此外，教联网教学平台是开放的，教学资源也是开放的，我们可以最大程度地实现学习资源的开放和共享，推动真正的教育平等。这些都体现了教联网教育的本质特征：开放、平等、自由、共享，也决定了教联网教育背景下，学习组织、教育组织呈现扁平化的发展趋势。

扁平化学习观重点突出的是在教学中教师和学生的关系，教师对知识不再是控制，不再是绝对的权威和标准答案，而是和学生一起参与学习，对学生的学习过程进行评价和管理。在扁平化学习中，教师更多的是对学生进行引导、激励和鼓舞，教师和学生的关系是扁平化的，教师的作用是充分发挥学生的主体性，让学习者在一种愉快的氛围中享受学习、分享知识，汇聚思想、获得体验。

第四节　教联网时代的教育经济新模式

一、教育的零边际成本趋势

在经济学里有“边际成本”和“边际收益”的概念。边际成本是指每一单位新增生产的产品带来的总成本的增量，新增生产的产品与总成本存在关联，随着新增产品的数量的增加，边际成本会减少，当生产的产品或购买的产品达到一定规模的时候，边际成本趋向于零，产品和服务近乎免费。这是由于规模经济带来的效益。边际收益是指增加一单位产品的销售所增加的收益，即最后一单位产品的售出所取得的收益。边际成本趋向于零，产品和服务近乎免费，是生产力进步所产生的功效之一。新兴的物联网、人工智能和大数据等新技术延续了第一次和第二次工业革命对社会生产力所产生的影响，极大地推动了社会生产力，物联网解决的不仅仅是互联网的信息流的问题，而是基于信息流基础上的智能控制。通过各种信息传感设备如传感器、激光扫描器、射频识别技术等，实时采集需要监控、连接、互动的物体或过程，将物体或者事件过程信息化，并通过网络传输互联，构成虚拟与现实便捷对接的统一体，其目的是实现物与物、物与人、人与人之间的互联，方便识别、管理和控制，并通过运算、分析、判断等方式处理数据，构建对各种资源最经济的对接，从而极大提高社会生产力。

杰里米·里夫金在《零边际成本社会》中提到："如果说第一次和第二次工业革命的技术平台，在实现市场交换和私利获取的过程中切断并封闭了地球上大量生物的相关性，那么，第三次工业革命的物联网平台恰恰逆转了这个过程。之所以说物联网是改变人类组织经济生活的颠覆性科技，是因为它帮助人类重新融入复杂的生物圈，在不损害地球上生态关系的情况下大大提高了生产率。"[①]物联网把世界网络中的所有人和物联结起来，并通过物联网平台的软件和传感器将人力、设备、自然资源、物流网络、消费习惯、回收流及经济和社会生活中的各个方面联结起来，形成全球性、世界性的互联平台。万物互联是共享经济发展的基础，是新兴协同共享模式的支撑平台。在这个平台上，人们能够实现信息共享、价值共享和资源共享，从而降低信息获取的成本、生产的成本等。

在教育领域，随着物联网的发展，教育正在走向开放、共享、免费时代。移动互联网和物联网在逐步推动学校的教育资源向外部开放、共享，特别是大规模的在线教育、在线课程等，不仅在某种程度上实现了区域间的教育均衡，也使教育得以大规模的开展，推动教育成本不断降低，甚至接近于零。例如，MOOC 得到了世界范围的推广，它不仅仅是短小的讲授视频、穿插思考问题、讨论解决问题、集成模拟练习、开放作业互评等方面的精细化教育，同时也通过在线方式实现大规模的在线教育，以零边际成本实现了教育的最大价值。北京大学李晓明教授早在 2013 年中国计算机大会上表示"全球优质教育资源并没有实现充分利用，而 MOOC 将成为调配资源的重要途径，通过技术解决方案，MOOC 实现的边际成本基本为零"。李晓明教授认为，北京大学一学期课程数为 1998 门，其选课人数平均值为 48 人，中位数仅为 29 人。一位优秀教师的课程就仅仅面对二十几个学

① 杰里米·里夫金. 零边际成本社会. 赛迪研究院专家组，译. 北京：中信出版社，2016：1-13.

生，但是通过互联网视频分享、学生作业的交叉打分等技术解决方案，一位教师将传统课程变为 MOOC 课程的边际成本基本为零。如图 3-6 所示。就教师的投入而言，在信息传递方面，扩大规模的边际成本趋于零，反而能有更多的时间与学生互动，而学一门课程的学生数量形成规模时，学生间的互动就会发挥重要作用，甚至超过教师。

图 3-6 教育的零边际成本趋势

教育的零边际成本趋势与技术密不可分。万物互联将这个世界上的所有的人和物联结起来，使所有的供给和需求都在一个平台上得到展示、对接和实现，每个人各取所需，每个物品得其所用，让每一件物品的价值都得到充分的利用和展示，让每一个资源都在平台上流动起来，使其真正流动到需要者的手中，最大限度地实现其价值。或许有些资源对某些人而言是无用的，但对另一些人而言则恰恰是珍贵的，所有的资源都能够在物联网这个大平台上找到最适合的被使用方式，得到最合理的使用。在万物互联时代，互联网、物联网、大数据、虚拟现实、人工智能等技术的发展使教育的成本越来越低。通过网络平台收集储存、传播分享信息的本质是连接、共享，将全世界的信息资源对接起来，并向所有的学习者提供学习资源。

教育的零边际成本与其规模化和个性化特征分不开。在教联网时代，规模化极大降低整个教育的成本，不仅仅是教育资源的开源成本大幅降低。每个学习者既是知识的消费者，也是知识的生产者、创造者，从而使知识、经验、认知能够在交互共享中创造出来。例如，维基百科的编纂是由全世界所有的人共同分享实现的，而这种以众包的形式聚众智而形成的百科全书，比大不列颠百科全书的编辑内容、编辑效率等都要优越很多，这样不仅仅缩短了编辑的时间，也使编辑的内容得到了拓展，提高了教育资源开源的效率。物联网时代规模化的教育也使教育资源的传播更为便捷，受众更广。一位教师教授的课程在传统时代只能针对几个人、几十个人、几百个人，但通过网络视频、网络直播、公众号等方式可能使成千上百万的学习者能够同时获得教育资源，从而实现教育的规模化，使边际成本接近于零。教育的个性化对降低教育的边际成本不无裨益，对边际效益也有重要的影响。传统的教育针对的是众多学习者，提供的知识产品或服务标准化，缺少个性化和针对性。对于学习者而言，传统的教育可能使个体学习者的收益为零，但是在个性化的教育背景下，每个学习者都可能获得合适的教育资源，进而提高自适应学习能力，这样既降低学习成本，又提高学习的效率。

在教联网时代，学习者可以随时随地获取教育资源，生活场景中无时不在的二维码，通过扫描就可以进入感兴趣的物的世界；学科 APP 开启了流动的课本和流动的课程新时代，在线课堂、虚拟课堂等拓展了获取教育资源的渠道和方式，降低了获取教育资源的成本，提高了教育资源利用的效率。相比互联网仅仅将虚拟的信息资源对接起来，教联网的联结的范围更广，能够将物理世界、现实世界的教育资源都直接纳入教育领域中来，大大拓展了教育资源的内容，使得现实中的教育资源通过平台实现了连接和共享。大数据技术的应用使得教育资源的获取、分享得到了实质性的进展，教育大数据通过对教育资源的收集，特别是针对学习者个体的学习行为数据的收集、整理和预测，针对不同的学习者个体提供个性化的教育方案，使教育资源得到了最大限度的利用。① 基于深度学习和大数据技术的人工智能技术，能够代替教师的部分职能，使教师从繁重的工作中解脱出来，去从事创造性的工作，这在某种程度上，也是对教育资源的合理配置，降低了教育的成本。

二、行业的融合与再造

教联网催生教育业态变革，必将迎来行业的融合与再造。相对于工业时代封闭式校园的学习环境、以课程教材为主要内容的基本特征，教联网时代的教育是

① 余胜泉，汪晓凤.“互联网+”时代的教育供给转型与变革. 开放教育研究，2017，23（1）：29-36.

开放互联的环境，该环境中实现了校内与校外的对接、课程内与课程外的对接，将整个社会纳入教学之中，并通过传感器技术、射频识别技术、虚拟现实技术等使学生更直观地感知获取知识、方式方法等。学校、社区、图书馆、艺术馆、科技馆、生活场景、APP 入口都是教联网时代的学习环境，在家上学与在线教育、新乡村运动与社会化网络、服务社区与云和大数据为基础的教育资源共享、教育模式与教育空间设计的重视、学生个性和天性培养与支持等必然变革传统的教育产业，带来教育行业的融合与再造。大数据和物联网的发展及基于此的更真实的教育环境、教育空间的设计，将产业、社区和知识完整真实地联结，更好地实现了杜威所提出的“教育即生活”“学校即社会”的实用主义教育观。不仅如此，物联网技术带来的不仅是技术的变革，也迎来了教育方式的变革，如服务学习、体验式学习，在某种程度上是对传统教育方式的改进，拓展了生活教学的范围和广度。因此，提供直接教育服务的机构不仅仅限于学校，政府机构、企事业单位、社会团体、网络媒体等都可以提供某个方面的教育。如图 3-7 所示。

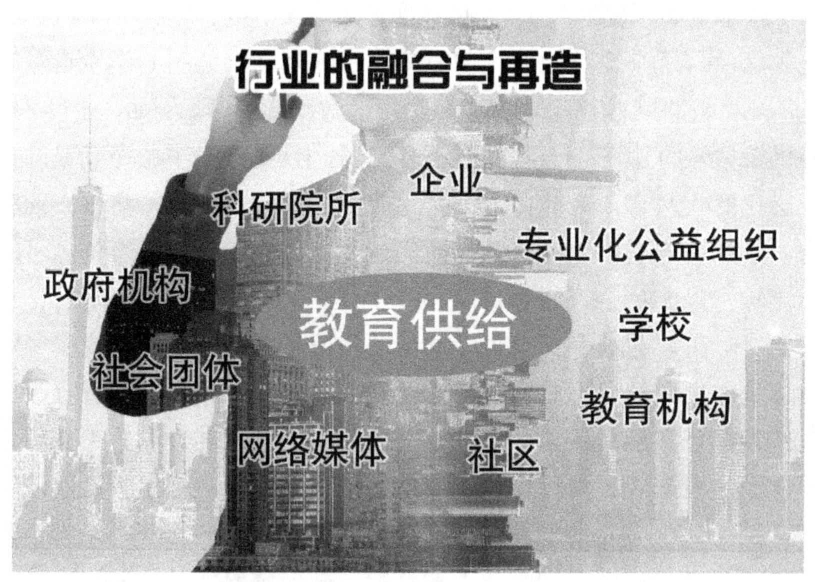

图 3-7 教联网时代新的教育业态带来行业的融合与再造

学校、教育机构、企业联合，共同促进教育产业的发展。在教联网时代，行业的融合与再造成为历史的必然，教联网的跨界融合将促进整个教育体系的核心要素的重组与重构，专业化的公益组织、专门的科研院所、互联网教育企业等社会机构将成为优质教育供给的重要来源，教育机构、社会组织与学校之间互融互通。例如，这些机构将主办的演讲会、报告会、学术会等实况接入教联网，使其成为相关专业学生学习和研究的参考资料。对我国教育市场来说，在线教育前期投入成本较高，需要较长的时间建构与完善。在线教育企业与传统的教育机构各有优势，两者需要相互合作，相互融合，利用线上的开放性和分享性，激发人们的学习愿望，促进教育行业的发展。教育机构也将成为行业融合与再造的主要推动力量。在传统教育中，教育资源往往为教育机构所掌握，所以在教育产业链中，教育机构处于上游位置。他们在教育产业链中承担着将实体的传统教育内容通过互联网引入线上的职能，使教育资源从线下转入线上，是行业融合与再造的主要推动者。

对于政府和教育主管部门而言，保障教育的公益性是首要问题。一方面，传统教育中“围墙内的学校”将面临传统教育功能萎缩、网络教育功能再造的改建任务，如传统的学校如何走向小型化、公共化、信息智能化等。随着教育不断走向生活化和虚拟化，也不排除有一批学校将面临被拆除的命运，总体趋势是互联网学校的实体部分将“变形”，即它们将散居并融入小区、厂矿、写字楼、博物馆、名胜古迹等之中，这个变革的过程需要政府统筹规划，并引导学校自觉转型。另一方面，一批与教联网教育配套的重大公共设施亟待建设。例如，建设“教育云”，为人们提供公共教育服务平台和网络教育资源，且要着眼于整个互联的世界，建构一种社会化的大教育，为此要：①建立教育的大数据平台，将核心的教育资源集成起来，供师生选用；②建立教育的交易平台，让优质的教育资源可以在互联网上自由流转，以满足个人的教育需要；③建立教育的智能服务平台，当师生遇到教育问题时，可以在这个平台上寻求帮助和服务。在物联网教育资源区域共建共享的具体操作上，教育行政部门和学校充当着不同的角色，教育行政部门的角色主要是统筹规划和经费保证，而学校的角色则是资源建设和维护保障。物联网教育资源建设的发起者是学校，学校应该根据自己的特点提出物联网教育资源建设与分享计划，其中主要的就是建设物联网教育资源内容。同时，为了避免各所学校过度重复建设，整个计划必须由教育行政部门统筹实施，并提供必要的经费支持和策略保证，从而保证整个区域物联网教育资源共建共享的最优化。

对于学校而言，定制化服务成为主流。未来社会对个性化人才的需求决定了教育对个性化人才的培养，个性化的教学定制服务成为未来教育的一个显著特征，针对学习者的学习特征、学习习惯、学习过程、学习效果全面分析和诊断后提供个性化、定制化学习服务。未来的学习过程，学校不仅要提供教学资源，更重要的是通过个性化的教学、虚拟现实的体验、即时互动的交流，为学习者提供全方位和个性化的服务。

对教育企业而言，教联网时代蕴藏的巨大市场潜力成为发展机遇。教联网时代，教育将实现从小范围的学习中心到覆盖全球互联学习平台的转变。在线教育开放性的特征，在给教育方式带来变革的同时，更为教育产业发展提供了新机遇，成为新的投资热点。很多教育公司意识到这其中所蕴藏的巨大市场潜力。在传统的教育产业链中，教师扮演着学习内容提供商的角色，学校扮演渠道商的角色，而广大学生则扮演购买者角色。在教联网时代，教师和学生被互联网直接联系到一起，形成新的发展业态，在线教育部分替代了传统渠道商和内容提供商，在线培训学校部分替代了线下培训学校，线上教师替代了线下的教师。巨大的在线教育市场吸引了越来越多的社会角色的参与，进而形成了一条相对完整的产业链。产业链上的各类角色相互支持、相互关联、相互渗透，共同促进在线教育产业的发展。

教育企业的加入和教育产业的发展是推动教育变革的重要力量。教育平台提供商是在线教育产业发展的重要助推器，如 BAT、YY 教育、网易公开课等平台，他们都倾情于教育平台运营。好的教学内容和资源是所有在线教育平台都缺乏的。随着在线教育产业的发展，“内容为王”的倾向将越发明显。而内容资源包括视频、音频课程、培训讲义、习题试题等内容，其中，一部分内容提供商成为独立的教育培训机构，另外一部分则是专业从事教育内容生产的独立机构，如出版发行商等。

另外，在线教育的产业化发展离不开教育内容的产品化表现形式。近年我国涌现出许多针对在线教育的产品，如虚拟教室、远程培训、在线考试、培训管理等，也出现了一批一站式教育解决方案的提供商。在整个在线教育的产业链中，还有一些角色的参与不可或缺，如电信运营商，在线教育的技术基础带宽决定了在线教育产业链上的技术运用，特别是在教联网时代。此外，教育行政机构、设备提供商、风险投资商及行业媒体等越来越多的角色参与，促使着教育行业的融合与再造，也催生了未来教育的大变革。

三、1+1+1＞3 的经济效应

教育的零边际成本成为未来的发展趋势，这既是物联网等技术的发展使生产力得以提高的结果，也是教联网时代所具有的连接、开放、共享的必然结果，特别是教联网时代教育资源的零边际成本趋势。万物互联时代所培育出来的适应数字化的特点、物联网时代的原住民的协作、共享的新观念、新思维和新理念，不仅使社会各类主体、各种设备、各种资源等实现了联结，而且这种自由的联结使得教育资源的开源、分享、交互成为未来教育的一种状态和方式。社区学习、交互学习、移动学习等学习方式不断涌现，互助学习成为常态，取长补短，各取所需，各得其所，每位学习者得到了需要的知识、经验和认知模式，每位学习者也成为知识、经验和认知模式的创造者、提供者，而这种状态和方式随着物联网的无限联结得到无限放大，因为学习者与学习者之间，由于建立了连接，可以发挥 1+1+1＞3 的综合效应，这就相当于发生裂变和聚变，瞬间聚合，张力无限。

1）1+1+1＞3 的经济效益源于联结，联结大于拥有。万物互联的时代，整个社会都处在互联互享之中，全球一体化的大课堂、大教室由此而生，未来的教育可能没有学校的界限，教师的身份和学生的身份可以相互转化。每位学习者既是教师，也是学生，既是提供者，也是消费者。目前，全球协作教室正在迅速地发展，并逐渐成为现实。世界各地的教室都相互实时连接，整个课堂就是一个免费的在线社区，相隔数千里的学生被虚拟分组，一起学习、演讲、辩论甚至相互评判。在实时互联的教育环境下，数千名教师在全球教学平台上联合创建在线课程，并免费分享最佳教案。众多教师在协作课堂共享开源课程，将大量学习社区聚集到一起，从而形成一个无国界的全球性课堂，成为一个虚拟的没有边界的大课堂。

教育机构也正在利用互联网平台对教育资源进行开放共享，如 MOOC，从传统视频公开课向大规模在线开放课程的发展，也是信息技术支持下的教学模式研究在实践上取得的重大成果。作为在全球范围内开放共享的课程，MOOC 不仅将来自世界各地的学习者聚集到一起，使他们在共享世界名校名师名课的过程中共同增长知识，实现了知识的交流共享，还突破了传统网络课程的单向传授模式。这种大规模的在线教育的发展不仅使教育的边际成本接近于零，也使共享教育成为一种新的生态。从本质上讲，教育资源从所有权到使用权的转变，实质上就是协同共享教育，协同提供教育资源并分享教育资源，而这正是未来人类社会命运共同体的典型表现形式之一。

2）1+1+1＞3 的综合效应源于使用。教育资源的配置从所有权向使用权转变。教联网让数十亿的学习者通过点对点的方式接入教育平台和社交网络，共同创造并协同共享许多教育资源。每位学习者是信息的消费者和生产者，每项教学活动都转变为一种合作，每一项学习活动都基于互联。在教联网时代，所有人都被联结到一个全球性的社区中，他们都可以根据自身的能力和需求去产出、消费。知识和教育资源不断地动态生成，学习者不仅可以同步共享知识和信息资源，还可以参与教育资源的建设过程，实现教育资源的双向动态发展，教联网时代的资源以学习者为中心，为学习者提供了完全不同的使用体验，其中最重要的有两个方面：一是学习者可以参与资源的建设，另一个方面是教学过程的即时交互与智能化决策可以不断再生教育资源，实现教育资源的动态发展和再利用，在使用的过程中创造知识和信息，最终达到 1+1+1＞3 的综合效应。

3）1+1+1＞3 的综合效应也源于新的学习方式。学习本质上就是一种社会活动，在教联网时代，学习过程不仅从封闭的课堂转为虚拟的互联网空间，同时，还可能改变原有的学习方式，产生新的学习方法或方式。教联网时代的协同共享理念反映到教育领域，就是协同学习、共享学习。学习不仅仅是个人孤立的活动，而是与他人互联的、与外在发生关系的活动。在教育系统内，教学设备、教学资源、教师、学生、课堂及其他的学习和教学活动各个方面联结起来，形成全球性、世界性的教与学的互联平台。通过这个互联平台，人们能够实现教育信息共享、价值共享和教育资源共享。每个人基于自己的经验、观念、思维形成自己的理解，并作为观点表达出来，提供给所有人，实现社会化和交互式的学习。因此，我们要引导学生从相对独裁式的学习向横向学习环境转变，使其在未来的协同共享经济环境中能够更好工作、生活和发展。让他们可以在多个开放式的共享空间、虚拟空间、公共场所和生物圈中学习，学生与学生之间、学生与教师之间、学校与学校之间、学校与社会之间等重构一种新的生态关系，形成学习生态圈。学习是一种共享经验，也是一种协作经历，学习者在现实的空间或虚拟的空间里组成学习团队、小组等进行交互、互联、分享、成长、提高等，这不仅仅是知识的获取，还有交往经验的取得、与人相处的经历、各种关系的处理、形成新的观念等。学习不仅仅是纯粹获取知识、获得感受，最终的目的也是为了实践，在我们的生活和工作中得到最佳实践，也成为协同共享模式下的教育模式、学习模式。

第 四 章

生命成长：教联网时代的学习

人类社会正处于由信息时代进入智慧时代的历史性变革中。在万物互联的智慧时代，意识流与信息流融合，社会将呈现出更大的不确定性、复杂性和智能性的特征。在这样的时代背景下，我们需要重新思考学习。如何学习，如何不断加强自身适应瞬息万变社会的能力将成为贯穿整个学习过程的核心。与此同时，学习者获取知识的途径和方式多元化、便捷化、经济化，并且随着人工智能、可穿戴设备的发展及应用，学习内容将从程式化的、重复性的、仅靠记忆的转向专属于人类的创造性的、情感性的、生活经验性的方向转变。不仅如此，未来的社会随着信息技术的变革，越来越多的资源纳入联结的范畴，并与学习者产生千丝万缕的联系。

在教联网时代，学习被赋予了新的内涵：生成生命中有意义的互联，探索认知世界的经验模式，贴近生命的体验与成长。学习者的角色也正在悄然地发生变化，学习成为贯穿于人们一生的重大课题。每位学习者要学会应用各种先进的智能技术、设备来获取知识和信息资源，并在万物互联的背景下，借助智能设备拓展更广阔的学习空间、学习内容、学习手段，拓展创造的边界，形成个性化、定制化、多元化、协同共享的学习模式，提升自我适应未来社会的能力及建设构建未来社会的能力。

第一节　学习的新内涵：贴近生命的体验与成长

在万物互联时代，互联互通的网络节点和遍布空间的信息流就像从人体延伸出的神经末梢，与信息化的社会网络交织在一起，在改变着社会的同时，也改变着我们个体的观念、思想及行为。人类的意识流与信息流融合，意味着人类与周围世界的信息交互更便捷、更及时，同时社会也将呈现出更大的不确定性、复杂性和智能性的特征。在这样的时代背景下，学习也被赋予了新的内涵，教联网时代的学习首先是学习如何学习，如何生成生命中有意义的互联，探索认知世界的经验模式、加强自身适应瞬息万变社会的能力及建设社会的能力。并且，随着人工智能的不断发展与成熟，将人们从繁重的工作中解放出来，使人们拥有大量的休闲时间去真正实现自身的价值、个体的自由发展。学习不仅仅是简单的获取知识和技能，而要培养对复杂世界的分析、决策和应变能力，对真、善、美的感知能力，理解他人的同理心和在此基础上的协作互助能力。因此，教联网时代，学习的最终目的是成就意义丰富的自我，获得生命的体验与实现个体的成长。

在万物互联时代，人工智能及可穿戴设备的普及使用，使学习者能够接触大量的信息，从而开启不一样的学习方式，学习者的角色正在悄然发生变化，每一个学习者都是消费者，也是生产者。每个学习者可以根据自我的学习偏好，形成自己独特的不一样的学习路径，实现学习方式的多元化、个性化，娱乐化，并且借助智能设备拓展更广阔的学习空间、学习内容、学习手段，拓展创造的边界，构建与万物互联的认知模式、交互关系。如图 4-1 所示。

图 4-1　教联网时代学习的新内涵

一、生成生命中有意义的互联

在万物互联时代，人与人、人与物、物与物之间互联互通，世界瞬息万变，人作为社会的主体、基本的构成单元，如何不断加强自身适应瞬息万变社会的能力显得更加的重要和迫切。随着越来越多的资源纳入我们的联接的范畴，并与我们产生千丝万缕的联系，人类与万物一起成为世界体系中的一个互动载体，共同实现对世界体系的认知与理解，时代将呈现出新的特征和发展趋势，万物互联成为世界的本质特征。怎样在万物互联中寻求人的定位、发现万物之间的关联，并怎么来构建与万物之间的关联成为我们人类关注的首要问题。因此，在万物互联时代，必将带来人们关于物与自我更深关系的思考，人仅仅是其中的一个节点，在促使人类认知观念变迁的同时，也将物理世界更多未知的现实问题、更多的互联资源带入到人们的视野之中。人与人、人与物、物与物的沟通和感知拓展出新的时空，呈现出新的形态，万物互联的网络完美连通人类世界和物理世界并使之无缝对接，学习者的认知模式正在发生改变，应对社会复杂性的生存方式正在改变。刘云生认为，学习是在虚拟与现实中通过大量的交互促成有意义的互联。① 而事实上，在教联网时代，学习方法比学习内容更重要，如何通过在具体的问题和实际的生活情境来促进生命中有意义的互联，探索认知世界的模式，如何在学习的过程中获得生命的体验与成长，如何通过在具体问题和实际生活情境中的互动来获得丰富的生命体验与感悟，释放学习者本来就有的能力和天分，促进学习者的全面自由发展是这个时代对于学习最应该思考的。学习者更需要创新的能力，连接的能力，通过学习形成互联的能力。

“互联”是教联网时代的最主要的特征之一，联结是未来发展一切可能性的基础。教联网时代，知识和信息分布在一个个相互联接的节点上，通过互联激活节点也就是大规模的社会化协同帮助人们认知世界与改造世界。未来，获取知识和信息将变得简单便捷经济，人们可以通过可穿戴设备、移动设备等在瞬间实现智能搜索，获取知识和信息。不仅如此，知识和信息的获取也不再是关注的重点，获取连接的方法、模式才是未来关注的重点，基于知识和信息基础上的互联网能力的提高是教联网时代学习的核心和关键问题。

互联的能力首先需要放眼世界的系统把握和思考能力。在万物互联时代，人类、个人生存环境与地球之间的相互依存却愈来愈重要。放眼世界的系统思考能力还有利于让人才将自我内心与身边其他人相联。国际视野、国际意识、国际交流能力、国际理解能力、跨文化交流都是互联能力的重要组织部分。其次，是对自我内心、他人理解、与人协作的互联能力，即需要学会观察自我内心的世界，让内心的思想与周围的人和物关联。同时，还要有同理心，关心身处的环境系统，以人类共同体的系统观思考所生存的环境，与他人合作，一起接受挑战，完成任务。再次，在未来万物互联的社会，知识已经不是人们学习追求的主要内容，影响一个人未来成就与幸福的是个人各种能力，如系统把握和思考能力、学习能力、决策能力、适应能力和时间管理能力等，教联网时代的学习也将基于真实的社会和生活环境来展开。

---

① 刘云生. 论“互联网+”下的教育大变革. 教育发展研究，2015（20）：10-16.

教联网时代的学习正是如何通过各种场景的交互来生成生命中有意义的互联。对于学习者而言，更重要的是把握节点之间的关联、规律，掌握了知识只是初步阶段，只是把握了已知事物之间的联系；而真正能力的提高与学习者与已知的事物发生了互联，是在所形成的能力范围内可以自主地解决实际问题，并能够巧妙地应对复杂的局面。

二、加强对复杂世界的模式识别能力

学习除了生成有意义的互联，还包括对复杂世界的模式识别。在万物互联时代，物联网、人工智能、大数据等信息技术可以将不同时空领域里的场景和发生的事件组合或叠加到一起，人类与周围世界的信息交互，同时也因为信息流的加大而变得更加复杂。在瞬息万变的复杂世界中，需要学习者自己去探索，需要学习者在大量的交互后辨识世界，并对未知的变化有一定的识别和预判能力。学习，从某种程度上讲，是辨认现实世界中规则和模式的能力，或者叫模式识别能力。模式识别能力也可以理解为个人和社会解读经验的方法。教联网时代的学习，必然要适应时代的转换，适应移动互联网、大数据、联接、扁平化、交互性等时代的需求。特别是面对未来的不确定性，探索未知世界的经验模式成为时代的显著特征，也成为学习者最重要、最需要培育的能力。

在万物互联时代，知识和技能的半衰期越来越短，每个人所学的知识会随着时代的进步而不断被社会淘汰。所以探索认知世界的经验模式，加强对复杂世界的模式识别能力是教联网时代教学重点关注的，也是学习的重点。今天主流的教育体系诞生在工业时代，目的是要为快速发展的经济体系高效率地、批量化地培养掌握标准化知识的劳动力，教育的过程和大工业生产的作业方式高度类似：统一的上学年龄和上课时间、全国一盘棋的教学内容、标准化的教学方式和考核标准。在教联网时代，学校不再是学生学习的唯一途径和场所，学校与社区会有更紧密的结合。学习是生活的一部分，生活中无时无处不学习，学习是生活过程的一个小片断，在具体的问题中探索认知世界的经验模式，加强对复杂世界的模式识别能力。

我们的认知结构正在发生变化。人们已经不能依靠传统社会原来的认知模式来认知世界，驾驭世界。在万物互联时代，沟通交流、自由开放的物理世界给人类的认识和理解活动提供了现实时空之外的环境。人和人之间，人和物之间，物和物之间通过时空关联以信息传播的相互作用而形成新的实时资讯，所产生的信息效能大大超乎以往，学习者所面临的复杂世界需要提升认知能力的深度和广度。因此，教联网时代学习者首先要获取知识，并具备认知世界的能力及认知世界方法的能力，建立认知世界的经验模式，这不仅仅是知识的问题，更在于思维、创造的能力。其次要加强对复杂世界的模式识别能力，即①需要批判思维。在教联网时代，知识的记忆、储存和调取很多可以由人工智能替代，但是对知识和信息的综合分析、整合判断就显得极为重要，这需要学生具备批判性思维。②迁移能力，具有迁移能力的学习者处理复杂问题，能做到举一反三。③具备丰富的想象力。“思想有多远，我们就能走多远”变成现实。人工智能、虚拟现实降低了我们的想象力的试错成本，也给了我们更大的空间去实践我们的想象。再次，未来的世界呈现不确定性和复杂性和多变性的特征，学习者在积累经验和基础上必须学会预测未来发展和远景的本领。最后，还需要掌握万物互联时代的基本通用技能，如对复杂信息的获取、综合分析能力，能够灵活运用各种人工智能的工具来协助工作的能力，在遇到复杂问题时的决策能力，人与人、人与机器之间的交流与合作的能力等，这些能力都是教联网时代应对复杂世界的能力。

三、在互联中获得生命的体验与成长

在万物互联时代，人们的生活水平不断提高，对精神生活的追求越来越重要，对美好生活的期待成为人们关注的焦点，这是社会生产力发展到一定阶段的必然产物，也是人类社会发展规律的必然趋势，实现个体的全面自由发展成为可能，对生命的体验、对个体的成长成为我们未来教育的导向。在传统的认知中，生命体验有着跨越时间和空间限制的特点，人类将各种感觉系统如视觉、听觉、触觉上的感知信息加以整合、重组，再通过信息传递而具象化，将表意过程演变为一种直接的生命体验。万物互联的时代，信息无时不在流动，网络的互联互通成为个体意象构建的支点，对人类生存世界的全面联结很大程度上可以理解为人类意识思维在另一种空间的再建构，这是一个与物质世界紧密贴合的空间，信息的输入输出随着人们的意识流动而无拘无束，思想到达之处即是人的身体力行之所，人类的意识思维也将在深度认知中实现全面超越。信息流与意识流的即时融合和交互，让生命体验在跨越时间和空间限制上有了新的突破，生命的体验更加丰富，更多元。

基于万物互联时代人们对生命体验更强烈、更丰富的变化，学习者的学习动机正在发生改变，包括学习方式及学习目标也在发生变化。在瞬息万变的数据流与相互连接的信息网所构成的多元开放的世界里，学习者可以建构多样化、非线性、无边界，甚至是超媒体的认知网络，借助物联网、大数据等新技术不断超越自身所处的现实环境的限制，相对自由地扮演各种各样的新角色，并与其他角色交互，实现自我的增值化、虚拟化、流动化，使真实固定的现实传统身份向多重联结的虚拟身份转变，借助多角色和丰富经验建立与已有认知世界的关联，实现经验与知识的相互转化。学习者可以实现众多可能性的持续的知识建构，在这个过程中，学习者与学习者之间交互创造参与性的叙事形态，塑造参与者的特定体验。这是一种基于认知、意志和情感的生命体验，它由众多学习者的内在体验组成，而这些关系正像狄尔泰所言的那样，"在科学与行动的边界出现一个领域，在那里，生命在观察、反思和理论无法到达的深处展现其自身"。教育要体现对个体的尊重与关怀，促进个体生命的成长与体验，教联网的构建必然要以人为本，体现对学习者个体的尊重，这样，学习者可以获得更丰富的生命体验与构建。

教联网时代，学习将体现全球视野、充满人文关怀、注重个性化差异、满足不同需求的特征。打破固定的课时安排，跨越学科与学科之间的界限，围绕学生的真实生活重建课程体系，形成个性化的学习支持体系，为每一个学生提供私人订制的教育，这将成为未来学习变革的主导趋势。未来的学生将充分释放自身的潜能和天分，为自身的兴趣和需求、自身的全面自由发展而学习的，在学习中不断地丰富自己生命的感知，从而构建自己的知识智慧网络。与此同时，学生们在互动互联中获得生命的体验与成长。随着学习者生命体验和感知更加丰富，在知识建构与认知模式上，必将带给学习者关于物与自我更深关联的思考。学习是在互动互联中获得生命的体验与成长。在万物互联时代，"人类生命的深不可测"成为一种可能，生命体验也将因为这样的开放而持续丰富永无停止。在万物互联时代，生命的本质得以赋形，生命的张力也将得以彰显。

第二节　多样化的学习体验：拓展创造的边界

在教联网时代，任何人都是学习者的角色。每一个学习者既是知识的消费者，也是知识的生产者、创造者。作为社会主体的存在，既依赖于现有的技术基础，又依赖于自身的创造性探索，拓展新的创造边界。社会就是在两者之间交互中螺旋式上升发展，人类依靠现存的技术条件，充分发挥自己的能动力去创造未来的世界。在未来的学习中，学习者基于教联网自由组构的学习时空，去探索符合自身个性特征的学习路径，构建个性化、定制化、交互共享的学习模式，并且更重要的是作为一个创造者，去创造性地拓展更广阔的学习空间、学习内容、学习手段，拓展创造的边界，构建以自身为中心的个性化认知模式和智慧认知网络。

一、基于项目的主动学习：在共享中学习和创造

基于项目的主动学习是加强对复杂世界模式识别能力的必然要求，学习者需要面对未来的不确定性，探索未知世界的经验模式。传统学习以知识的记忆和掌握为出发点，从具体的生活情景中提取要掌握的知识，教科书和教师的传授成为最方便的方式。在这种学习方式下，学习者所学习的知识被人为地进行了模式化的处理和加工，虽然能让学习者一下子抓住本质和要点，但不利于学习者全面地认知复杂世界的关系，进入社会面对复杂多变的现实问题时，可能就束手无策。在万物互联时代的强信息流中，周围世界变得更加瞬息万变，体现出更复杂、更智能的特征。这就需要学习者自己去探索，在大量的交互之后辨识这个世界，在不确定性中发现规律，加强对复杂世界的模式识别能力。基于项目的主动学习有利于培养这种处理复杂问题和协作的能力，基于项目的学习中的“项目”是管理学科中的“项目”在教学领域的延伸、发展和具体运用。“项目就是以一套独特而相互联系的任务为前提，有效地利用资源，为实现一个特定的目标所做的努力”[①]，“项目是创造特定产品和服务的一项有时限的任务[②]”。因此，基于项目的学习是以学科的概念和原理为中心，以完成项目任务为目的，在真实世界中借助多种资源开展探究活动，并在一定时间内解决一系列相互关联着的问题的一种新型的探究性学习模式，这种学习模式有助于学习者在共享中创造。

1）基于项目的主动学习是跨学科的融合学习，体现了“互联”的学习理念。万物互联，连接一切，连接就是开放，就是与万物之间进行交换、对接和互动，形成各种各样的关系。基于项目的主动学习，相比以往的各种学习体验，具有更

---

① 何秀冀. 论有效的项目管理者应具备的能力素质. 现代农业装备，2005（11）：57-61.

② 刘景福，钟志贤. 基于项目的学习（PBL）模式研究. 外国教育研究，2002（11）：55-58.

加开放和创新的特征。教联网可以依托物联网强大的物质和信息资源优势来建立科学探究模式。学习者可以最大限度地利用资源，并在与资源交互的同时促进高级思维能力的发展。例如，在虚拟社区的学习交互模型中，基于项目的学习更能激发出学习者的深层思考，并产生交互。在完成项目的任务过程中，更能引导学习者进行知识建构，剖析、探讨和解决问题，引导学习者进行反思、总结和提炼有价值的内容，并在学习中与其他学习者共享。在基于项目的主动学习中，可以很好地克服学习者兴趣不足，让学习者在互联中用多视角来思考和处理问题，激发学生主动学习，加强整合多学科的能力。在教联网时代，学科之间的界限不再那么严格，出现了向更高层次整合的趋势。因此，开展跨学科的、研究性的基于项目的学习能够创造性地解决实际问题，从多个层面促进人的全面发展。

2）基于项目的主动学习有利于提高学习者创新创造的能力。未来将是万物互联、互联共享的时代，整个世界将形成虚拟与现实、线上与线下有机结合的互联共享平台。万物互联时代是人类社会、信息空间、物理空间相互融会贯通，相互交织在一起，形成虚实融合的共享社会空间。世界具有复杂性、不可预测性，基于项目的学习的主要内容就是针对世界现实中表现出来的各种复杂的、非预测性的、多学科知识交叉的问题，进行深度探究，这就需要调动学习者的创新创造能力。著名的教育家杜威认为，“知识不是由读书或人解疑而得来的结论”，“一切知识来自于经验”；他提出：“学校主要是一种社会组织。教育既然是一种社会过程，学校便是社会生活的一种形式。”让学生从实践活动中求学问，即“做中学”。基于项目的学习是一种强调主动探究和创新创造的学习，它以杜威的“从做中学”为理论基础。在学习过程中，有一个特定的项目主题，学生围绕该主题展开实践探究，在活动中建构起新的知识体系，掌握一定的技能。项目主题来源于现实生活，体现了多学科交叉的思想。在活动过程中需要运用多门学科的知识，单纯地依靠某一门学科知识则无法完成活动任务。基于项目的学习强调活动的实践性，让学生自己动手实践。学生在实践中体验、学习，在实践中提高获取信息、加工信息和处理信息的能力。此外，还需要学生使用各种认知工具和信息资源来陈述他们的观点，支持他们的学习，这些都有利于提高学习者的创新创造能力。

3）基于项目的主动学习还顺应了万物互联时代“协同共享”的时代潮流。万物互联时代，知识都是分布在一个个相互联接的节点上，通过联接并激活一个个的节点，也就是大规模的社会化协同，帮助实现认识世界与改造世界。大规模的社会化协同，将越来越成为社会协作的常态，分享的价值得到无限的扩展，协同共享成为新的经济形式和社会形式。协同共享将越来越成为各种组织解决问题的基本工作方式、基本思维方式。教联网时代的基于项目的学习正是顺应协同共享社会的共时代潮流。在教联网时代，所有的信息在平台上交互、交流，所有的资源通过接入在平台上交互作用、自由的分配，各取所需，各得其所。并且还能通过"众智""众筹""众包"等方式，产生新的信息、观念、理念，形成系统性解决方案。例如，针对某一个问题或课题，在虚拟的平台上，可以随时随地的沟通交流，提供解决方案，并且每个学习者都有不同的思维和解决方法。在这个过程中，每个学习者既提供解决方案或生产产品，也在分享解决方案或产品。基于项目的学习过程是学生独立及合作建构意义的过程，活动过程中强调协作，相关学科教师、学生、有关部门机构组成一个学习共同体，为完成任务而共同努力，成员之间是一种密切合作的关系。

二、基于个性化体验的学习：激发学习者的个性化创造

在万物互联时代，随着物联网和人工智能等新技术的不断发展，学习更加侧重个性化的体验。个性化体验学习主要是根据每个学生的个性，量身定制学习目标、学习计划、教育方法和管理方法，充分发挥每个学生个性发展的教育方式。教育不是千篇一律的教化，而是承认个体之间千变万化的个性化差异，学习过程是个性的展现和养成过程。传统教育中的学校教育的模式是在工业文明中为大规模培训生产线的工人而设计的，其特点是规模化和批量化，有人比喻学校教育模式培养出来的人才如同工业流水线上的产品。教联网时代，可以针对不同的教育对象实施不同的教育，真正做到因材施教。教联网时代的个性化教学模式本质是在尊重个性的基础上对教学方式的创新和实践。根据个性差异提供人性化、定制化教学服务，使每个学习者的潜能都能得以充分发挥。

3D 打印技术带给学习者基于个性化的创造。3D 打印技术是以计算机设计的数字模型文件为基础，运用可黏合材料，通过逐层打印的方式来构造物体的技术。3D 打印机是能够直接打印出实物的"打印设备"，3D 打印技术被《经济学人》杂志誉为导致第三次工业革命的关键生产技术。[①] 3D 打印技术兼有快捷方便、个性

① 汪瑞林. 周洪宇代表访谈：教育如何应对第三次工业革命. 中国教育报，2013-03-07（03）.

化、精确化的特点，从计算机的软件设计的虚拟 3D 模型到打印出实物，能够让人们的创意无限实现。3D 打印可以让原本需要大规模流水线生产的过程变得可以个人化、分散化和协作化。3D 打印机开启了个性化、定制化时代的到来，让每一个人的创造力可以直接作用于现实世界。如图 4-2 所示。

图 4-2　3D 打印让学习者的创作力可以直接作用于现实世界

3D 打印技术不仅可以让学生接触体验，更能够让学生通过短期学习就可以掌握这样一门技能。许多学校开设的 3D 打印课程从课程体系上是螺旋式上升的，在应用层面上又是分类延伸的，这些课程很好地激发了学生创新的想法和创造的实现。3D 打印与学科探究相互结合的课程，能够让学生们在创作中设计，在设计中摸索并运用科学原理。学生在获得更大成就感的同时，也加深了他们对科学原理本身的理解与应用。

3D 打印机将激发学习者投身科学、工程、数学、艺术和技术的体验中。3D 打印开启了个性化的时代，同时也带来了教育的个性化，激发了学习者的个性化创造。未来的教育是面向未来的，学习者可以结合自己的兴趣爱好和内在潜能为未来做准备。很多学生正在成为准创客，他们通过使用开源硬件、开源软件、小型切割机、三维打印机和各种各样的传感器实现自己各式各样的想法，不断拓展创新创造的边界。

虚拟现实技术（VR）为个性化的体验学习提供了新的途径。作为拓展学生视野的虚拟旅行，巴黎的罗浮宫博物馆（http：//www.louvre.fr/llv/commun/ home.jsp）、田野旅行网站（http：//www.field-trips.org/）、国家地理网站（http：//www.nationalgeographic.com/），可以为学习者提供个性化的科学观察和虚拟旅行。真实的旅行和科学观察会受到很多限制，如经费、时间、能否接触、设备手段等任何一方面都可能成为巨大的不可逾越的障碍。但在教联网的学习环境中，虚拟现实技术使学生很自由方便地接触到他们难以到达的地方，获得难得的体验和经验。虚拟田野旅行主要是通过使用网站访问虚拟场所如博物馆等，也可以组织虚拟学习共同体，不同地域与文化的学生可以交互与分享。在线探险则主要是让学生与科学研究者或探险家共享探险经历。虚拟旅行能够给全世界的学生提供机会，去了解被访问地方的风土人情、地理、文化、饮食等。

基于新技术的个性化学习体验是未来学习的新方向，并大大丰富了学习者的想象力。罗素说，生活世界有很多现实的限制，但想象的世界是没有边界的。当我们加深对世界的认知，认识到其错综复杂的魅力并且认识到大数据赋予我们发现世界的力量时，我们也必须意识到它的局限。万物互联的时代给我们创造了一个想象的世界。它将打破传统教育中的认知疆域，在虚拟的世界中，每个人都可以成为设计师，设计自己的房子、衣服、食品、车子，甚至是一个国家、一座城市，以及他能想到的任何东西，每个人都可以成为神笔马良，让想象的世界成为虚拟现实里真实存在的物体。未来的学生需要认知的新方式，创造力成为教育中一个需要培养和关注的能力，虚拟现实降低了我们的想象力的试错成本，也给了我们更大的空间去实践我们的想象。基于个性化的学习体验激发了学习者的个性化创造能力，拓展了创造的体验。

三、基于大数据的学习：构建个性化的智慧网络

教联网时代，大数据为学习者的个性化学习方案提供支持。物联网的信息传感设备能自动感知学习者的学习位置、所处的学习环境、正在学习的学习内容，以及进行的学习活动，甚至是学习者与环境或他人的交互情况等信息，并经过大数据的分析处理形成对学习者行为和需求的理解，据此来对学习活动进行管理，提供最高效能的使用环境。在教联网中，通过嵌入到学习和教学空间的各类传感器来感知分析学习者当前的位置环境，如学习者的位置地点，学习者周围的物体。通过学习者登录的身份信息认证，可以知道学习者的各种信息、操作习惯、个人喜

好。通过学习跟踪仪或者可穿戴设备，可以记录学习者的学习行为（如拍照、记录等），预先的学习计划，学习的起止时间，学习路径或课程序列，学习者与设备之间的交互情况，学习者与他人的交互情况、学习绩效和个性化需求等。① 教联网将这些信息传输给服务器，由服务器终端提供给学习者合适的、智能化的、个性化的学习支持。

大数据为学习者的智慧学习提供了支持。教联网时代的教学的最大特征是为学习者提供支持和服务。在教学过程当中，教师的任务不再是满堂灌地传递知识，而是指导学生如何获取信息，解决学习过程中的问题。在现实的教育环境中，通过大数据分析对学习活动进行设计。作为学习活动的设计者，教师可以判断学生的行为模式和学习效果是否符合最初的教学设计，利用学习分析和行为数据判断学生的学习效果是否符合预期计划。教师可以利用新的技术手段测量学生的认知特点和学习特征，评估学生的优势潜能和最佳学习方式，设计个性化的学习推送方案，探索不同技术条件下的差异化教学策略，因材施教，因能施教，促进信息技术与教育教学的深度融合。教学将从教师个人的工作转化为运用教联网来支持团队的形成。教师可以获得学生学习的大量数据，可以创造、管理和评价有趣味性而且个性化的学习体验，让每个学习者享受更加个性化、更有针对性的教育。总之，教联网实现了人类历史上前所未有的巨大社会整合，将全世界的智慧和知识集中在一个平台上，再加上教联网开放、共享、联接、交互、免费、智能、个性服务等特性，大大缩短了人类获取知识的成本，不仅为个性化的教育提供了有效的解决方案，而且代替教育者做了大量繁杂的工作，为全面实行个性化教育提供了空前的技术基础。

基于上述教联网环境下个性化学习解决方案的实现基础，个性化学习体验的最终目的是要帮助学习者构建个性化的智慧网络。在物联网平台上，所有的资源包括人、物、信息等都通过传感器技术、射频识别技术、嵌入式系统技术等联接起来，形成虚拟世界和现实世界交互的生态圈。学习者以真实的、现实的身份接入，因此基于教联网的教育世界是一种虚拟的“真实”，是虚拟与真实交织在一起的世界。教联网通过身份识别系统让每个学习者通过自己固定的 IP 和教学资源和教学设备相联接，教育活动的一举一动都与原本的现实世界高度一致，并且都可以在教联网中有与其完全对等的数字化表达。教联网每个节点上的知识的 IP 显示

① 李卢一，郑燕林. 物联网在教育中的应用. 现代教育技术，2010（2）：8-10.

着知识与现实世界的所有联系，并以一种全息的复杂网络的方式呈现。每一个学习者都可以从自我生命体验的兴趣和现实情况出发，从任何一个节点进入，实现与任何有意义的节点进行互联。在教联网时代，学习者可以穿梭于教育的时空隧道，获得“身临其境”的学习体验，物联网的智慧系统会实时跟踪学生的学习状况，做出评估，对遇到的困难和难点提供建议性的解决方案，帮助学习者建立个性化的知识网络。教联网时代的教育，是基于个性化的学习体验，也是基于个性化的知识创造。学习者既是知识的生产者，也是知识的消费者，同时也是知识的创造者，每个学习者根据个性化的学习互联和生命体验来构建自我的智慧网络。如图 4-3 所示。

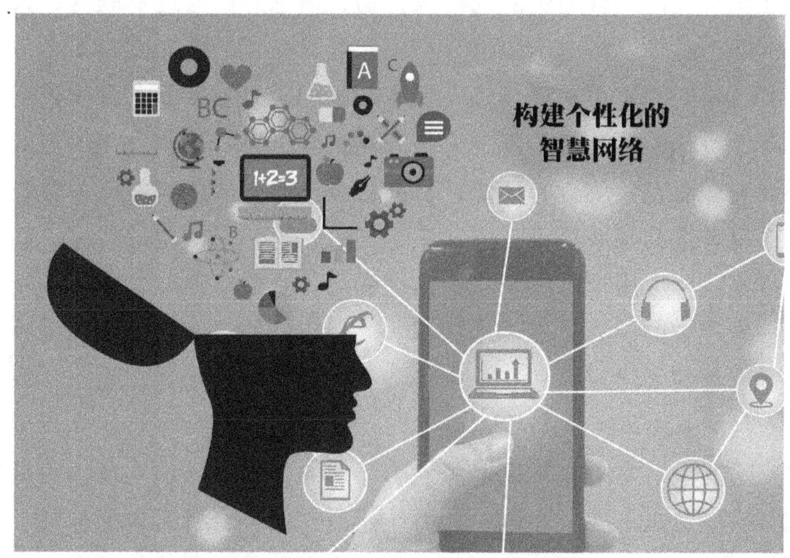

图 4-3 教联网时代的学习帮助学习者构建个性化的智慧网络

第三节 群智发展成为共识：协同共享的学习生态圈

万物互联正在催生一种改变人类生活方式的新经济模式，即协同共享经济模式，并且在万物互联的生态系统中得到了渗透和体现。联接的规模越大，其变更的驱动力也就越大，通过万物互联，可以快速组织大规模的社会化协同。大规模的社会化协同共享，将越来越成为社会协作的常态，将越来越成为各种组织解决问题的基本工作方式和思维方式。在教联网时代，协同共享经济模式在教育领域的应用将得到广泛的应用与拓展，协同共享的思维及理念得到普及，协同共享的技术得到提升与拓展，协同共享的平台越来越多，每个学习者、每个学习圈通过个体的体验、个体的知识及能力，从不同的侧面和角度去探索每个问题，寻求最优的解决方案，能够通过这种群智讨论与探索，找到具体问题的解决路径。未来，不仅是知识和信息消费时代，也是知识和信息分享的时代，集体智慧、群智发展成为共识。

一、学习生态圈的互动共生与自然成长

万物互联时代，所有的资源包括人、物、信息等都通过物联网、大数据和云计算等技术连接起来，形成虚拟世界和现实世界交互的生态圈，信息与知识的大爆炸，社会之间的关系更加复杂，需要掌握的能力更加多元，致使我们每个人的学习时间与学习能力的鸿沟越来越大。人类认知世界、驾驭世界的方式会越来越多地依赖人与智能设备的分布认知、协同思维，分布式认知将成为教联网时代人类适应社会复杂性的基本思维方式。由于知识呈现分布式协同状态，知识的产生机制、传播机制、应用形态将发生巨大的变化，互联学习共同体就是在这样的背景下与时俱进产生的，为了更好地认识和改造未知的、不断变化的世界，未来的学习将出现各种基于学习兴趣和目标任务的互联学习共同体，这些互联学习共同体组成了交互共享的学习生态圈。

互联互通的学习生态圈强调以个性为前提的相互关联与共享，凸显出教联网时代协同共享的意义。在教联网生态系统，所有的教育资源包括教师、学生、教学设备、教室等构成生态系统的要素。学习生态圈是学习价值链和学习环境在特定空间的组合，是由互联的学习生态链与互联的学习生态环境构成的动态开放系统，具有共创、共生、共享、共赢的“四共”特点。在生态圈中，生态链条上的每一个角色扮演都随着场景的不同而变化，并共同推动知识和信息的有机流动、交换、聚合、加工和创新。学习者是其中的核心要素，既是教联网的核心构成要素，也是教联网服务的对象，在教育生态系统中构成了学习共同体，每个学习者具有不同的角色和身份，并且随时发生角色转换。学习者不仅仅是知识的获取者，更是知识、经验和方法的提供者、生产者，他们在汲取知识、经验或方法的过程中，也在提供相应的知识、经验、方法和解决方案，学习者生活在这样的生态圈之中，每个人既是知识的“生产者”，也是知识的“消费者”。正是在学习者共同

的生产中，协同产生新的观念、知识和认知世界的方法、范式，共享和分享经验、知识和方法，共同维持学习共同体或学习生态系统的平衡、演进和自适应，联结成学习生态圈中的互联学习共同体。

学习生态圈突出自然成长和互联共生的特点。知识的社会建构是一个循环过程，个体的主观世界是和社会相互联系的，而知识是在人类社会范围内，通过自身的认知过程及个体间、各种社群间的社会协商而建构的。社会建构论认为意义的获得具有社会交往与互动的依赖性，学习就是参与对话或会话。学习共同体是指参与学习活动专家、教师及学生，围绕共同的主题内容，在相同的学习环境中，通过参与、活动、反思、会话、协作、问题解决等形式建构的一个具有独特文化氛围和境脉的协调共享学习生态圈。学习生态圈突出自然成长和互动共生的特点，将学习者个人需求和生态圈的协同要求有机结合，设计基于任务、场景和能力规划学习过程，设计自主、及时和便捷的学习体验，让学习者同时扮演知识的受益者和贡献者，让组织与个体共创、共享、共生、共赢。通常，可以从基于项目或者问题的学习目标、赋予社会关系以生命力、在实践中形成意义等几个方面来构建学习共同体。

二、学习生态圈中的协同共享机制

学习生态圈中的群智发展机制越来越被学习者所接纳。教联网背景下的学习环境更加凸显全球的一体化和命运共同体的共享协同，也恰恰体现了新的学习生态圈中的生命体验，互动和成长。针对一个问题，人们可以更大范围、更便捷、更有效地获得解决方案，称之为“群信息众筹（Crowd sourcing）”。群信息众筹是指大规模群体在核心话题的引导下，通过互联网中的各种信息资源，获取多种想法、策略、服务的实践。一般是指将任务分解或分配于一个公众的、未加定义的群体而非某一特定群体，由于该群体成员的多元化知识、经验、身份背景，人类的知识和智慧将会因为互联网而被无限放大和传播，并创造出令人惊讶的社会财富。“群信息众筹”与“群智发展”是万物互联的背景下，更好地实现知识或信息的共享，更有效地提高学习质量的有效途径。

学习生态圈中的互联互动无所不在。这种互动可以是人机互动、师生互动、生生互动，形成的学习共同体文化环境。在教联网学习环境中，混合式学习和合作学习将成为主流，强调学习活动中的合作，教师、学生以及涉及该项活动的所有人员相互合作，成员之间是一种密切合作的关系。因此，学习共同体更强调在实践的参与过程中来形成意义。学习共同体在学习中通过基于项目或者问题的学习来展开。在万物互联时代，基于项目的学习和基于问题导向式的学习是探索未知世界认知模式的主要学习方式之一，是一种典型的社交化学习。学习者组成一个团队，通过完成一个共同的项目，或是解决一个共同的问题，来实现学习目标。这个过程中，学习者彼此间的交流、分享和相互学习、促进，会对学习效率产生极大的影响。学习者不仅在参与过程中形成个性化的认知模式和智慧网络，获得学习体验，也完成从生手到熟手的转变，还同时在共建实践共同体文化传统和价值取向的过程中，形成对共同体的归属感获得生命的体验与成长。

学习生态圈中的社交分享也将常态化。在教联网教育时代，教师、学习者之间通过信息交换和协同合作，打破了传统教育中空间和地城局限性，社交化学习就是突破时空限制建立的一种协同协作的学习机制。社交化学习指的是通过社交互动的方式促进个人、团队和组织的知识获取、共享以及行为改善。它强调的重点不是我们正在学习什么，而是我们如何开展学习。社交化学习不一定非得用上社交媒体。它强调的是一种协调共享的学习状态。社交化的网络教育和社交化的学习是基于互联网扁平化和组织结构重构的基础上开展的，目的是节约学习的时间和材料成本，获得高效快捷的知识或者信息。学习者可以随时随地分享自己的知识，或者向他人求教，获得帮助，这就改变了以前的交互模式，实现了学习者与学习资源、学习者与学习者、学习者与教师之间更有效的交互。社交化学习具有以下几个特征：第一，从以信息为中心到以人为中心。第二，从三人行必有我师，到亿人行人人皆我师。第三，从固定时间固定地点系统化学习，到随时随地碎片化学习。

万物互联时代，未来的教育和学习也越来越协作化。学习者通过教联网平台，主动获取信息，主动分享信息，相互讨论，相互答疑，在交往中学习，在学习中交往，社交化学习有益于群策群力，集中所有学习者的智慧，有效汇总不同成员提供的知识。在社交网站普及后，在社交中学习可以在更大范围内更高效地进行。美国最大的学习管理平台 Edmodo 网站是一个基于教师和学生需求的“学习社区”。学生可以在这个平台上相互结识，互相交流，共同学习，学生和教师之间也可以很方便地互动，教师可以把测试和学习资料都数字化，学生可以随时查阅分数，教师可以通过后台数据对学生的学习过程和结果做一定的分析。[①] 因此，社交学习能够不断创造新的知识，不断地推动新知识的流动和分享，基于教联网的社交化学习能够紧贴信息时代的学习需求，迎合学习者的学习习惯，有效吸引学习者，并保持学习者的兴趣度。

在协同共享的学习生态圈中，教师对知识不再是控制，不再是绝对的权威和标准答案。教师站在学生的旁边，和学生一起参与学习，对学生的讨论进行引导，对学生的学习过程进行评价和管理。在扁平化学习中，教师更多的是对学生进行引导，进行激励和鼓舞，教师和学生的关系是扁平化的，教师的作用是充分发挥学生的主体性，让学生在一种愉快的氛围中享受学习、分享知识、汇聚思想、获得体验的过程。

三、学习生态圈中资源的共建共享

教联网时代，学习者将发挥集体智慧对学习元进行操作，使相关学习资源自动建立起永久性的动态联结，最终形成具有持续进化能力的知识网络。整个生物圈自诞生之日起，就是一个不可分割的相互关联的整体，由无数个互联共享的圈子构成。新的教育理念为资源共享提出了新的命题，学习生态圈是一个共享社区，包括无数互联共生关系，而这些关系以共享共生的方式，让地球上所有生命得以蓬勃发展。作为面向未来的教育，希望通过集体智慧的群智发展，重新构筑未来的生态圈，以及与之相适应的未来的开放、互联、共享的学习理念，使之从独立竞争的关系回归到协作共享的关系。未来的教育是全球的共同利益，也将是协作共享理念主导下的教育，尤其是在物联网等技术的支撑之下，将全球的教育资源、学校的教育资源、机构的教育资源、社会的教育资源甚至个体的教育资源都通过教联网以特定的形式展现出来，价值链条中有基础设施提供商、数据和数据能力提供商、分析技术提供商、教育技术应用提供商等，他们紧密协作，数据共享，形成了教育大数据生态链。从而形成教育资源共享平台，所有的教育者、学习者都能够在这个平台上找到适合自己的教育资源，从而实现教育资源的共享。

---

① Durrington，Vance A，Amy Berryhill，Jeanne Swafford. “Strategies for enhancing student interactivity in an online environment.” *College Teaching* 54.1，2006：190-193.

教育资源重在使用而不是占有，共享变得无处不在。教联网时代，人类社会不存在一个知晓万事的超级大脑，知识都是分布在一个个相互联接的节点之上，通过连接并激活一个个的节点，也就是大规模的社会化协同帮助实现认识世界与改造世界。大规模的社会化协同，将越来越成为社会协作的常态，将越来越成为各种组织解决问题的基本工作方式、基本思维方式。在教联网时代，学习者可以随时随地地使用各种各样的资源，使用会比占有更快捷、更便利，就像世界上最大的出租车公司 Uber 没有占有一辆汽车，世界上最大的百科全书没有一个专职编辑。共享、联接、使用，带来了新的组织方式，这种组织方式也正在对学习产生影响。

教联网时代的教育资源具有泛在性、情境感知性、联通性、进化性和多维交互性等核心特征。[①] 教联网时代的教育资源为智慧化的教学和学习提供必需的支撑，弥合正式学习和非正式学习，满足学习者个性化的发展需求，学习者可以不受时空的限制，获得符合个性需求的学习资源，走出封闭、僵化的教室。学习者可以自由徜徉在情境化和社会化的真实环境中，实现个性化学习、共同体学习、探究式学习、基于问题的学习和工作场所中的学习。也许正是因为使用而不是占有，共享变得无处不在。学习者共享资源，使用本身带来关注，注意力本身就是对资源最大的购买。更多的使用，更多的分享，协调共享的学习生态圈，让学习变得更加高效。

第四节　终身学习：教联网时代的通行证

一、终身学习是教联网时代的必然要求

终身学习理论最早源自中国古代“活到老、学到老”的朴素学习思想。古希腊的柏拉图也在《理想国》中阐述了终身学习的教育观。近代，终身学习成为一种思潮，是伴随着信息化社会对人才的需求而产生的。学会学习是教联网时代最重要的事情，未来的社会由于技术更新的速度加快而新月异，原有的认知结构发

① 葛彦强. 基于物联网的教育资源共享研究. 现代教育科学：教学研究，2013（9）：177.

生变化，在社会不断信息化、智能化的背景下，由于知识的不断更新，人的寿命不断的延长，学校传统的知识已经不能满足社会生产、人们生活的需求，青年时代学到的技能和知识显然不能用到老。“活到老，学到老”的名言真正成为教联网时代学习的真实情境，终身教育应运而生。

终身教育已经成为许多国家教育变革的方向，被纳入到构建全民教育和学习型社会的体系当中，是优化社会人力资源结构和提升教育水平的有效途径。尤其是在万物互联时代，国家智力资本就是国家人力资本、关系资本和结构资本的综合，是兼顾软实力和硬实力、当前和长远的体现。一个国家的智力资本越强，软实力、巧实力越强，竞争的优势越大，竞争格局就难以撼动。[①] 所以，面对世界科技飞速发展的挑战，培育民族创新精神，培养具有家国情怀、具有社会责任感和历史使命感的创新型人才是增加国家智力资本的重要途径，也是连接世界的核心能力。因为社会对创新型人才的需求，终身教育越来越被重视。终身教育成为许多国家教育改革的指导理念，推动人力资源结构的优化和教育水平的不断提升。尤其是以人工智能，物联网和云计算为代表的信息技术日新月异的发展，社会分工随之改变，产业结构随之改造和升级，工作岗位不断提出新的要求，如对复合型、创新型、跨界型人才的需求日益增多，终身教育的呼声日渐高涨，已经被世界各国重视，并对各国政府进行教育改革起着积极的指导作用，甚至被纳入到构建全民教育和学习型社会的体系中。

时代的变化带来的复杂性和不确定性达到了前所未有的程度，应对复杂多变形势，人类只有不断地学习。教育由此成为全人类的根本共同利益，万物互联时代对教育提出了新的挑战，也提供了新的发展思路与路径，终身学习是教联网时代的必然要求。

人工智能和万物互联的发展和进步，给人类带来了解放，使人的终身学习和成长成为可能，并为之所需，也为构建终身性教育体系提供了可能。因此，与学习社会相适应的教育显然是终身教育，终身教育体系是学习型社会的核心载体和基本方面。学习型社会是未来万物互联的社会形态的基本特征。终身学习形成全新的社会价值系统，是学习型社会的灵魂之所在。学习社会是一个人们摆脱了功利目的而为人类自身的自我完善而学习的社会，当文化的全部力量都致力于此的

---

① 马化腾. 互联网+：国家战略行动路线图. 北京：中信出版社，2015：33.

时候，真正的终身学习才有可能到来。在教联网时代，每个人都是教育的生产者，都可以传播知识与信息，每个人又都是教育的消费者，因为每个人都需要接受终身教育。如图 4-4 所示。

图 4-4　终身学习是教联网时代发展的必然需求

在教联网时代，学习无时不在，学习者以促进生命的互联和体验为基本出发点，社会教育作为终身学习的一种途径在教联网时代的作用更加凸显。社会教育成为教联网时代重要的教育形态。社会教育的对象除了在校的学生以外，还包括社会中的其他受教育对象，社会教育和学校教育只是教育整体中的两种教育形态。学校教育只是每个人一辈子学习中的一个阶段，社会教育则贯穿人的一生，因此，随着社会教育的不断发展，终身学习也必然不断进步并最终成为人们所接受的追求方式。社会学习主要是学会做人和学会做事共存。学习不应只是个人的事情，除了学校的学习，每个人都要参与到社会学习中来，作为一种社会经验，需要与他人共同学习，以及通过参与社会活动，在社会规范中学习。与社会教育相应的社会学习贯穿于人们的工作和日常生活之中，社会学习除了获取知识与方法，更注重解决实际问题，更注重实际作用的发挥。信息技术的日新月异促进社会教育体系与学校教育体系同步发展[①]。在互联网时代，知识更新不断加快，单纯的学校教育已经不能满足人们对知识的需求。人们面临学习和工作的双重压力，“工学矛盾”日益突出，越来越多的学习者选择在工作之余通过在线学习来

① 祝智庭. 信息教育展望. 上海：华东师范大学出版社，2002：85-86.

继续学习，提升自身适应社会发展和需求的能力，终身学习是教联网时代社会不断发展的必然趋势。

二、搭建衔接各种教育形式的终身学习立交桥

面对科学技术日新月异的发展，终身教育显得越来越重要。终身教育是一种关于未来教育的思想，它不像学校教育或是继续教育那样有组织、有计划地进行，它需要统筹规划，并由一定机构执行。虽然学习者从学校毕业后还有机会再接受学校教育，但是更多的学习机会还是走入社会后，依靠社会教育来完成。教联网为社会教育体系与学校教育体系的融合架起了桥梁。教联网时代的教育产业公司、企业开发的网络课程或教育教学服务，以社会教育的形态，对学校教育进行有效的补充。教联网时代，社会教育机构正在对学校教育机构起到一个融合互补的作用。例如：有学习者在安徽师范大学学习教育学，但安徽师范大学教育学专业很难提供华中师范大学教育学、北京师范大学教育学、华东师范大学教育学等优秀师资的课程。在这种情况下，教联网平台就可以把全国最优秀的教育学师资和课程提供给全社会。

教联网搭建衔接各种教育形式的终身学习立交桥。在教联网时代，学习者不受学校规模、年龄、地点的限制，只要愿意学习，只要有一个普通的电脑或移动终端，连上互联网，就能学到想学的知识。教联网构建了一个任何人在任何时间、任何地点、学习任何知识的“泛在学习”新时空。学校教育体系主要包括学前教育和九年制义务教育、高中阶段教育、高等教育、职业教育与成人教育。教育突破了学校的围墙，不再完全局限于教室与学校，只要有网络的地方，都可以成为教学场所和学习场所。[①] 教联网所提供的丰富的资源和交互手段，使技术在教学中不再只是呈现信息的媒体，也不仅仅是个别化教学中控制学习过程的工具，而是构成了一个可以开展自主学习、探索学习、协作学习的环境。移动互联网使所有学习者能随时、随地、随需开展学习。教联网使各种教育形式可以无缝衔接，这就意味着学习者可以用大块的时间脱产学习，也可以在喝一杯咖啡的碎片化的时间内学习。

基于教联网平台打造的全新智能化学习平台，为学习者提供了可选的、多样

---

① 陈乃林，蔡妍，胡凤英. 中国社区教育的实验探索. 北京：高等教育出版社，2013：121-123.

的学习模式，使得个性化学习成为可能，人类孜孜以求的因材施教理想获得实现。微学位、数字化学校、数字化教室和数字化课程、翻转式课堂、游戏化学习等新教育元素的出现，预示着将实现从教学内容到教育方式的全方位的转变。新技术为信息时代的学习还提供了交互式教学的手段，教师可以把课堂教学搬到网络上，多方位、多角度地呈现学习中的具体场景。利用协同学习系统，学习者还可以通过网络提供的交流通讯手段进行跨地域的协作学习，也可以用 Blend-learning（混合式学习）和 Flexible Learning（灵活学习）展开个性化学习，而这些在传统教学中是无法想象的。

教联网为转换学习方式提供了可能。首先，教联网时代，教育打破了权威对知识的垄断。[①] 人人能够获取知识，使用知识，创造知识，分享知识，这也为终身学习的学习型社会建设奠定了坚实的基础。其次，打破了学校教育中对学习时间和学习空间的限制，有效地克服了学习者学习时间、学习方式、学习身份的限制，为全体社会成员提供了均等的受教育机会。再次，场景式的教学和游戏化的教学促进了教学方式方法的变革，使教育从以教师为中心转变为以学生为中心，促进生命互联与体验。这也是学习者表达自我和感受生命的方式。例如，可汗学院、翻转课堂、游戏化教学等新技术和新教育方式的出现，要求教育向分散化和协作化发展，进而颠覆了传统的班级授课制。最后，教联网为分期、分段学习提供支持。当终身学习被越来越多的人接受，并且慢慢成为一种生活态度和生活习惯的时候，有过一定教育基础的学习者就可以根据自我需要选择接受教育的时间和形式，学习者可以用一部分的时间接受学校教育，一部分时间从事有报酬或者无报酬的社会实践活动或社会服务工作，在实践中学习的理念和观点将成为未来学习的主流。这样的学习将理论与实践相结合，做到了知行合一，将理论知识变成实践技能，学习效果更好。学校学习、移动学习、旅行学习、虚拟探究学习等学习方式可以自由转换。

教联网推进教育的管理体系与终身学习接轨。未来的学校全天候开放，没有暑假和寒假，没有双休日，学生根据自己的需要安排学习时间。这样学校的设施和校舍将会得到最大程度的利用。在未来，暑假、寒假、周末、夜晚等时间都可以充分的使用，所以整个教育资源会进一步的集约化。例如，武汉的学生想到北京的一所学校学习一门课程，就可以提前申请一个月的课程或者两周的课程。未

① 赵国庆.“互联网+教育”：机遇、挑战与应对. 光明日报，2015-06-09.

来的学习是个性化的，每个人除了完成国家的基本课程以外，完全可以设计和定制自己的课程。这样学校的教育资源也会得到更大的利用，同时，教育的周期也会弹性化。

三、终身学习背景下的“学分银行”系统

教联网时代，整个世界成为命运共同体，不同的组织、不同的人在相互交流、沟通、共享、借鉴、学习中逐步认同、宽容、包容，实现多样化，并在多样化中推动融合互动，优势互补，实现共享发展。在教联网的背景下，教育突破时间和空间的限制，突破校园的藩篱、地区的差异，因此，如何推动和实现教育之间的衔接，实现终身教育，是未来教育必须解决的问题。

教联网背景下的教育目标、教学模式和学习方式等都在不断变化，特别是教育突破学校间的界限，突破学习阶段的限制，与之相应的学历的认证也将发生根本性变革。传统的学历认证主要是采取年限制教育，学生要通过长时间的教育，通过考试测试，才能拿到学历证书。教联网时代学习者的个性化学习成为未来教育的趋势，特别是随着教育平台化的发展、大数据技术的应用和人工智能的成熟，可以针对不同的学习者的不同学习需求，提供针对性的学习资源和学习方式。教育的平台化能够为学习者提供海量的学习资源，以满足学习者的不同需求，大数据技术的应用和人工智能的成熟能够精准地预测学习者的学习需求，并智能化的推送相关的学习资源和服务。未来的学习还将从阶段性学习向终身学习转变，教联网为终身学习提供了技术支撑，终身学习也使学习者适应瞬息万变的教联网时代的必然要求。

随着学习型社会的建立和终身学习型社会体系的构建，“学分银行”将成为未来教育学历认证重要的组成部分。学分银行借鉴了银行的运行体制，包括存储、汇兑等功能，但存储的是学分，汇兑的是学历和证书。“学分银行”是对学习者的各个阶段和各类学习成果进行统一管理、核算和转换的新型教育管理制度，为学习者提供获取学历教育证书、职业资格证书的新渠道，为学习者提供自学成才、获取评价和鼓励的新途径。[①] 学分银行为每个人建立个人学分账号，学习者通过选修互联网教育课程得到学校的学分，无论是国民教育的学分还是终身教育的学分，

① 卢玉梅，王延华，孙静怡. 从资格框架看我国“学分银行”制度中学习成果框架的建立. 中国远程教育，2013（11）：23-25.

都可以存入到个人的互联网教育学分银行。“学分银行”打通了各种教育的课程设置、学分标准、考试认证等，极大地调动了学习者的积极性，并为其带来一系列利好的教育收获。

教育规划纲要已经明确指出建设全面教育体系和学分银行，对学分银行也有过一些探讨，但是受理念和机制方面的限制，“学分银行”的推进并不理想。随着终身学习的不断发展，“学分银行”具备了很大的可行性。未来的在线教育必须回应学习者对学历成果认证的诉求，这是教联网时代的大趋势，在终身学习不断发展的背景下，设计学分银行需要重点考虑以下几个方面：

1. 学习者的个人学分账户

借鉴银行的储蓄系统和功能，每个学习者都有一个可以伴随自己一生的个人学习账户，基于大数据的个人学习账户可以包括学习者的所有学习信息，其中就包括个人学分账户。

2. 存储系统

学习者完成课程的学习后，也可以实现学分的存储。学习者在校内外教育机构或者在线教育平台等各类教学活动中所取得的课程学分都可以存储在个人学分账户中。

3. 转换系统

学分转换系统是“学分银行”得以有效运转的关键。在学分转换之前，首先要实现学习者在不同学校不同学科的课程之间的学分互认。未来的学分认证、学分互换可以将各类教育机构都转换为第三方的兑换标准。或者在知名的教育机构或者教育平台之间，由两方直接协议兑换的标准，提高学分转换的效率。

4. 消费系统

银行的储蓄和消费分不开，对于学分，也可以借助学分的消费来实现学习积累的目的。当学分积累到一定程度，符合一定的教育或者学习标准的时候，学习者可以提出兑换的要求，申请将学分兑换为各种资质凭证，如毕业证、资格证书等。

5. 结算系统

终身学习也是泛在化学习，学习的时间和地点都比较灵活。学习者可以利用碎片化的时间进行学习，积累到一定的时间长度之后换取学分，实现零存整取、结灵活结算的特点。此外，还可以对学习者的学分进行整理和评估，为学习者的“学分银行”诚信档案建立提供支撑。

未来已来，时代变化和知识更新的速度越来越快，学习不再是一件只在“上学期间”才能发生的事，而变成一个终身需要进行的事。也就是说“学会学习”才是人类的基本能力。随着教育形式变得越来越“模块化”，未来的对学习者的认证将是基于课程层面的认证，而不再是拘泥于学位或者某个特定的大学。社会化学习正是这种变化的重要推动力量。未来，学习者可以从不同的社会化学习机构那里获得学习成果的认证。

“学分银行”是未来教育学历认证值得探索的方式。建立学分积累与转换制度，对学习者长时间、跨地域的学习进行持续的跟踪考核、评价记录、兑换成学分有效积累，并通过教联网的互联互通实现各种教育形式下学习成果互认、学分互认、自由转移、乃至随时兑换，将传统教育中的学历和文凭变为学历文凭与微学历、微文凭并行，从而实现不同类型教育形态和教育阶段的学分互认和衔接，必然成为未来教育的发展方向和趋势。

第五章

意义互联：教联网时代的教学

在万物互联视域下，人类社会与周围的物理空间、自然环境、生态体系互联共处，完美联通。人本身即是万物互联中的一个重要节点，在互联中根据特定的场景寻求自身的定位、建立互联、获取资源等。教联网作为万物互联的重要组成部分，既是对万物互联时代社会结构、社会需求变迁的必然反映，也是对教育迎合和构建万物互联时代的必然要求。在教联网时代，学习被赋予了新的内涵：生成生命中有意义的互联，探索认知世界的经验模式，贴近生命的体验与成长。与之相应地，教学的内涵也发生了变化：教学注重促进生成有意义的互联；构建以学习者为中心的个性化认知模式和智慧网络；关注学习者的成长与生命体验。教学更加智能化，在智能互联的基础上实现教学过程的实时跟踪、反馈、决策和管理，并实时对教学内容、进程进行调整，从而实现教育智能化。分散化、扁平化、去中心化、个性化、交互性、场景化等万物互联时代的主要特点都将不同程度地渗透到教学的方方面面，教学内涵、教学设计和教学方式都将发生深刻的变革。未来的教学将更加注重人文关怀、注重场景化、注重寓教于乐。

第一节　教学的新内涵：促进互联与生命成长

随着万物互联时代的到来，人类在更大的范围内实现了自由的联结，拓宽了获取信息与资源的渠道，摆脱了获取信息与资源的有限性和对物体的特定依赖。教联网时代的认知方式正在发生改变，人是万物互联中的一个节点，人与人、人与物、物与物的沟通和感知拓展出新的时空，呈现出新的形态，在促使人类认知观念变迁的同时，也将物理世界更多未知的现实问题、更多的互联资源带入到人们的视野之中。在这样的时代背景下，学习被赋予了新的内涵，教联网时代的学习首先是学会学习：生成生命中有意义的互联，探索认知世界的经验模式，加强自身适应瞬息万变社会的能力及建设构建社会的能力。学习不仅仅是简单的获取知识和技能，学习过程也不再是认知与反思的单一活动，而是在互联的网络中加强认知、体验、反思的联结，成就意义丰富的自我，丰富生命的体验并实现个体的成长。教学相长，教是为了更好地促进学，是围绕着学而展开的。教学更加关注人的全面自由发展，关注学习者个性化的生命体验，更好地与自然、社会、生命之间的对话、交互、体验、相处。从这个维度来讲，教联网背景下的教学内涵（图5-1）将发生深刻的变化，教学不仅是传授知识、经验，更重要的是帮助学习者在万物互联的环境下，建构对自然、社会、个体生命的认知范式，促进学习者生成有意义的互联；教学不仅是被动的教与学的关系，更重要的是以学习者为中心，构建个性化认知模式和智慧网络；教学不仅是知识、能力、技巧等“教”的层面，更重要的是“育”的层面，针对不同的生命个体，给予贴近生命的解释与关怀，促进学习者个性化的成长。

图5-1　教学的新内涵

教师在教学的过程中，要围绕教学的新内涵，指导学生建立多层面、多形式、多维度、有意义的互联，构建对世界的认知范式和行为方式，提升学生有意义的互联的能力，从而更好地实现个体的生命成长与体验。

一、促进生成有意义的互联

教联网时代的教学内涵将发生根本性变化。万物互联拓展了人与外界接触的范围，通过物联网技术将世界万物联结起来，把虚拟信息世界与真实物理世界对接起来，形成了广袤的自由的教联网教学活动场景，为教学活动创造了全新的时代环境，万物自由互联、跨界融合已成为世界的新常态，这也必然对人们的思想观念和思维方式产生重要的影响，互联将成为人们与外界相处的基本认知范式。

实质上，人类一直都在探索自然、社会、自我等方面的规律，并形成了对世界的认知体系和知识结构。在万物互联时代，原有人类所认知的知识可以通过智能设备、可穿戴设备等外脑轻而易举地获取，传统的教学所具有的传授知识、技巧的功能被大大削弱。面对新的时代，人们需要建构新的认知范式，包括对自然世界、社会、个体、自我等方面的认知都需要在互联的思维模式中来构建。也就是说教师不仅要教授学生学习方法，还要教会他们构建互联模式，学会通过什么样的途径、方式、方法去探索外在“互联”的规律、态度和行为方式等。

万物互联成为世界的本质特征，怎样在万物互联中寻求人的定位、发现万物之间的关联，怎么来构建与万物之间的关联成为人们关注的首要问题。因此，万物互联必将给人们带来关于物与自我更深层次关系的思考，而人仅仅是其中的一个节点，在促使人类认知观念变迁的同时，也将现实世界更多未知的问题，更多的互联资源带入人们的视野之中。人与人、人与物、物与物的联系拓展出新的时空，呈现出新的形态，在人类社会与周围的物理空间、自然环境、生态体系共处关系的大背景下，学习者的认知模式正在发生改变，学习者通过学习元进行操作，使相关资源建立起永久性的动态联结，最终形成具有进化能力的知识网络。

教学相长，教是为了更好地促进学。从这个维度来讲，教联网背景下的教学内涵将发生深刻的变化，教学不仅是传授知识、经验，更重要的是帮助学习者在万物互联的环境下，建构对自然世界、社会、个体生命的认知范式，促进学习者生成有意义互联。教联网时代的教学必然要适应万物互联的时代特征，培养能够适应万物互联时代的原住民，构建能够与万物互联时代相契合教育模式。教育不局限于或者重点不在于让学生获取更多的知识，而是获得认知世界的方法、经验或模型，并进而更好地与外界相处、交互、获得生命的体验。

应运而生的教联网针对万物互联的新的社会秩序、社会需求，重构了新的互联关系，实现了教育资源包括教育设备、教学空间、教学模式、教师、学生等互联共享，从而实现教育信息全方位的流通。在教联网的时代背景下，学生可以通过物联网终端看到与学习内容相关的人类生活场景，并可以根据需要对这些场景进行智慧化管理和控制，从而实现自由的联接和互联，与现实生活世界构建新的互联关系，并在构建互联关系的过程中，形成与现实世界沟通的新的交互方式、思维方式和认知模式。教学将围绕万物互联的时代特征，结合时代特征及社会需求，培养学生树立联系的观点、整体的观点，怎么构建与自然的关系、与社会的关系、与世界的关系、与他人的关系、与生命的关系、与自我的关系，等等，涉及的内容更加具有广泛性、个性化、人性化，更加关注个体的生命体验。

尽管教联网时代的教学内涵有了新的拓展，但是教育的本质没有变。教育在本质上依然是育人，但“育什么样的人”“育人的什么”却发生了根本性变化。在教联网时代，知识和信息自由、开放、共享，学习者很容易便捷低成本地获取。未来学习者仅仅储备和获取知识还不够，更重要的是构建新的认知范式，通过构建与自然的认知范式，去认识把握和利用自然规律，并获得与自然相处的方式方法；通过构建与社会的认知范式，去更好地把握社会规律，并在社会的生产生活中构建自己的行为方式；通过构建与世界的认知范式，把握世界的整体性、人类的共同利益，并共同面对人类未来的挑战；通过构建与他人的认知范式，更好地与他人进行交互、交流、共享；通过构建与生命的认知范式，可以更好地发现生命的价值，等等。同时，要推动个体个性化的生命成长和体验，促使学习者建立与外界的有意义的互联，让未来的学习者在虚拟与现实交互的世界中学会思考和探索有意义的互联，推动学习者探索认知世界的范式、经验或模式，建立有价值有意义的互联关系，实现改造世界的目的。只有这样的教学，才能够培养出适应随时、随地、任何物、任何人均可连接的万物互联社会的人。在教联网时代，教学的功能不仅不能弱化，相反更要加强，要从单一的功能向多功能转变，最终的使命就是帮助学习者实现个体的个性化体验，实现个体的全面自由发展，适应未来万物互联时代带来的挑战。

一、培养个性化的认知模式和智慧网络

教联网时代，提升互联的能力、培养个性化的认知模式是教学的重要方面。在未来万物互联的社会，知识和技能的半衰期越来越短，我们每个人所学的知识会随着时代的进步而不断被社会淘汰，但个性化的认知模式和智慧却是人们应对复杂多变的社会所要具备的。在教联网时代，教学凸显了其本来应有的丰富、多

样的功能：教学不仅是知识传递，还是通过传递知识，释放学习者的天性，让每个学生的个性能力自由全面发展，培养学生的探究创新精神，培养学生积极的情感态度和价值观。所以，教联网时代的教学变革就是要改革旧观念，把教师的教学思想、观念，教学的模式、方式、方法都统一到素质教育的要求上来、统一到信息时代未来教育对创新精神的需求和未来教育对创新型的人才培养上来。

教联网时代的教与学之间的界限将逐步交叉、融合，界限不再那么分明，共享、分享成为时代的主流，多角度、全方位的视角与互联成为主题，互相学习、教学相长、取长补短成为常态，生产者就是消费者、消费者就是生产者成为新的理念，每一个学习者都是生产者，是知识的提供者、经验的分享者，教育不再把让人实际拥有知识、能力作为唯一重要的育人指向，而是把致力于提升人与物之间、人与人之间的自由互联，把探索、辨认这个世界的智慧并构建世界的智慧网络作为其核心追求。

教联网为培养学习者个性化的认知模式和智慧网络提供了解决方案。互联网带我们进入了一个虚拟世界，在虚拟世界里有很多现实的问题不能解决，如教育、环保、交通、安全、能源、健康等，但是通过物联网虚拟和现实的结合，能够提供有效的解决方案。互联网时代的教育对传统教育改造的力度和效果都是有限的。而物联网的主体必须以真实的、现实的身份接入，因此基于教联网的教育环境是一种虚拟的“真实”，是虚拟与真实交织在一起的世界。教联网通过身份识别系统，向学习者多方位多角度地呈现学习生活中更具体、更形象、更高效、更即时的具体场景，构建出人机交互、智慧学习的学习网络。教联网知识的情境化状态都为个性化教育提供了最佳契机。教师在面对学生的时候，通过全息的教联网可以实时把握每个学生的具体情况。在教联网时代，学习者可以穿梭于教育的时空隧道，进行“身临其境”的学习，物联网的智慧系统会实时跟踪学生的学习状况，做出评估，对遇到的困难和难点呈现建设性的解决方案。教联网时代的教学的最大特征是为学习者提供支持和服务。在教学过程当中，教师的任务不再是满堂灌地传递知识，而是指导学生如何获取信息，解决学习过程中的问题。教师可以获得学生学习的大量数据，可以创造、管理和评价有趣味性而且个性化的学习体验，让每个学习者享受更加个性化、更有针对性的教育。总之，教联网实现了人类历史上前所未有的巨大社会整合，将全世界的智慧和知识集中在一个平台上，而且可以实现人和人、人和教学资源、教学工具之间的联系，再加上教联网开放、共享、联接、交互、免费、智能、个性服务等特性，大大缩短了人类获取知识和智慧的成本，为培养学习者个性化的认知模式和智慧能力提供了技术基础。

个性化教育理论认为，教育不是千篇一律的教化，而是承认个体之间千变万化的个性化差异，在此基础上进行教学设计和学习系统设计。个体要适应社会发展的需要，适应未来智能生活的需要，要围绕新构建的数字世界重新定义和寻找自己的存在，并从中找到自己的意义，为此，要构建个性化的认知模式。教联网时代的教学是在学习共同体的参与中，在学习的对立与紧张、建设性冲突与建构中创造出更丰富的关系。因此，创建作为开放教学系统的教学环境，成为不同于传统课堂教学范式的一种全新教学理念。这种教学并不受预先详细制订的目标和预设的课程教材内容所限制，而是主张通过教学环境的创设，提供丰富的学习资源和认知工具，编织知识网络，以一定的结构性知识去支撑学生对知识的建构，利用开放性的问题创设认知情境，鼓励并引导学习者通过解决一系列初始问题、类似问题、拓展性问题，一直到独立提出自己的问题，实现与环境的积极互动，形成较为长期的研究项目，探索问题的解决方案，并建构知识的个人意义。学习者只有建立了个性化的认知模式，构建自己的智慧网络，才能实质上把握复杂世界中已知事物之间的联系，形成解决复杂世界中未知事物的认知模式，并在所形成的能力范围内自主地解决实际问题，巧妙地应对多种复杂的局面和问题，从而达到对未知世界的理解。

三、关注生命的成长与体验

教学在本质上就是育人，就是要围绕人的成长、围绕人的幸福而展开，教学实质上就是使人幸福、使人快乐的活动。而幸福、快乐的生活，必然要具备相应的探知世界的能力、建立互联关系的能力等，从这个角度来讲，教学就是要促进个体生命中有意义的互联，要以学习者为中心，培养个性化认知模式和智慧网络，形成对世界的看法并构建自身的行为模式，树立正确的世界观、价值观和人生观。万物互联使我们越来越多地处在信息流普遍联系之中，我们对时间和空间感知的尺度发生了根本变化，信息流和意识流的交融为人们跨越时空的交往创造了无限可能。在教联网时代，新技术的重要意义在于延伸了人们感知世界的触角，增加了人们感知世界的广度和深度，弥补了之前每一种单一延伸的局限，交往时空的拓展，即时间的自由性和空间的无限性是传统认知无法比拟的，使人们能够多角度地感知事物的存在，回归了人的多种感官的统合，回归了人的自由，回归了自然的本真。不仅如此，新技术的发展也拓展了新的互联关系，使更多的资源和信息、价值和理念相互碰撞并对我们的生产和生活产生直接或间接的影响，或者说，我们的理念的形成、行为的作出有了更多的参照系和考虑的因素。

我国著名教育家陶行知提出“生活即教育，教育即生活”。他还认为，“生活与生活一摩擦便立刻起教育的作用。摩擦者与被摩擦者都起了变化，便都受了教育”[①]。在陶行知看来，与生活产生联系，以生活为中心，便产生了教育。也就是说，与生活能够产生密切联系，生活所必需的教育就是有价值有意义的教育。2015 年，俞敏洪在接受网易教育频道专题采访时认为，教育的本质应该是培养一个人格健全、知识结构完整的人，同时还要加上旺盛的求知欲、创新能力和探索未知世界的能力。2016 年，笔者归纳出“2016 年中国教育改革的 10 大新走向，以把握时代脉搏，助力教育改革发展”，并提出教育要回归教育的本质，关注生命，为学生的终身发展奠基，尽快完成从知识本位的传统教育向能力本位的现代教育转型，从同质化教育向个性化教育转型，从手工教育向现代智能教育转型。

人本身即是万物互联的一个重要节点，在传统的教育中，学习者被限定在特定的时间、地点、内容进行教育，并与社会发生部分连接。但是在教联网时代，大数据、物联网、虚拟现实等信息技术的发展，突破了时空的限制，拓展了教育的疆域，从狭小的空间里走向广袤的社会、自然之间，实现了在广阔的空间里的个体认知的自由、连接的自由。从这个意义上讲，物联网将人置身于万物互联之中，在万物互联中根据特定的场景寻求自身的定位、知识的获取、资源的对接、互联的建立等。作为万物互联的重要组成部分，教联网必定受到物联网技术的影响，并在广泛应用中呈现出特定的规律和特点，其中，最明显的特征就是在教学中更加关注成长与体验，教学是贴近学习者生命的解释与叙事。

万物互联对自然世界的感知和辨识，以及信息流与意识流的随时联接和流通，预示着一种精微感受力的无限开放，这是一种人类从未意识也鲜有体验的感受力，即时的细微感知和遥控更是可以将不同时空领域里的场景和发生的事件组合或叠加到一起，从而表现不同时空中人类意识活动自由跳跃，人类对生命的感知更加多维，体验更加丰富。信息流和意识流的不断融合，导致事情发展更加复杂无序，

① 朱丽. 生活与教育——杜威“教育即生活”与陶行知“生活即教育”之比较. 北京教育学院学报，2002（4）：35-36.

未来的世界面临更多的不确定性，人类可以根据即时反馈的信息及时智能决策，改变事件的发展方向，这将会推进我们对这个世界更精细的体察和更贴近生命的叙事的生成。

因此，教联网时代的教育既是对传统教学方式在时空约束方面的超越，也是对师生传统交往方式形成知识垄断的打破，与此同时，也在激励着新的解释和叙事。虚拟感知所产生的效能大大超乎以往，受众认知能力的深度和广度得到跨越式提升。一个人掌握了知识实质上是把握了“已知的事物之间的联系”；形成了能力实质上是“形成了有限的自动联系”，在所形成的能力范围内可以自主地解决实际问题；获得了智慧实质上是“能自由的生成所需要的联系”，巧妙地应对多种复杂的局面和问题。在不断的互联与解决问题的过程中，更加凸显了以学习者为中心的成长与体验。

教联网时代的教学关注学习者的成长与体验（图 5-2）主要体现在以下几个方面：

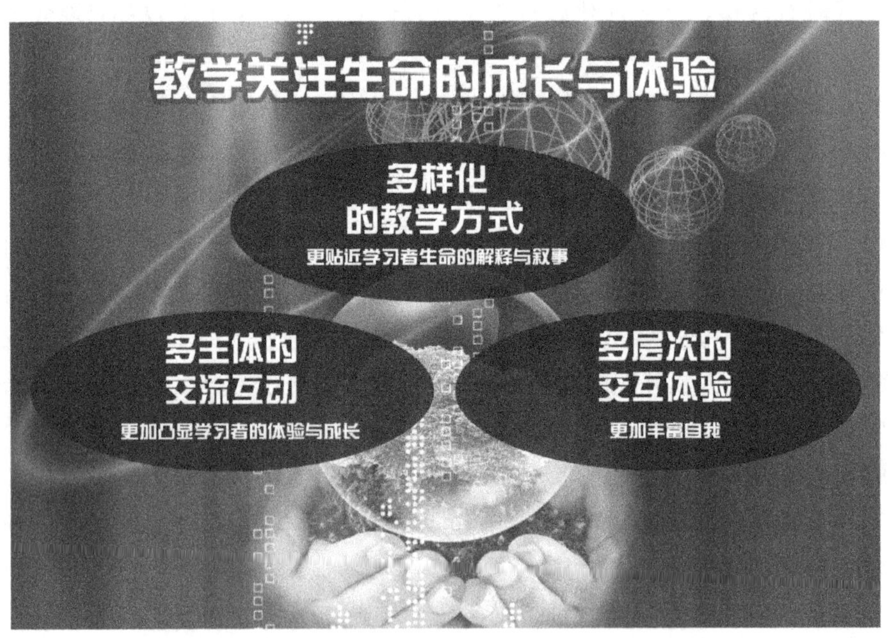

图 5-2 教联网时代教学更加关注生命的成长与体验

1）多样化的教学方式更贴近学习者生命的解释与叙事。教联网时代的学习是在虚拟与现实中通过大量的交互促成有意义的互联。在“互联范式”看来，人的学习需要掌握一定的知识，形成一定的能力，但对于个体来说，追求知识、能力的绝对数量，成为“百科全书式的人物”并不是明智之举，更重要的是生成跻身互联世界的智慧。即使掌握知识、形成能力，也不是“实有”的某个固定的东西，而是把握各种各样有意义的联系。教学者将有关联的学习内容按照一定领域知识的内在结构联合生成一个知识网络，学习者在使用过程中，将教学者提供的知识网络联结成自己的个性化知识网络。在教联网时代，学校教育只是每个人一辈子学习中的一个阶段。人的许多教育是在社会和生活实践中获得，如社会教育、工作培训、家庭教育、生活中的教育、周围环境、旅游经历、职场历练、人生阅历等。这样的教育贯穿于人们的工作和日常生活中，有利于培养解决实际问题，获取知识、方法的能力，使学习者更能贴近生命的解释与叙事。

2）多主体的交流互动更加凸显学习者的体验与成长。在教联网的环境中，学生、教师和管理人员无论在何时何地，都可以实现一对多、多对多的互动。只要学习者有需要，未来的教师随时随地和学生在一起互动，教联网通过对教师和教学环境、教学设备、学习者之间的互联，为加强教师在“育”层面的探索创造了较好的条件。教育者通过教联网可以更方便地掌握学习者的思想品德、精神和性格的发展状态。基于教联网平台打造的全新智能化学习方式，使学习场景的交流交互性越来越强，体验感越来越好，师生协同、生生协同的机会越来越多。借助物联网等新技术不断超越自身所处的现实环境的限制，学习者相对自由地扮演各种各样的新角色，并与其他角色交互，实现自我的增值化、虚拟化、流动化，使真实固定的现实传统身份向多重连接的虚拟数码身份转变，从而可以在虚拟现实和生活现实中多维度、多空间体验生命，促进生命成长。

3）多层次的交互体验构建更加丰富的自我。随着学习者自我建构的日益多样化，学习者本身不再是体验与反思的单一个体，而更像是联结在一起的一个互联与交互体验的网络，自我也不仅仅是大量现实系统的交集，而是有一系列可能的意义丰富的自我。物联网时代赋予了狄尔泰著作中反复提及的“人类生命的深不可测”一种新的激进的意义，无限多的情节和阐释将“在建构中”同时开放着，我们的生命体验也将因为这样的开放而持续丰富、永无停止。一边是原始既定的陌生世界，另一边是深度感知的交往世界，沉浸的魅力位于这两个领域的交叠之处。在这里，生命的本质得以赋形，生命的张力也得以彰显。这种传递意象中的生命体验，在跨越时间和空间限制的同时，并不仅仅通过联想和想象得来，而是将人类各种感觉系统如视觉、听觉、触觉上的感知信息加以整合、重组而来，意象藉由网络超链接的信息传递而具象化，将表意过程演变为一种直接的生命体验。这将是一个全新的认知领域，生命的体验呈现出丰富性、多样性和成长性。

第二节　教学过程信息化：教学智能管理与智慧决策

以物联网、人工智能、云计算、大数据等为代表的信息技术的飞速发展，为智能教学提供了技术支持，智能教学应运而生。智能教学是以物联网、云计算、大数据和泛在网络等四大技术为支撑，通过智能技术或设备高效整合分布于全球的学习资源和学习群体，构建智慧学习环境、研发智能化系统及产品，提供全面的学习支持服务，培养学习者的创新能力、批判思维能力、问题解决能力等高阶思维能力，培养智慧人才。在智能教学过程中，通过大数据采集设备，可以实现教学过程的信息化；通过大数据分析，可以对教学过程进行即时反馈、智能决策和智慧控制。智能教学中，学习者是自我导向的，是有自我的内在动机的，学习过程中是有趣的，学习过程是可定制的，学习过程是有丰富资源支撑的。

一、大数据采集：教学过程的信息化

教联网能够解决互联网不能解决的问题，主要得益于其教学过程的所有行为和举措都可以信息化。教联网通过身份识别系统让每个学习者通过自己固定的 IP 和教学资源、教学设备相联接，教联网每个节点上的知识的 IP 显示着知识与现实世界的所有联系。通过学习者访问知识的 IP 可以方便快捷地采集到学习过程的信息。物联网能够全面感知各种对象资源，并对所采集到的信息进行可靠传输，同时能够对应用对象进行智能处理和自动控制，物联网这些技术特点和优势确保其未来能够在教育领域中广泛应用。随着科学技术的不断发展，人们越来越重视其在教育领域的应用前景，物联网技术在其应用领域随之成熟起来。教联网就可以利用人工智能、大数据、云计算、射频识别技术、传感器技术、无线数据通信、计算机技术等，对教学进行自动、实时地识别、定位、追踪、监控，并能触发相

应处理行为。

物联网在互联网虚拟化感知的基础上，实现了虚拟世界和现实世界的无缝对接，互联网时代的教育主要是局限于网上的交流与互动，传递的主要是虚拟化的信息，是经过处理的信息。而教联网主要是通过物联网技术，将现实世界的教学活动连接起来，并通过互联网将人与现实世界对接起来，实现了物理世界与信息世界的整合，从虚拟化走向真实化，建立和完善与现实生活类似的学习生活情境，实现了场景化的学习教育。教联网不仅仅是简单地对现实教育场景的再现，而是基于教联网平台的教育资源的共享、开放、交互、个性化，可跟踪分析、实时管理教育过程并调整教学策略，通过物联网技术重构现实教育活动。教联网时代的教学，可以利用多种途径，实现教学信息的实时反馈。

教联网时代，智能录播系统将会在教学中广泛应用，通过先进的流媒体及智能化全自动控制技术，可以自动实时采集课堂教学数据，并同步实现在校园网或因特网上的视频直播，以及远程互动教学功能，成为网上可实时直播、点播的学习资源，全真再现课堂教学的全过程。① 智能录播系统主要通过教室内可跟踪定位的摄像机实时采集教学过程中的视频与音频信息，并将电子白板的录屏、教学课件与课堂实录视频合成视频。智能录播系统可以实时采集课堂中教师的提问、引导、评价等教学行为，完整采录教师在教学中使用课件的内容、使用的时间及使用的方法，还可以采集到学生课堂上的回答内容、记录、倾听等行为。

通过可穿戴技术不仅可以采集学习者的学习数据，还可以采集学习者的学习行为数据。可穿戴技术主要指用来探索和创造能直接穿在身上或是整合在用户的衣服或配件中的科学技术。近年来，智能眼镜、智能手表、智能手环等新产品不断出现，各种形态各种功能的可穿戴设备正在逐步融入人们的日常生活与工作中。在教联网时代，可穿戴技术成为教学过程信息化、采集学习者信息的关键技术之一，为自然采集学习者的学习、生活和身体数据提供了可能。通过佩戴相关设备可以实时记录学习者的运动状态、呼吸量、血压、运动量、睡眠质量等生理状态数据，还可以记录学习者学习的时间、地点、内容和使用的设备等信息。除此之外，可穿戴技术还可以与虚拟仿真、增强现实技术相结合，优化内容呈现方式、丰富学习环境，对学习者的所见、所闻、所感进行全息记录。如图 5-3 所示。

---

① 杨现民，唐斯斯，李冀红. 发展教育大数据：内涵，价值和挑战. 现代远程教育研究，2016（1）：50-61.

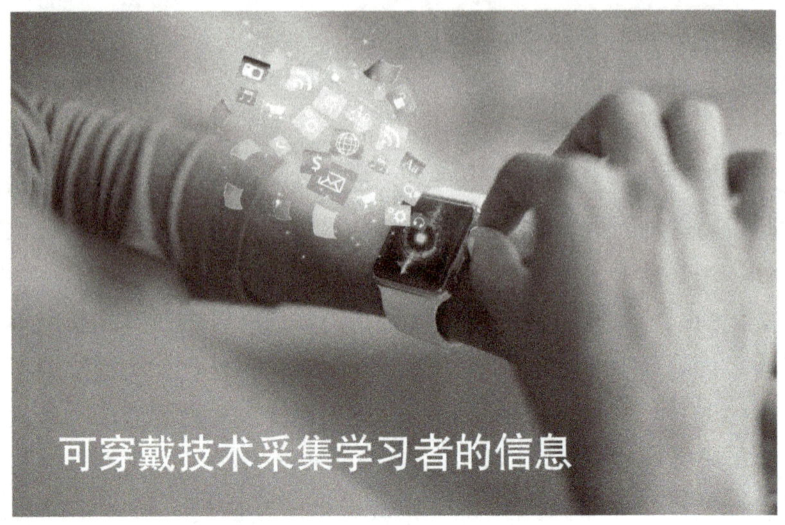

图 5-3　可穿戴技术采集学习者的信息

通过各种学习平台，如课程 APP 可以采集学习者的学习过程数据。移动 APP 技术与在线学习管理平台采集技术类似，只是采集渠道来自于移动终端，采集方式更加灵活、多样。学生可以通过无线网络，使用移动终端（智能手机、平板电脑等）与云端学习平台进行互动。通过结合移动终端的定位技术，系统将实时采集学习者的学习地点、学习时间、学习内容及学习状态等信息，以服务于教师对学生学习情况的实时监测，进而实现个性化智能辅导。学生可以不受时间、地点限制，在真实的情境中通过移动终端学习知识，并与同伴开始互动交流，期间所有的学习过程数据将通过移动课程 APP 自动存储到云端学习平台。随着数据采集技术的不断成熟，未来的学习平台与学习工具将实现移动学习数据的一体化采集与整合共享。在线学习类平台还可以实现课程学习数据的采集，如课程基本信息、课程资源、课程作业、师生交互信息、课程考核结果等。

利用物联网，可对课堂教学设备实现智能控制。例如，可根据教室光线强弱自动调节教室光源和投影机的流明度，也可根据教室温湿度，通过红外感应设备自动控制教室空气的更换率，更可利用物联网识别技术建立教师和对应授课教室的关联授权，智能控制教学仪器的使用等。这种方式的应用，已在部分研究机构中得以实现。例如，西门子总部里面所有的灯光都是通过物联网智能控制的，员工在进入办公室后头顶上的灯自动打开，离开位置后头顶上的光源则自动关闭；如果外面的阳光太过强烈，窗帘则自动拉下，各个光源都是通过传感设备连接到电脑上，由计算机进行操控。教联网智能教学环境的应用应远不止于此。利用物联网信息完整与可靠传输特性，可实现教学环境的真正交互。教联网可以为实验教学提供一个安全的、共享的、智能化的实验教学环境。在教师的授课过程中，随时可以控制远在实验室中的教学仪器，通过物联网平台的视频系统，将实验过程与结果实时显示在课堂教学中，学生也可实时控制远程设备，自行得到正确的实验结果。

总之，在智慧管理过程中，可以利用各种监控设备和传感设备对教学过程、学习过程、科研动态、资源设备、校园安全等方面进行智能监控，全面记录、采集教育管理过程中产生的各种数据。教师通过传感网络能感知学习情境，识别学习者特征，跟踪并记录教学过程。除此之外，教育信息管理系统还可收集数据并将其扩展，如利用嵌入了传感芯片的教学设施，不但能够像多媒体设施一样，对教学中的结构化信息进行处理，还可对常规的非结构化信息，诸如学生的思维、体会、情感、意志等进行整合，从而真正实现教学过程的信息化管理。

二、大数据分析：教学的智能跟踪管理

教联网是以实现智能化的教育或教学决策和控制为目的，从跟踪和感知学习者的学习轨迹和学习状态出发，获取教学或者学习过程中的各种信息，采用大数据和智能分析系统进行分析处理，从而提升对教学过程或者学习过程的感知能力，实现学习者与教学环境、教学设备、学习者与教师、教师与教师、教师与学生，教师与教学环境、教学设备全面互联，使原来相对孤立的教学信息或者学习信息得以联结并即时共享，从而实现教育决策或者教学过程的智能化决策和控制。

在教联网时代，通过大数据分析可以实现教育的智能决策和管理。通过运用数据挖掘技术中的分类、聚类、回归、关联、预测、序列等方法，发现、提取有价值的信息，以增加管理工作的针对性，帮助教育管理者及时发现教育管理过程中存在的问题，预测教育领域的变化和发展趋势，为教育者进行科学决策提供支持。通过数据挖掘，进行智能分析与预测，根据数据管理中采集到的信息，选择合适的分析工具，应用事例推理、决策树、规则推理、模糊集、甚至神经网络、遗传算法等方法处理数据，分析各种数据之间的相互关系，发现大量数据背后的潜藏信息。例如，利用大数据挖掘和分析技术对学生培养过程中的课程设置、培

养方案、学生成绩等数据之间的相关性和相互依存性进行分析，为培养方案改革、课程设置优化、教学质量评估等提供重要依据。

教联网环境下，通过大数据分析实现个性化的学习，其中包括数据的采集、数据的生成、数据的挖掘、数据的分析，数据的聚合等数据的循环利用。比如，通过学习者动态学习电子档案中的学习轨迹、学习难点、学习习惯等可以采集到一批数据；通过性格测试、心理测试、能力测试积累可以生成一批数据；通过学习对象对学习资源的访问、学习任务的完成情况、学习路径的选择等一系列的踪迹可以挖掘一批数据；在数据采集、生成、挖掘的基础上生成一个基于学习对象的数据库，其中包括了学习对象的所有重要信息。教师根据学习对象的数据库可以任意维度提取和分析信息，然后运用统计分析软件进行汇总分析，还可以构建学习对象的模型，根据学习任务和学习对象的基本信息，实现个性化的内容推荐，系统自动生成基于学习者的动态学习路径导图。在这个过程中，数据的采集、数据的生成、数据的挖掘、数据的分析、数据的聚合形成一个数据的“闭合环”，如图 5-4 所示。

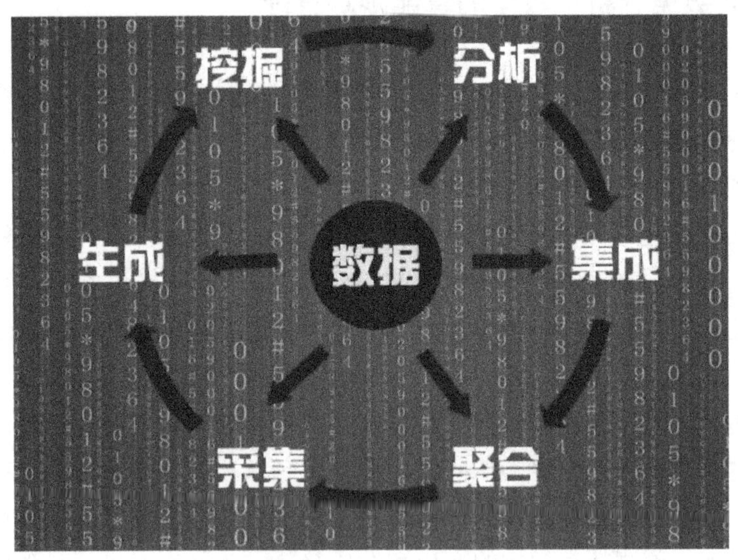

图 5-4　个性化学习支持服务的大数据闭合环

数据挖掘是实现分析和个性化推荐的关键技术。随着这个系统的不断完善和更新，数据挖掘和数据聚合的功能会随着数据闭合环的不断更新而不断强大，成为一个可再生的数据循环系统，这个系统生产的各种数据既可以实现学习过程中的个性化内容推送，也可以实现个性化的学习路径引导。在具体的学习过程中基于大数据的智能教学对每个学习者量身打造和整合内容，让学习者能在自己喜欢的地方，以自己喜欢的步调，符合自己智能类型的方法学习，还可以帮助学习者依据知识点之间的知识网络，主动选择意义建构的资源学习。学习者可以按照自己的基础和喜好随时切入和跳出，按需学习。在个性化的路径引导模块，根据学习者和学习同伴在学习任务中的进展情况，系统自动生成个人动态课程知识地图，进行学习路径的引导。

大数据分析有助于实现教学过程的可视化管理。教学过程的可视化管理是通过设置全方位的传感器，对教育过程中的教学活动、人员信息等数据进行采集、汇总、挖掘与分析，对采集或分析的数据进行可视化处理并呈现，实现教育资源、资产设备、教学活动、教学服务等的远程可视化监控与管理。教育可视化管理系统的主要功能包括：建立自下而上的数据与信息采集、汇总、分析和可视化呈现；教育管理者可以更加直观地查看所辖范围内的教育资源配置状况、教育设备及资产的运行状况；查看任意时间段各个学校的运行状况，包括教学、管理、安全等；更加直观地查看各个地区、学校的教学资源建设、应用与共享状况；可以对各级各类教育管理机构所需的各方面信息与数据、资产设备、教学活动、企业运维服务管理数据等进行远程质量监控与管理；可以对各级各类教育单位的人员信息、教育经费、学校办学条件、运维服务管理等数据进行图表式的统计与分析。教学过程的可视化管理全面推进教学过程的信息化、可视化与自动化，而且可以随业务流程无缝流转，通过可视化界面进行智能化交互，通过智能系统自动响应，使教学工作更加轻松、高效。

三、大数据决策与控制：实时调整教学策略

传统教学中的决策与控制往往体现在教学前的教学设计中，在面对面的课堂上，教师也会根据学习者的实际学习情况来调整，但是，调整的力度有限，效果不明显。而网络在线课程，要实时调整教学策略一般也比较困难，每个学习者的状态和学习进度不一样，学习策略也很难实现个性化的调整。在教联网时代，通过大数据采集和分析，可以实时调整教学策略。即便是在线学习，也可以通过可视化的教学设备呈现分析预测结果，形成智能决策教育管理过程中

的数据。[①]大数据决策与控制通常包括教学分析、教学问题预警和实时调整教学策略等内容。

1）教学分析，通过对教学过程中的数据分析来改善教学和教学环境。教学分析涉及多源数据整合及分析，不仅包括数据科学，还包括心理学、管理学、教育学等。教学分析的研究在许多领域进行，例如，给予自动化的反馈及课程设计来支持学生的学习。基于大数据的教学分析的作用在于提前或实时干预，随着更多技术在教学和学习中的应用，有关学生行为和参与度的数据量增多，提升了数据的价值。数据分析可以更好地监督学生的学习进度，及时发现有学习困难的学生，对学生行为模式做出实时干预。如通过大数据可以搜集评价学生的情绪数据，有关的教育公司针对教育场景下学习者的表情抓取高兴、生气、惊讶、害怕、厌恶等常见的表情，如果识别了学生的潜在困惑，教师就能实施适当的教学干预。并对学生的“专注度”进行了建模，力图让机器识别的结果逼近有丰富经验的教师。除了表情抓取和情绪识别，“视线识别”也是教学分析的重要依据，机器能够根据摄像头给出的录屏，识别学生将目光投向何处。对于学校、教育机构和老师来说，情绪识别是提升教学质量的有效工具，学生的情绪数据对教研也有着指导意义。大面积的负面情绪反馈，可能意味着教学安排的不合理。依照情绪数据进行改进，将为学生带来更好的课堂体验。基于教联网时代的教学分析既可以是线上学习系统中的自动反馈信息，也可以是某种形式的师生沟通。行为数据还能记录学生的学习方法，比如学习频率和顺序，通过判定能够提高学生学习计划和学习管理水平，对学生学习环境产生积极影响。

2）教学问题预警。问题预警是在大数据采集与分析的基础上进行的，它包括系统安全、安全策略、信息安全、安全组织、安全评估、安全技术等。教学问题预警系统通过对传感设备采集的数据及信息系统汇聚的数据进行实时监控与对比分析，对教学基础设施、教学信息系统、教学活动管理等各方面的安全运行状况进行实时监控与预警，及时解决教学过程中可能出现的问题。教学问题预警系统主要包括预警分析和预警控制两部分，预警分析包括明确警意、发现警情、寻找警源、分析警兆和预报警度，预警控制包括排除警患、警后控制和信息反馈。提供的服务主要包括：建立教学过程中的预警机制；整合各级各类教学管理信息系

① 姜强，赵蔚，王朋娇，等. 基于大数据的个性化自适应在线学习分析模型及实现. 中国电化教育，2015（1）：85-92.

统和教学管控传感设备所采集汇总的数据；分析教学过程中的大数据，提供教学安全预警建议。

3）实时调整教学策略。教学决策是教学的核心，在问题预警的基础上进行教学决策，所有的教学管理活动都围绕着教学决策的形成和实施来展开，决策质量的高低关系到教学的成败。教学决策必须建立在科学的基础上，依据大量、可靠、及时的信息，才能制定出正确的教学策略和管理举措。教联网时代可以针对教学中普遍存在的问题，或者学习者个别的学习困难，利用大数据来进行教学决策。例如，传统的教学中，教师根据自己的经验来判断学习的重点和难点，但是在教联网时代的教学过程中，大数据可以分析和显示哪些是学习者最容易犯错的地方，在学习者遇到困难的时候及时发出问题预警，教师可以及时调整教学策略，对没有掌握的、有困难的学习点重点强化。有了大数据分析和问题预警之后，老师就知道在哪些方面根本不用讲，哪些方面要重点注意。教联网教育背景下，教学决策系统除了可对各级各类教学单位的人员信息、教学经费、学校办学条件、运维服务管理等数据进行图表式的统计与分析外，还可基于各级各类教学机构长期的数据积累，结合学习者的现实情况，通过数据统计、指标展现、横向对比、趋势分析等技术方法将数据转化为知识，并在智慧管理平台中进行可视化呈现，为各级管理人员的科学决策提供数据支持。

在教联网时代，可以充分利用其互联互通的优势，使教学中的每个物体都具有数字化、网络化、智能化的特征，为师生提供智能化的教学环境和丰富的教学资源；能够及时给出学生的反馈信息，使教师及时与学生沟通，并且适时调整教学进度和思路。

第三节　互联为核心的教学设计：突出场景化教学

在万物互联的背景下，教联网时代的教学都处在特定的场景之中，这既是教学必需的场景设置，也是促进生成有意义的互联的必要教学环境，它能够更好地提升学习者认知世界范式的能力、适应和构建未来世界的能力。在教联网时代，教学最终是以学习者为中心，促进学习者更好地实现生命的成长，而学习者个体总是处在不断变化的碎片化的时空场景之中，不同的场景有不同的个体需求、不同的个性化学习解决方案，教学设计只有充分利用物联网技术，将现实世界中的万物及其特征、规律、联系都直观地展现在学习者面前，并据此做出理解和判断，形成互联的观点。场景化教学就是要根据学习者的个体特质，基于不同的碎片化场景提供学习者所需的教学产品，是实现教学新内涵的有效方式，场景化教学因地制宜、因人而异、因材施教，真正实现教联网时代的教育价值和目标。

一、场景成为教联网时代教学的新入口

“场景”的本义是电影和戏剧中的场面、情景，是指在特定时间、空间内发生的行动过程，或者因人物关系构成的具体画面。在电影和戏剧中，不同的场景表达着不同的意义，通过不同场景的衔接完整的故事情节才得以呈现。其实，我们每个人都无时无刻不处在具体的场景中。正如有些哲人所感慨的：社会就是一个大舞台，每个人都是其中的演员。万物互联突破了原始地域的限制，导致不同场景的合并，从而产生了诸多新的社会场景：私人场景的信息融入公共场景之中，进而重组社会信息的流动向度，私人行为与公共行为的边界也将模糊；遥远地方发生的事情与自己的生活建立某种联系，从而改变人们的经验模式和自身生存的时空感；脱离了有形的物理场所的束缚，人们的感知从地球延伸至浩瀚宇宙，交往的空间、时间、速度、规模和形态都将发生巨大的变化，交往的场景不再局限于有形的物质地点，交往场景的变化导致角色行为和信息流动模式的变化。物联网媒介消解了有形的物质场景的边界，摆脱了地点设定的束缚，使跨越时空的交流互动成为现实。

万物互联所具有的技术特质和特性改变了传统社会和生活的场景，并形成了突破时空限制的新的更加开放、共享的生活场景。在教育领域，场景这一古老的概念也被重新定义，情境学习和情境教学也早被教学工作者广为关注和应用。但在教联网时代，场景教学具有更加广阔的应用空间和实现方式，更加凸显了其价值，特别是在促进学习者个性化学习、实现有意义的互联、构建认知范式、促进个性化解决方案等方面发挥着重要的功能和作用。教学场景从传统的学校、教室、课堂向自然和社会延伸，并产生了新的如虚拟知识社区、虚拟学校、虚拟课堂等新的教学场景，并在更大程度上是虚拟与现实、线上与线下混合的教学场景。应该说，生活无处不场景，场景无处不学习。具体而言，有基于学校、班级课堂、

图书馆的校内学习场景；有社区、公园、科技馆、植物园等生活学习场景，也有基于地铁、公交等候时间的移动学习场景；还有基于游戏、社交、网购等互联网行为的应用场景，都成为教联网时代的学习常态。其中，那些能够触发用户沉浸式体验或者长时间停留的应用形态，如视频、游戏、微信社交等，可以被理解为入口场景。教联网通过各种各样的联结建构了基于人们碎片化场景的生活新形态，也建构了学习者的学习场景并建构以学习者为中心的教学场景，满足了个人和社群的个性化和多元化的学习体验，并以此展现了教联网的联结价值，强化了个体的情感认同和归属。

万物互联所具有的联接一切的特质又使教学资源得到了极大的拓展和丰富。传统课堂教学的物理环境所包含的教学资源比较有限、空间和时间有限，虚拟学习环境又缺乏与现实世界的交互。利用物联网，不但能与现实世界的互联，而且实现了现实世界与虚拟世界的互联，能够有效地支持人机交互、人与物之间的交互、人与人之间的社会性交互。学校不再是学生学习的唯一场所，正规教育与非正规教育的界限变得模糊，学校与社区将有更紧密的结合。这种结合体现在一方面学校的学生会利用社会资源进行学习；另一方面学校的一些资源会向社区开放，成为社区公共服务的一部分。在这样的背景下，突破了传统教学资源的局限性，能够最大限度地将自然资源、社会资源纳入到教学资源中来，只要有需求和必要，就随时联接所需的教学资源。不仅如此，大数据、传感器、射频识别等技术的发展，使得引入教学资源的每个物件都具有数字化、网络化、智能化特性，既可以与虚拟学习环境进行无缝整合，也可以即时地捕捉、分析师生的教与学的需求信息，并进行相应的调整，为师生提供智能化服务。

万物互联将实体空间和虚拟空间联结起来，不仅仅是拓展了教育疆土、教育资源，也不仅仅是构建了虚拟教学空间，更重要的是教联网能够将虚拟的线上学习与现实的线下学习重新对接整合起来，将正式学习与非正式学习联结起来，重组了现实生活、学习世界的所有元素，最终实现了教学、学习的认知互联，形成虚拟与现实、线上与线下、学校与社会有机结合的教联网生态社区。在这个教联网生态社区里，物和物、人和人、人和物都可以联接起来，并在此基础上，通过交互、识别、控制和管理等，形成智慧化的网络生态系统。在教联网的智慧生态系统中，原有的教育环境发生了根本性的变化，基于教联网形成的新的生态环境使教学过程、教学目的、课程（内容）、教学方法、教学环境、教师、学生和教学反馈（评价）都发生了变革，对教育提出了新的要求。不仅如此，教联网的智慧生态系统是开放、共享、互联的生态系统，既在教育内部包括教育过程、教学环境、教师与学生之间等小系统生态环境，也包括教联网与外在世界这个大系统生态环境的对接和互联，特别是外在世界纳入教联网的系统中，成为教育的重要组成部分，包括教联网在内的所有的生态系统都将随着物联网技术的发展及应用而不断变化，适应未来物联网时代的社会需求和个体需求。因此，无论从教联网还是从物联网的角度而言，场景化教学有其必然的发展规律，场景化教学也成为教联网时代的一种常态。

二、场景化教学呈现个性化的生命体验

教育起源于人类社会发展的需要，是一个伴随人类生产劳动而产生的古老的社会现象，并随着社会的发展而出现不同的教育形态和学习体验。从原始社会到农耕社会、从工业时代到信息化时代，从信息化时代到万物互联的智能时代，科学技术的进步和生产力的发展推动社会进步并催生新的教育形态和学习体验，以适应人类社会发展的需要。人类教育变革史上，关于教育形态的变革有三个标志性事件：一是狩猎时代，教育形态以师徒制为主，师生之间以口口相传、以身示范的教育和学习体验为主，这个时代的教育形态虽然也体现了场景化和个性化的生命体验，但是具有不稳定性和随意性，教育的目标也不明显；二是农耕时代，人类定居下来后，有了固定的教学场所，出现了书塾制。书塾制的出现有了相对固定的教学场所，学习内容也相对固定，但再也没有生动的场景和个性化的生命体验；三是机器生产的大工业时代，以班级授课制为基本形式的现代学校的出现，使人人接受教育成为可能。工业时代教育的基本特征是整齐划一，培养流水线工作的工人，按照既定的程序进行生产、流通、销售等。标准化生产需要具备标准化的工人，班级授课制既是对工业时代社会需求的反映，也是适应工业时代标准化的需求，这个时代的教育显然也不能在丰富的场景下突出学习者的个性化体验。

教联网时代彰显人的个性，随着人工智能、物联网技术、大数据和虚拟现实技术的发展，人类正在走向万物互联的时代，时代的转换和特有特征正催生教育业态发生根本性的变化，以个性化菜单制为基本形式的社会化教育正呼之欲出。个性化菜单制的出现不是偶然的现象，而是人类社会发展、技术发展到一定阶段的必然产物。教育最终要培养适应万物互联时代的人。互联中体现的联接、自由

和个性的基本特征决定了教联网时代教育的目标价值和追求的调整，教育形态要从工业教育时代的标准化、规模化向教联网时代教育的定制化、个性化转变。要培养这样的人，就必须为每一个人提供适合他们自己的教育。个性化学习的实现离不开教联网学习环境的支撑，随时随地互联的技术为建构适合每个人的个性化菜单制教育提供了可能。每个学习者根据自身的个性特征、兴趣爱好来联结外部世界，生成有意义的互联，并选择自己的行为方式主动参与世界的创造，从而实现个体独特的生命体验和生命意义。

教学场景作为教联网的重要组成部分，其作用与功能发挥直接决定个体体验和个体价值的实现。场景化的教学提升学习者联结外部世界的能力，带来了新的价值创造和意义。不断变换的碎片化场景为学习者提供了不同的生命体验和学习意义，而学习者的体验又决定着场景的价值创造能力。学习者无时无刻不在特定的碎片化、移动化、具体化的场景之中，正是通过物联网技术把握学习者所处的具体场景，并根据不同的场景提供情境化、个性化的教育内容，真正实现以学习者为中心的价值目标。教联网时代的教学场景就是要以学习者为中心的，通过场景为学习者提供更加人性化、多元化、个性化的学习内容和细节体验。例如，美术馆里关于中国艺术史的学习、科技馆中关于宇宙知识的感知和体验、喜马拉雅电台收听中国历史 100 讲、当代 MOMA 库布里克的书和电影、北京花家地社科院单向空间的猫和牛肉面、京都哲学之道的雨后樱花飞舞等，都是基于用户不同的碎片化场景建构起来的新的生活体验。其实，从古至今，人们的任何行为都是在具体的场景中完成的，每个时代都会有不同的生活和行为场景。从这个意义而言，教联网对场景内涵的重构更多的是主张一种新的场景精神和场景化思维：利用教联网的连接本质，提供以学习者为中心的场景化、个性化教学内容，充分释放出场景中学习者的情感和价值诉求，进而激发学习者的场景参与和求知欲望，促进有意义的互联。

三、场景化教学是学科与技术的深度融合

在教联网时代，学习者和教育资源都有自己的身份 IP，学习者、教学内容和教学器材在教联网中有与其完全对等的数字化表达。教育活动的一举一动都与原本的现实世界高度一致。物联网的数字化空间只是改变了教育交往的时空条件，而不会改变现实世界教育的任何属性。如果说在互联网时代，个体可以

从网络上搜索到古今中外任何知识的话，那么在教联网时代，个体则可以和古今中外任何知识的提供者进行思想的沟通和碰撞，学习者完全可以穿梭于教育的时空隧道，进行“亲临现场”的学习。另外，在教联网空间自由流动的知识也不是孤立的，而是场景化的知识。教联网每个节点上的知识的 IP 显示着知识与现实世界的所有联系，直接知识和间接知识的界限不复存在，所有的背景性知识都被显性化，并以一种全息的复杂网络的方式呈现。学习者每时每刻都处于不同的生活场景中，随时随地都可以根据场景的环境和场景中现存的知识体系选择自己感兴趣的知识点，而且教联网可以将教学的系列场景应用关联起来，让学习者可以从一门学科知识体系的场景中跳转到其他学科的系列知识场景，在不同的学科场景体验中建立与自身知识体系和能力素质有意义的联结，如图 5-5 所示。

图 5-5　秦始皇兵马俑博物馆与“秦始皇帝陵博物院”数字场景之间的互联互通

学习者想要了解秦文化和秦始皇兵马俑，就可以在参观秦始皇兵马俑博物院的同时，扫描路边提供的二维码。扫描后进入“秦始皇帝陵博物院”微信公众号，通过语言画册、导游预约、秦文化游戏，可以了解秦文化传承与创意工程。公众号还会定期向学习者推送文章，如《大秦帝国的前世今生》等收到用户的好评。数字化的“秦始皇帝陵博物院”不仅可以让学习者在真实场景参观后增加关于兵马俑的知识，还可以让学习者足不出户就能了解秦文化，在参观和学习的基础上增加许多体验。点击进入互动体验专区，学习者还可以以兵马俑的身份进入，进行一场寻找前世之旅的互动体验，如图 5-6 所示。

图 5-6　“秦始皇帝陵博物院”是学科知识与技术的融合

与之类似的案例还有故宫博物院推出的数字故宫系列。数字故宫采取了有趣的交互式地图，学习者伴随着手绘的卡通，可以探寻皇帝在紫禁城一天的足迹，既参观了数字化的故宫，又形象地了解了故宫的文物及背后的历史故事，了解了清代宫廷及皇帝的衣食起居、生活学习及工作。另外，数字故宫还设置了很多的小游戏，学习者必须完成任务才能进入下一个场景游玩，这种将场景入口和游戏化教学结合在一起的数字教学 APP 特别受学习者的欢迎。

由此可以看到，教联网时代的学科内容和技术的深度融合使其区别于传统教育的教育范式、认知范式。在传统的教育中，主要是“教师讲授和学生听讲”为主的标准化教育模式，强调学校教育的系统性。在教联网时代，外部环境流变加快，不再拘泥于课堂教学，不再拘泥于校园学习，而是注重在虚拟世界和现实世界的互联中学习。从学习的角度而言，学习的空间拓展到校外、社会，具有场景性、区域性、国际性和全球性的特征；学习的时间从规定的时间到随时随地学习、泛在化学习、终身学习；学习的教材从统一规定的教材到对学习内容的充分选择等；从获取知识的角度而言，从注重资源设计，重视讲解转变成重视活动设计，重视引导学生进行自主、探究、合作学习；更重要的是获取认知世界的方式方法，构建对世界的认知范式，从知识传递到建立互联的智慧网络，通过场景化的教学，丰富个体的生活经验、生命体验，提升处理不同复杂局面的能力，构建学习者联结外部世界的认知模式。

基于教联网的知识情境化呈现为个性化教学提供了最佳契机。首先，教师在面对学生时，通过全息的物联网可以实时把握每个学生的具体情况。个性化教育的前提就是了解学生，物联网不仅能把教师从了解学生的复杂工作中解脱出来，而且能帮助教师为每位学生制订个性化的教育方案。其次，个性化的教学所需要的发展性评价也会在物联网的教育环境中轻而易举地实现。物联网的智慧系统会实时跟踪每一位学生的发展状况，做出评估，并呈现建议性的解决方案。通过方案，学校从课程选择指导、参与职业与生活场景体验、提升兴趣特长等方面为学生制订个性化的生活规划，扬长补短，进行教育。并探索线上与线下联动、课内与课外结合、传统与现代融合的多渠道、立体式“教”与“学”的模式，多方位、多角度呈现学习生活中生动、形象、即时、真实的场景，帮助学习者进行“移动式学习”“混和式学习”“探究式学习”，加强量身定制服务，促进学生的深度学习和个性化学习。

第四节　关注生命体验的教学方式：游戏化教学与研学旅行

一、寓教于乐：关注生命体验的教学方式

教育回归到人的本质、关注人的生命体验一直是教育不懈的目标和追求。2017年5月，朱永新在“人工智能与未来教育高峰论坛”主题发言中认为，“不管教育如何变，不变的是过一种幸福、完整的教育生活。让每个学习者能够快乐地、自主地学习，让每一个学习者能够真正地享受学习生活、享受教育生活。好的教育是接受一种幸福、完整的教育。教育要回归原点，回到教育的本质，实质上与人的本质、人的生命成长密不可分”。《新媒体联盟地平线报告：2017高等教育版》中提出“促进真实的学习”“更接近真实世界的体验”等关键词句。在教联网时代，知识的获取已经不是学习所追求的主要目的，更重要的是如何形成教联网时代的实现个体生命成长、个体幸福、个体体验的各种能力。教育注重贴近生命的解释和叙事，推动学习者的全面自由发展，推动每个个体生命价值的具体实现，让每个学习者能够发现自己的潜能与天赋，在与世界互联的过程中发现自我，成就自我。

时代的转换和特有的特征正催生教育方式发生根本性的变化，即以个性化体

验为基础，贴近学习者生命的叙事，注重寓教于乐的教学方式正呼之欲出。教育和娱乐之间的界限也变得越来越模糊，很多情况下已经分不清哪些属于教育，哪些属于娱乐。例如，最近流行的一些娱乐节目如《诗词大会》《成语大赛》等，既有娱乐的目的，又有传递知识的功能。又如，关于游戏化体验式学习，有一款关于数学的 APP 小游戏——“饥饿的鱼”，小朋友通过将不同的数字自由相加，相加后如果等于小鱼身上的数字标记，小鱼就会吃进去，成功吃进去之后就可以升级。小朋友很乐意通过这款游戏练习 20 以内、100 以内的加减乘除。

游戏对人们的生产和生活产生越来越重要的影响。游戏产业发展迅猛，2017 年 7 月，中国音像与数字出版协会游戏工委联合专业机构发布《2017 年 1—6 月中国游戏产业报告》：2017 年上半年，中国游戏市场实际销售收入达到 997.8 亿元，同比增长 26.7%，产业依然保持高增长。游戏化的企业管理或培训成为常态，游戏化为建立和维系人与人之间的互动提供了最人性化的工具，如思科、微软、联合航空、西门子、通用等数百家企业，在商业竞争、战略构想、构建忠诚度、招募人才等方面都越来越多地运用了游戏化手段。越来越多的人也将时间花在游戏上，据《2017 年 1—6 月中国游戏产业报告》显示，中国游戏用户数达到 5.34 亿人，同比增长 3.3%。游戏如此“飞入寻常百姓家”，对教育领域的影响越来越大，如笔记本、手机、平板电脑等移动技术早已进入课堂。① 美国新媒体联盟发布的《地平线报告》显示，基于游戏的学习和移动学习技术得到了广泛的应用。游戏与脑科学也在产生“化学反应”，越来越多的游戏用来开发人的大脑，提高大脑的注意力、判断力、记忆力等，如斯坦福大学的 Kesler 教授评估了游戏化学习对提升特纳综合征患者的数学能力的作用，研究表明，患者的计算能力、数字常识、计算速度、认知灵活性、视觉空间处理能力得到了显著提升，而且患者的脑活动模式发生了改变。

游戏化教学的发展也正在改变传统的教育方式，如传统的游戏化教学活动正在如火如荼地开展，学前教育学家普遍认为游戏是幼儿在成长过程中较好的教学手段，可以促进幼儿的身体发育、多元智能的发展、性格的培养、想象力、创造力的发展等。因此在幼儿教育中，游戏化教学方式占了很大的比例。当学习者的年龄增大，进入知识学习阶段以后，在课堂中游戏化教学的比例就大大缩小，很多一线的教师将游戏化教学作为一种教学策略应用到课堂教学当中，在教学的各

① 张格格. 中国手机游戏的发展与建议. 市场周刊（理论研究），2017（10）：13-14.

阶段采用不同的游戏策略，目的是激发学生的学习兴趣，提高学生的学习积极性。在成人学习及管理培训中，游戏化教学也非常广泛地运用在体验式活动当中，运用游戏的方式来训练技能及培养合作意识。同时，结合当前青少年对网络游戏的痴迷的现状，教育工作者们纷纷提出要将游戏和教育相结合，希望能让学生把对游戏的痴迷转化为学习的动力。在教育领域，关于游戏化学习与教育也成为热点话题，2017 年 7 月在北京召开了游戏化学习与教育改革发展研讨会。与会专家学者认为，随着时代发展和娱乐媒介的普及，游戏已经成为人们日常生活的重要组成部分，游戏对社会发展的重要价值、游戏化学习在未来教育中的巨大价值。随着万物互联时代的到来，游戏化学习教育将会引起更大的关注，教育与游戏的深度融合成为趋势，教育游戏化和游戏化教育成为教育的新形式、新途径。

教育的目的本身就是为了促进人更好的生活，实现个体的全面自由发展，贴近个体生命的成长。而游戏化教育契合了教育的本质和目的，并且在很大程度上促进教育价值的实现，实现更好的教育。教育游戏化娱乐化的观点来源于体验式、探索式学习方式的加入，游戏闯关元素的添加，让教育娱乐化成为学生喜欢接受的学习方式。近似真实的情境、真实的任务和游戏的趣味性有助于激发学生的学习动机。游戏为学生提供了一个近似真实体验式的学习环境，让学生体验到的不仅是获取知识，更重要的是实践和体验，通过真实的体验去发现问题、分析问题和解决问题。尽管是虚拟化的游戏场景，但是游戏化场景的设计在更大程度上与现实生活紧密对接，使现实生活在游戏化场景中得到完整的反映，通过游戏可以真切感受和获得现实生活中的体验和感受，并最终获得在现实生活中的各种实践能力。北京大学尚俊杰教授在利用教育游戏培育学生创造力的理论与实践研究的项目中提出，游戏的趣味性可以激发学习者的学习动机，通过游戏可以学习到各种知识，可以培养手眼动等基本能力，可以培养解决问题、协作能力、创造力等能力，可以促进情感态度价值观的培养，可以促进体验式学习、探究学习、协作学习、研究性学习等学习方式等，并总结了游戏三层核心教育价值，即游戏动机、游戏思维和游戏精神。

教育学家曾经对游戏和学习者创造力之间的关系做了大量的研究，发现游戏得分较高的学习者在发散思维测试中的评分也比其他学习者高。其原因是学习者在游戏的过程中，因为遵循一定的游戏规则需要运用各种方法。在获取方法的过程中除了通过既往的经验还需要基于经验的个人创造。学习者在游戏中通过积极主动地运用个人智慧及经验，进行创造性的活动来不断激发自我的创造力。教联网时代的游戏化教学、玩游戏成为学习的理念必将随着时代的发展而深入人心，在游戏化教学和游戏化学习中，增强学习者学习的趣味性和主动性，提高学习者的学习兴趣，从“要我学”转变成“我要学”，并将“学中玩”和“玩中学”有机结合起来，此外，学习者通过在游戏中制订规则来学习遵守社会规则，建立适应未来法治社会的游戏精神，在法律法规允许的前提下，最大限度地体验游戏中的乐趣。可以预见的是，随着教联网发展，游戏化的教学方式会被越来越多的学习者所接受，人们通过游戏化的教育和学习，去体验生命的成长和贴近生命的叙事。

二、游戏化教学：表达和实现自我的教学

游戏并不是网络信息时代的产物，而是伴随着人类的发展而不断发展进化的，只是不同的历史阶段和不同的时代，游戏的内容、表现形式、载体有所不同，但本质上都是通过游戏来表达自己，通过游戏这个媒介或平台实现人与人之间的交互，追求幸福和快乐，体验生命的成长。游戏化教育就在于充分利用人类自诞生之日起就表达自己的基本人性，激发学习者的学习兴趣，从而达到教育的目的或价值，从另外一个角度而言，游戏是怎么去表达和实现自我，怎么去体现自身的价值，怎么使自己成为有生命的个体，获得生命的体验，获得社会和他人的肯定。[①] 早在遥远的原始狩猎采集时代，祖先们就开始用游戏来表达自我，实现自我的价值，通过狩猎、运动等游戏获得快乐，表达自我。例如，下棋这种娱乐活动早就在人类远古的时代就已诞生；晋代的“曲水流觞”、唐代的“分曹射覆蜡灯红”、宋代的蹴鞠等都是通过游戏的方式来表达自己，通过娱乐的方式使自己在生命中得到体验。在国外，古希腊罗马的斗兽场、中世纪的马术、蹴鞠、近代的任天堂、街机、保龄球，当代的魔兽、愤怒的小鸟、王者荣耀等，无不蕴含着人类的精神和价值追求。

人天性就会被游戏所吸引，“快乐”和“亢奋”元素，来自于肾上腺素、去甲肾上腺素、多巴胺等，这些神经化学物质在承担艰巨挑战、完成极其艰苦的事情

① 杨晓宏，李鸿科. 对我国教育游戏研究现状的思考——基于“娱教”理念的信息化教学研究. 中国电化教育，2010（10）：16-20.

中被激发。原始的祖先们充满了探索的精神，它们帮助祖先在原始社会增加生存的概率，在探索中获得知识和喜悦。但是在现代社会，尤其是在工业时代，很多人的生活基本上是固定的、规律的，每天都在重复做同样的事情，探索的精神在衰退。而游戏却能够让游戏者进入特定的游戏环境里，暂时摆脱现实的角色而进入到虚拟的角色中去，并在游戏中去探索、交互、协作、共享、获得肯定等，游戏当中的即时反馈、荣誉系统、成就感、社交动力等都是人性表达自我，实现自我价值的表现形式，这都是游戏让人快乐、让人沉浸的原因。人类基因里关于探索获取的成就感，对社交和自我表达的荣誉感没有改变，这是身体底层的需求和思维模式，游戏可以让人类找到这样熟悉的表达方式。如图 5-7 所示。

图 5-7　游戏化教学深受欢迎

总体而言，游戏能够在某种程度上弥补了人们在现实世界中的遗憾或不足，并在游戏世界中实现了自我的表达和获得了不同程度的肯定。

1）有探索的乐趣。每一个游戏都是一个崭新的世界，通过游戏可以对未知的世界进行探索和互联，获得成就感。教联网时代也是万物互联的时代，万物直接联系，跨界融合已成为新常态，其带来的影响，不仅仅是产业的创新和升级以及人们生活方式的更新，更带来了思想观念和思维方式的深刻变革。“互联”将成为这个时代认知的核心关键词，是思考和研究问题的起点与核心。教联网时代开启“互联范式”，整个世界看作是一个超级互联互通网。任何事物都可以看成是“互联的节点”和“节点的互联”。人类在互联中发生各种各样的关系，并通过互联实现价值的传递、知识的传播、认知的实现。这种互联是人类表达自己、创造意义的一种方式，游戏正好可以满足人类在探索中表达自己、创造意义的需要。

2）有兴趣相投的伙伴。如果说原始社会的游戏化社会方式是因为有大量的闲暇时光，以至于大量的社交需求得到回应。在教联网时代，万物互联突破了原始地域的限制，实现多种场景的合并，从而产生了诸多新的社会场景，如私人场景的信息融入公共场景之中，遥远地方发生的事情与自己生活建立某种联系，从而改变人们的经验模式和自身生存的时空感。人们的感知从地球延伸至浩瀚宇宙，交往的空间、时间、速度、规模和形态都发生变化。交往的场景不再局限于固定地点，交往场景的变化导致角色行为和信息流动模式的变化。跨越时空的交流互动成为现实，人们可以更轻松地通过一致的价值取向共同实现目标。万物互联的时代，人们因此会拥有大量的社交和闲暇，可以在现实世界里轻轻松松找到兴趣相投的战队、伙伴、社团。

3）及时反馈和评价机制。如同用户在游戏里，操作的每一步努力，都会及时获得回报，如打怪兽会获得 100 点的经验值，学习者的每一个成就，也都会记录在徽章系统、排行榜系统和分数系统里，学习者可以随时知道自己的进步，并会竭尽全力地优化这些反馈。通过这些反馈，可以进一步强化用户的价值感，游戏是一种精神过程，能够最大程度地发挥人的自主性，通过反馈和社群认同，使人感受到自己的行为有意义。游戏是未来人类表达自己、创造意义的一个媒介，它是下一代人类文明的基础。

游戏将会成为经济、社会、制度重构的一种基本机制。当万物互联之后，现实的、虚拟的、熟悉的、陌生的空间融入人类的日常生活，生活世界与自然世界紧密相连，人们交往实践领域的极速扩展也将在“自我”意义之上迎来更大范围的体察和更高层级的认同。

以其特有的空间构成方式打通了人们的日常生活实践，影响主体性行为的流动向度，同时也通过学习者的社会实践和行动策略来培育、滋养和维持自身。通过聚焦主体性层面与日常实践的关联，人们可以借由其所寄寓的空间来考量行为主体的社会关系、行动意义及其生存方式。教育游戏是专门针对特定教育目的而开发的游戏，具有教育性和娱乐性并重的特点，是以游戏作为教育的手段，设计游戏的时候以成熟的教育理论作为理论支撑，取得教育性和游戏性的平衡，从而通过游戏的方式来完成教育过程。教育游戏也有多种类似表述方式，如娱教技术（Edutainment）、数字化游戏学习（Digital Gam-Based Leaning）、游戏化教学（E-game

Teaching）等。

国内对教育游戏概念的界定有两种倾向：一种是教育游戏作为辅助工具。教育游戏是“将生命的体验与乐趣变为学习的目的与手段的一套工具和方法论”[①]；是“通过设计、开发、管理合适的技术情景和资源，以促使学习者的生活体验与自身发展相融合为目标的理论与实践”。[②]另外一种是教育游戏软件媒体。教育游戏是“教育软件+主流游戏的内在动机”[③]；是“借助于计算机、网络、多媒体等数字化媒介……具有一定教育意义的计算机游戏”[④]。教育游戏在特殊教育领域、高级认知能力、社交技能发展、情感价值培养等方面都具有极大的潜质。在教联网时代，传统的以学校教育为中心的时代将终结，人类社会已步入实现人、教育、生活全方位整合的“后教育时代”。教育游戏就是试图将学习者的发展回归到人发展的自然形态，是尊重人的发展自然规律的。教育游戏中所创设的游戏情景、资源中内含的超越、平等精神及在自由与限制之间保持适当张力的精神，不仅有利于革除当前教育存在的一些弊病，而且更容易使师生双方作为真实个体投入教育过程中，进行积极的对话，各自敞开自我、相互倾听、相互理解、相互吸引，从而成为教师与学生共同进行的一场“游戏”。

教育游戏的发展与人类社会发展充满了辩证关系，也与教育保持着千丝万缕的关联。简单来说，教育是教书育人，但人自身充满了惰性和耐心，知识的复杂性、科学性让人望而生畏，但游戏化的教学却能够将游戏的趣味性加入到教学之中，使学习者在娱乐中掌握了科学、知识。游戏化的教学也能够提升学习的动机，现代的学习者缺乏学习动机的根本原因在于内在成就感的缺失，而通过游戏化学习、虚拟成就感、局部成绩提升、现实成就感、学习动力提升等教学路径，从而实现从虚拟世界里的成就感到现实世界里的成就感的良性转换。游戏化教学中的激励机制、反馈机制具有重要的价值，能够在互联中感受和体验生命，能够得到即时的反馈，能够创造和感受存在的价值和意义。

传统教育中考试的出发点是补短，让每个人不断发现自己的不足，而游戏化教育的出发点却是扬长。扬长教育会让学习者不断挖掘自己的潜能，让学习者变得更有自信。教育应该让人变得更幸福，更幸福的前提应该是更有学习自

① 赵海兰，祝智庭. 教育游戏的国际研究动向及其启示. 中国电化教育，2006（7）：73-76.

② 张琪，陈琳. 教育游戏发展的思考——从当今网络游戏的火爆谈起. 教育信息化，2006（17）：19-20.

③ 尚俊杰，李芳乐，李浩文. “轻游戏”：教育游戏的希望和未来. 电化教育研究，2005（1）：24-26.

④ 田爱奎，杨瑛霞，夏天，等. 数字化游戏学习的发展及展望. 电化教育研究，2006（1）：37-41.

信。这与传统的教学方式存在本质上的差异。传统的教学是建立在纠错和惩罚的观念基础上，考试采取减分制假设应该满分，但是有的地方没学好，做错了会扣分，让学习者感受挫折感。但是游戏化的教学将考试变成加分制，每个学习者都从零分开始，每完成一次作业，或者考试做对一道题，就取得更高的分数或级数。游戏还引入了班级总分制，学习者得的分数越多，给集体的贡献就越大，帮助其他学习者得分，和自己得分是一样的。这种加分制的设计很好地促进了社交和互助，而不像减分制中以竞争为主的关系。同时，游戏化教学把课程体系变成了通关制，学习者齐心协力通关。在某一门课上有专长的学习者，还能为班级赢得特殊的附加分。这样一来，团体中的每个人都感受到自己的独特之处都愿意在团体中贡献自己的智慧和力量，把惩罚系统变成了激励系统，竞争系统变成了合作系统。

游戏化教学让学习过程变成了游戏过程，不仅能激发学习者的学习动力，也有利于提高学习者的学习质量。更重要的是，游戏化的教学方式，可以改善教学的动力系统，还有利于加强学习者的自我管理。通过调节学习的进度，实现沉浸化的学习，让学习者全神贯注地沉浸其中，在沉浸中感受到完成任务的快乐。翻转课堂之所以受到很多学习者的欢迎和教育工作者的关注，最主要的原因之一是借鉴了游戏化的教学方式，翻转课堂，删繁就简，把教学任务拆封成若干个小问题，把大难题拆解成小任务，即重难疑点核心知识点，像游戏一样让学习者自主学习，自定进度，并进行个性选择，在教学过程中设计游戏化攻关，实行“满十分前进”的评价模式。翻转课堂游戏化的设计思想就运用到教学中了。

三、研学旅行：促进互联与生命体验的教学

在教联网时代，研学旅行将成为教育的重要形态，研学旅行也是场景化教学的表现形式之一。研学旅行古已有之，中国文人就有游学之风，即读万卷书，更行万里路。孔子携弟子周游列国，不辞辛劳宣传礼乐；唐代高僧玄奘西去印度，克服万难险阻取回佛经；徐霞客足迹踏遍祖国的山山水水，著有传世之作《徐霞客游记》；诗仙李白游历祖国大好河山，谱写了清新灵动、豪放飘逸的不朽诗歌，等等，可见，古人非常重视研学旅行，重视在真实的生活中学习，在与人、与自

然的交互中学习。[①] 人类本来就是与自然融为一体，在与自然交互的过程中探索自然、认识自然，并形成对自然的认知，形成可以为人类所把握的知识、规律和认知范式，并在此基础上建构人类的与自然世界相对独立的人类社会。

随着社会生产力的提高，人类社会在征服自然的过程中不断地远离自然世界，人类所获取的知识大部分都是间接知识，而没有通过自身的体验去认知自然，缺少体验生命的乐趣。进入万物互联时代，人类的社会活动基本上都是通过网络进行的，足不出户即可获取相关的信息资源，满足自身的需求。联合国教科文组织发布的《反思教育：向“全球共同利益”的理念转变？》报告强调，要重新反思教育，重新定义教育。教育无处不在、学习无处不在。学习、工作、生活相互融合教育不限于学校，人随时随地都可以受到教育，接受终身教育。尤其是在教联网时代，场景成为教联网时代教学的新入口，而研学旅行重新回到社会和大自然，在社会中学习，在生活中实践，在大自然中感知，正是体现了教联网时代凸显个性化生命体验的教学理念，极大丰富对外的感知体验，从而提高适应社会的能力。

在教联网时代，教育不再以课堂和考试为中心，而是以学习者的全面自由发展为中心，重点关注学生的天性和与生俱来的能力是否得到了健康成长，教育应该为幸福而有意义的人生打下良好的基础。从这个角度来讲，研学旅行就是要使学习者在与自然与社会的互联中去主动学习、泛在学习、移动学习、碎片化学习，随时与自然与社会沟通交流，体验生命的成长。

物联网把信息世界与物理世界、虚拟世界与现实世界连接起来，随着人工智能技术的发展，程式化的、重复性、仅靠记忆与练习就可以掌握的技能将由智能机器人来完成，而对于复杂系统的识别、分析和决策能力，人类对于艺术和文化的审美能力和创造性思维，由生活经验及文化熏陶产生的直觉、常识，基于人自身的情感与他人交互的能力等，也是人类在教联网时代应该具备的能力，而这种经验性的体验、感悟、创造性的思维则需要通过在与自然和社会的交互中去完成和实现。研学旅行的提出既是对过去历史的继承、经验的传承，也是对当下教育的反思，更是对未来教育的重构，必将成为未来教育的重要形态，并在教育中发挥越来越重要的功能和价值，如图 5-8 所示。

① 陈光春. 论研学旅行. 河北师范大学学报：教育科学版，2017（3）：37-40.

图 5-8 研学旅行将“学”与“行”结合

研学旅行近代亦有之，如教育家陶行知坚持的“教、学、做合一”，倡导研学旅行。研学旅行在现代教育中也得到了关注，有人甚至预测研学旅行将是旅游和教育有机结合的重要形式，成为未来教育的风口。国务院早就在 2013 年就提出了逐步推行中小学研学旅行的设想，2016 年 11 月，教育部、国家旅游局等 11 个部门共同出台《关于推进中小学研学旅行的意见》，正式为“研学旅行”的内涵正名，要求教育部门和学校有计划地组织开展研究性学习和旅行体验相结合的校外教育活动。有很多省市区的中小学已经组织学生走出校园，走入博物馆、实践基地、现代工厂、高新开发区、现代化农业园区、红色革命旧址等，通过参观学习、交流互动、实践体验等方式，提高创新与实践能力，增强人文素养。同时，还结合教学实际和课程教材内容，对小学、初中、高中研学旅行进行制度性安排，逐步建立小学以乡情、市情为主，初中以市情、省情为主，高中以省情、国情为主的研学旅行体系。随着时代的发展，研学旅行的重要性越来越凸显，并随着教联网时代的到来呈现不同的表现形式。

教联网时代研学旅行的教学方式既是时代发展之趋势，也契合了人性之特性。人性所具有的探险、冒险、好奇心、追求快乐、游玩、自由等与研学旅行如出一辙，在玩中学习、在学习中玩，在课堂上学习、在课外学习，在校园里学习、在校园外学习，不拘泥于形式，不束缚于时间，自由、泛在、游乐，满足了人性之需求。研学旅行通过与自然之物建立互动互联之关系，将“学习”与“旅游”融合一体。激发学生强烈的好奇心，激发学生内在的求知欲，让学生自主地运用已知的知识或经验去探求未知的过程。实际上，人类自古所接触的全部知识，都是自然地整体地存在于世界之中，有些知识已经被人类所认知，而有些知识还在自然中沉睡，等待着人类去探索。而在与蕴藏了知识的自然交互之中，学生通过真实的体验，不断地感知和获取已知的课本上的知识，并通过眼、耳、鼻、口、舌等感觉器官去感知自然的魅力，获得美的感受，通过接触自然进行理性的思考，发现未知的规律，获得快乐、增长知识，实现自我体验、自我感悟、自我成长。研学旅行巧妙地融入自然景观、融于人文社会，学生身心获得解放，忘我地陶醉于山水之中。在“学”与“游”的融合活动中，学生个体从大自然、从大社会获得丰富多彩的信息素养和永生难忘的心灵感悟。教育家杜威认为，教育是经验的不断产生和积累的过程，而经验的产生取决于儿童与环境的相互作用。研学旅行打破学校的围墙限制，让学生走出学校，回归社会实践、自然环境，通过身临其境的身心感受来达到教育目的。

研学旅行是以学生为中心，充分发挥学生群体主观能动性的教育方式，在自我参与、自我观察、群体合作的过程中，学生的经验与所处的情境相互作用，催生对以往经验的反思改造或产生新的经验而达到教育的效果。这与教联网时代教学是“促进有意义的互联”“培养个性化的认知模式和智慧网络”“关注学习者的成长与体验”等教学内涵是一致的。研学旅行是在学习课本理论知识后，将“学”与“行”二者结合在一起，然后在社会实践中进行探求、体验、求真，使得理论知识和社会实践相互印证，既能帮助学习者促进有意义的互联，又能让学习者体验和感知自然和生命。在研学旅行教育活动中，学习者走进名胜风景、人文遗址、科技馆、博物馆、现代农业示范园、自动化的制造车间……走进与学校生活截然不同的环境，这是一种参与过程的体验，也是一种情感意志的体验，更是一种分享合作的体验。同时，研学旅行活动的体验性不仅仅是学生单向度的个体体验，更注重学生班级集体的群体体验，通过参与集体性群体化的活动，相互研讨，共同体验，从而构建智慧网络。

在教联网时代，随着人工智能技术、虚拟现实技术的发展，研学旅行将呈现新的形式。基于教联网时代的研学旅行将使学习场景与虚拟现实技术互融互通，交互性更强，真实感更强。未来的研学旅行在可穿戴设备、各类传感器及射频识别技术的帮助下感知万物，既可以构建虚拟世界的感知，也可以获取现实世界里的体验。虚拟现实技术通过多媒体技术、传感技术、网络技术等多种技术的综合，模拟构建虚拟环境，除了视觉感知之外，还包括听觉、触觉、力觉、运动等感知，甚至包括嗅觉、味觉等多感知技术实现虚拟环境与现实环境的有效的全方位对接，让虚拟与现实浑然一体，从而为学习者提供便捷的获取知识的通道或路径。例如，芬兰坦佩雷大学正在研究一款全新的人机界面，为音频和视频通信提供了新的维度。他们的"数字化嗅觉"（Digital Scents）项目通过电子鼻测量气味，并将这些信息转换到编码系统，实现嗅觉感知和体验在全球的数字化传输。卡内基梅隆大学和迪士尼研究中心合作开发了一项名为 Tesla Touch 的静电振动技术，通过改变电压，用户触摸平板电脑屏幕显示的不同物体时，会有不同的触感。这些新技术的发展为学习者与自然之间的交互、感知提供了新的途径和方式，使学习者能够在有限的时空里，大大拓展与自然、社会交互的广度和深度，在短暂的生命中获得更多的生命体验。

总的来说，研学旅行对于培养全面发展的人的教育目标起到积极的促进作用。研学旅行打破了学校固定的学习空间的规训，是一种以学生为中心，充分发挥学生个体的才能与群体的合作，经过情境和经验的教育互转作用而提高学生素质的非学校化教育方式。研学旅行的教育过程是综合的、打破学科限制、整合内容的过程。研学旅行情境化、经验化的学习过程可以更好地提高学习效率。研学旅行的过程往往涉及多学科的知识背景，对于提高学生综合利用知识解决问题的能力，个体与他人间探索合作的能力，提高自我思维和道德意识都比课堂教学更加有效。研学旅行带来的教育过程中内容的综合性、学生参与的主动性将是实现教育目标的良好催化剂，其丰富的内容及潜在的开发探索领域可以从德、智、体、美、劳各方面对学生起到教育作用。

第 六 章

面向未来：教联网时代与教育的未来

万物互联时代是一个变革的时代，变革不仅发生在科技、经济和社会等领域，教育领域也不例外。在万物互联时代，随着教育疆域的不断扩展，教育观念的不断更新，机器人陪伴学习、虚拟现实等新的教学形态不断涌现，教育理念、目标、形式和内容都在发生变化，培养学生面向未来变革的能力，已成为世界各国教育共同关注的话题。为了实现新的培养目标，需要走在教联网时代的前沿，高瞻远瞩，面向未来，构建“未来的学校”，造就“未来的教师”，培养“未来的学生”，开设“未来的课堂”。

第一节　未来的学校：共同体和生命成长的地方

在人类文明中，学校对人类知识生产、智慧传承和文明进化起了至关重要的作用。从学校的演进历程看，学校演进与社会、教育的发展联系密切。学校的定位与培养人的目标与方式直接相关。

在万物互联时代，教育的内涵、学校课程、学习方式、学校的建筑与空间、教师的作用都有了新的特征，为了实现新的培养目标，客观上需要学校发生相应地变革。未来的学校是学生与学生之间、教师与教师之间、教师与学生之间的共同体，在未来社会，合作、交流、共享必然成为新价值体系的重要组成部分，这种价值必然会成为校园、课堂的主流价值。未来的学校的几个特征如图 6-1 所示。

图 6-1　未来学校的功能

一、提供个性化教育解决方案

传统的学校与班级授课制紧密联系在一起，作为工业时代的产物，班级授课制强调标准、同步、统一，尽管难以照顾个性差异。但是，当人类社会全面迈入万物互联时代，传统的班级授课制已经不是学校最主要的功能了。未来的学校将会变成一个充满人文和生命关怀，体现学习者的个性差异，满足不同需求的教育机构。打破固定的课时安排，跨越学科与学科之间的界限，围绕学生的真实生活重建课程体系，形成个性化的学习支持体系，成为未来学校变革的主导趋势，未来的学校将会在购买服务、为每一个学生提供个性化教育解决方案上投入越来越多的精力。

未来学校在学习者天赋秉性的基础上，结合学习者的兴趣和成才目标，帮助学生制订个性化教育解决方案，提供私人定制的教育服务。

1）大数据为学习者的天赋秉性提供的个性化的发展方向。教联网时代，可以提取学生学习轨迹和生活轨迹中的大数据测算出一个学生的智商天赋、运动天赋、艺术天赋。这些测算出的结果是因材施教的根据，也是释放学习者个性和天赋秉性的基础。在测算出一个学生的天赋秉性的基础上，再用大数据筛选具有此类天赋秉性的学生，找出最佳的成才方向，制订最合适的学习路径，如需要学习那些方面的知识，有哪些学习项目或者学习实践是最佳的学习路径。总之，学校根据学习者的天赋给出个性化的教育方案，学习者根据自己的天赋有意识的扬长避短可能会走得更远。

2）学习者的兴趣和发展目标是个性化教育解决方案的客户需求。未来的学校的一个重大转变就是：学习支持人员开始不再称呼学习者为“学生”，而是称呼他们为“客户”。在“个性化教育解决方案”方面，学校的定位更突出服务。在教联网时代，教育更加关注学习者的生命体验与成长，学习者只要把自己的学习兴趣告诉学校，个人的理想目标是什么，提供自己的学习档案袋，学校就能在大数据和人工智能的帮助下，结合学习者的天赋秉性提供个性化教育解决方案。这样的解决方案可以更好地关照学习者的生活和生命成长。

3）按照个性化教育解决方案服务学生。标准化、个性化、定制化将成为未来学校的发展方向，学校在学习者天赋秉性的基础上，结合学习者的兴趣和成才目标，提供每个学习者特定的“个性化教育解决方案”，并按照方案去服务学习者的学习和成长。学校打破过去传统的统一的教材的做法，为每个学生制订个性化的学习计划，选择个性化的课程，创建个性化的课程学习列表，像个性化的音乐播放列表一样。同时，针对每个人的实际情况，给出针对个人发展的评价。根据学生的完成情况和学习绩效，教师每个月会给每个学生和家长一份很详细的“发展报告”。按照学生天赋秉性和学习兴趣提供的“个性化教育解决方案”来进行教育和教学，可以激发学习者的兴趣，也会更加关注学生生命的体验和个性化的成长。

二、满足多样化学习方式的需求

未来学校以多样化、灵活、开放、精细、个性化、虚实结合等关键词作为未来学校变革的重要考量，打破管理者中心、教师中心、教室中心、教材中心的传统结构，推动办学理念转变，管理制度变革，教学方法创新，满足多样化学习方式的需求，以适应智能时代时空、内容、对象的深刻变迁。

1. 学习空间及学习形式多样化

传统的学校是一个封闭的闭环，但是在教联网时代，学校和社会是一个环岛，彼此之间是互通的。集合天下优质资源来办教育，教育提供者不仅有学校，还有企事业单位、社会机构等主体，学生可以在不同的学校学习，也可以相互选择课程、相互承认学分，教师也可以跨学校进行指导，学校的正式教师和社会上的专家都可以向学生传授技能。在教联网时代，未来的学校的各个学院可能分散在就近社区科技馆、图书馆甚至附近的商店、办公室和家里，这样就能促进学校和社会的融合。与此同时，也可以把社会引进学校，即在学校里开设商店、理发馆、印刷厂。甚至还可以引进更多性质不同的企业，如计算机服务社、建筑所、医药化验室、3D打印创意公司和环境保护社团小组等。作为一个开放的组织系统，学校可以利用信息技术挖掘外部社会一切有利的教育资源，与社区、家庭形成良性互动，构建开放多元的办学格局。

2. 学习空间灵活、开放、功能复合

学习空间不仅是学习知识的地方，同时也是学生成长的地方。校园户外空间的设计要给学生留有充分亲近自然的场地和植物的配置，绿化不仅仅是为了校园的美观，而是要把户外空间与学生的课程密切结合起来，让绿化成为教育资源，让空间成为学习生长空间。在教联网时代，学生的学习空间不再固定，根据课程设置的不同，既可以在教室，也可以在社区、科技馆和企业，还可以去不同城市游学，而学校本部则更多是提供学习环境、成长导师以及富有特色的校本课程。最终，学校将突破校园的界限，任何可以实现高质量学习的地方都是学校。未来通过社会和学校的互融互通带来了流动的学校和流动的教育。

与“流动的学校和流动的教育”未来学校理念类似，中国教育科学研究院建立了未来学校实验室，为各地开展未来学校建设提供了一个“样板间”。未来学校实验室由三部分学习区域构成，分别是主动式学习区域、探究与创造学习区域、非正式学习区域。每个学习区都配备了可移动、易于变换的桌椅设施，提供更加丰富的技术和资源，支持教师开展多样化的教学活动，促进学生的高级认知活动。探索非正式学习与正式学习的融合，开展包括学习角、开放式长廊、社会性活动空间及生活休闲空间等方面的探索，给学生提供更多的活动和交往空间，让学生在交往中建立人际关系、掌握行为规范、了解自己与他人的思想感情以及控制自己行为的心理能力促进学生的社会性成长，让学生在交往中获取更多的积极体验，如图 6-2 所示。

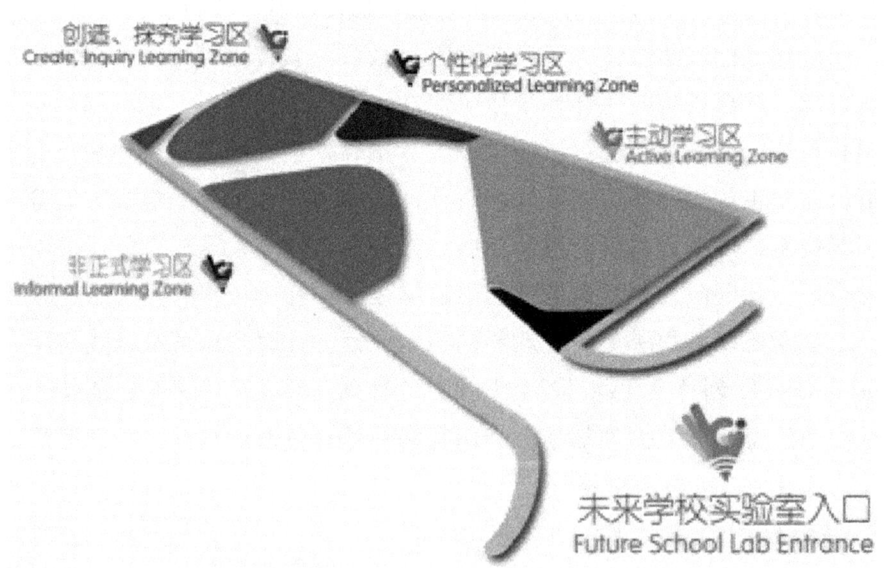

图 6-2　中国教育科学研究院关于未来学校实验室的设计[①]

① 王素，曹培杰，康建朝，等. 中国未来学校白皮书. 北京：中国教育科学研究院未来学校实验室，2016：17.

3. 虚实结合，互联互通

教联网时代的教育活动不是简单地听教师讲课，也不是单纯地查找资料，而是通过适时对话、即时交互等多种形式，实现师生、生生之间的交流与学习。由于虚拟空间的广延性，一堂课可能有成千上万的学生参与学习，有无数教师参与指点。跨学校、跨地区、跨国界的合作学习、合作研究、合作教学将成为未来课堂的常态。这些变化必然反过来促进现实中的学校空间变革，当下学校的教室、功能室、图书室等的设置和布局等都将因适应互联时代的教育而变化。

教联网时代的学校，将是虚实结合的复合体，具有从事虚拟、泛在教育的资格，具有颁发网络学习合格证书的资质。未来的学校不仅是由一个个实体的班级组成，还是一个个完整的虚拟空间。无论是一个学校还是一个班级都可以创建自己的虚拟空间，开设自己的官方微博、微信公众平台。这些都是将学习空间和教学空间予以拓展的具体实践，也是未来教育发展的方向。虚实交融的泛在学习将是学习的常态，学校的物理地点将模糊，空间概念淡化，跨校、无校学习成为常态，泛在的线上服务和实体体验学习结合。未来的教育将逐渐走向虚实结合、线上线下结合，就要通过虚拟平台来延伸学校的功能和作用，并且将学校与外部世界、虚拟世界对接联系起来，实现学校与外部世界的互联互通，教师与学生、学生与学生之间的互联互通，线上交流共享与线下交流的互联互通，满足不同地域知识构建的需求。

三、服务学生个性化成长的中心

在教联网时代，学习呈现终身化、碎片化、泛在化的特征，学习成为终身教育并扩大到全社会范围之后，教育将更加突出服务的功能，未来的学校管理者将以服务学生个性化成长为核心，提供更好、更优的服务来赢得市场。

新技术应用的根本在于技术与人和精神的融合，创造新的秩序、范式与文化。物联网、人工智能的应用，学习主体功能不断延伸，智慧学习功能逐步强盛，重构学校治理生态，已是教联网时代的必然选择。学校教学管理部门不得不转变为学生和教师的服务提供者。服务学习是一种极具同理心的合作教学模式。未来的学校将改变传统的以学校为中心的思想，坚持以用户为中心的思维，根据学生的需求提供适销对路的产品和服务，有针对性地开展学习服务和支持，真正使学校成为服务学生成长的地方。例如，学生根据学校提供的“个性化教育解决方案”，可能同附近的学校签订短期“学习服务合同”，委托学校负责某些课程或课程中某一单元的教学。学习完之后，学生可以继续上学，参加社会和体育活动，也可以不再继续在学校学习，而是在社会实践中学习，或者在家庭中通过父母和亲朋个别指导下学习的科目。学校的布局分散在社会上必然会导致时间上的分散，由于知识的不断更新，人的寿命不断的延长，青年时代学到的知识技能显然不能用到老。“活到老，学到老”的名言真正成为教联网时代的学习真实情境。每个人都是终身学习者，学习一个时期，去工作；也可以工作一段时间，再根据需要回来学习。

在教联网时代，学生完全不受地域限制，可以自由选择学校，选修其课程，获得相应的学业认证。课程是学校的核心竞争力。学校只有拥有高水平的、独具特色的课程，才能够在众多的学校之中脱颖而出。因此，教联网时代的学校都拥有海量的课程资源、优化的课程结构、独特的课程产品、多元化的课程菜单，以供学生选用。谁聚集了世界上最优秀的学生，谁就拥有最大的教育吸引力，“和世界上最优秀的学生在一起学习”将是未来学校最具震撼力的广告。未来的学校支持“流动的教育”，即把学生从某一所学校的某一个班级解放出来，可以实现跨学校、跨班级的学习，也可以从学校走出来，到社会中去参加重要的社会实践，也可以从社会中再次回到学校教育或者虚拟的在线课堂。总之，在教联网时代，学校是服务学生个性化成长的中心。

在服务学习中，学生学到的是更加鲜活的知识，这些知识因为真实多维的体验而成为自己生命的一部分。例如，学生可以在微信公众平台上充分展现自己，可以通过公众平台自己办学习报，这样的报纸不是纸质的报纸，而是新媒体的报纸，可以整合音频、视频等各种元素，学生自己出的报纸能够让全校教师和家长看到，并可以得到有效的反馈，这是对学生的制作报纸强有力的支持和鼓励。如果做得好，更多的社会人士也可以加入微信公众平台阅读学生们的报纸。更有趣的是，在服务学习中，学生更全面、深入地面对和解决现实问题，从而能够更好地应对未来的挑战。

未来学校的教师也以服务学生个性化成长为中心。这些教师可以是长期从事教育的人，也可以是在某个领域有专长的人，他们可能是长期受聘，也可能是短期受聘，但更多的是来自各行各业有专长者通过互联网来上课。他们不仅传授技能，还教会学生在生活中如何应用教科书上的抽象知识，尤其是复杂多变的未知世界进行模式识别。在实现这种转化后，宇航员、医生、生物学家、3D 打印设计师或许都会成为“校外教师”，开启新时代的师徒制。教师的主要工作是组织创造性的实践活动，引导和陪伴学习者学习。

未来学校要注重培育、引导和激发学生内心的学习需要，在最大程度上提高学生学习的趣味性、多样性和时效性，促使他们逐渐学会主动性学习。倡导和鼓励跨年级合作学习，高年级学生向低年级学生传授知识的过程中，自身知识得到进一步强化。通过这种学习，学生能够很好地锻炼人际交往、表达交流、团队合作等多种能力。倡导项目式学习，鼓励跨学科教学，让学生基于项目任务，使用多学科知识解决问题，更好地实现书本知识向实践能力的转化。积极开展游戏化学习，充分利用游戏的趣味性、挑战性、激励性的特点，激发学生的学习兴趣和内在学习动机，使学习变得快乐、充满趣味、富有生机，让学生在积极体验中学习知识，并养成能力。

四、成为学生生命成长的摇篮

人们普遍意义上把学校教育才当作教育，教育的指挥棒是知识和升学，标准化、流水线式地培养学生是现代意义学校的主要特征。随着人工智能、物联网、大数据等新技术的发展和应用，物体与物体，人与人，人与物体之间将实现“亲密接触”“心灵感应”，将整个世界变成一个互联、互通、互享的生态圈，人们必须在飞速成长的网络和机器的能量面前，重新思考教育。

在未来万物互联的教联网时代，教育无处不在，在生活和工作中的任何一个场景都可以让教育发生。教育是促进学习者发生有意义的联接，感知和体验生命，促进成长。教联网时代，学习者对自然世界的精准辨识与透彻感知是一种人类从未意识也鲜有体验的感受力，将会推进我们对这个世界更精细的体察和更贴近生命的叙事的生成。教育是为生命存在的。有学者将人的生命分成自然生命、社会生命和精神生命。所以未来的学校会更加关注生活的多维体验，会更加关注拓展学生生命的宽度，培养每一个学习者生命的真善美。

教联网时代，物联网和人工智能等信息技术使各个不同介质之间实现跨界融合，自由沟通，自由流动，并在不同的场景中自由地转换，突破时间和空间的界限，学习者可以自由选择自己的学习时间、地点和学习进度，如同在超市中徜徉。学校是学生生命成长的摇篮，是人格养成、审美能力培养、学习和交往的能力培养等生命感知与体验的摇篮。学校不仅仅是学习的容器，更应该是培养学生精神气质的地方，学校建筑所传递的文化和审美对学生的成长至关重要，会成为影响学生成长的重要因素。正是如此，现在越来越多的学校建筑在设计中注重文化传承和审美趣味符合学生成长的需求。中国教育科学研究院未来学校实验室在培养学生的核心素养的基础上，对未来的学校设计了八个中心（图 6-3）：未来学习中心、生活体验中心、未来体能中心、情绪行为中心、社会践行中心、未来创新中心、国学启慧中心和未来艺术中心，目的在于与现有的国家课程相配合的基础上，增加个性化、综合性、实践性课程。

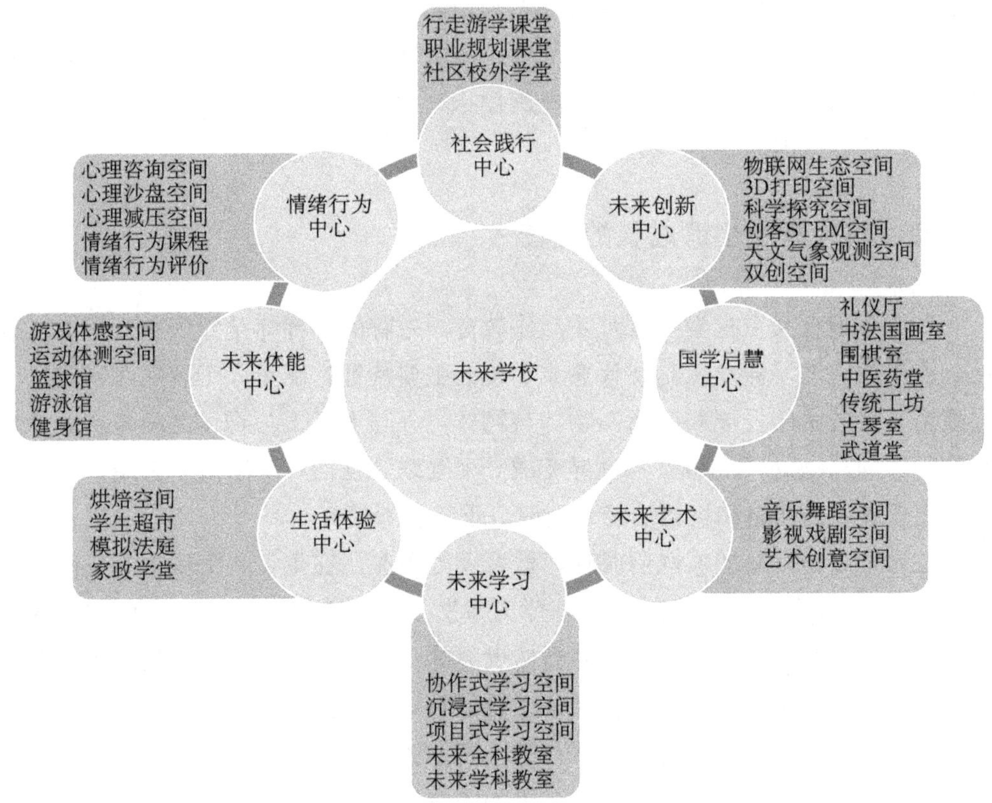

图 6-3　中国教育科学研究院关于未来学校的研究①

学习者可以自由在学习中心、生活体验中心、未来体能中心、情绪行为中心、社会践行中心、未来创新中心、国学启慧中心和未来艺术中心选择学习内容和学习体验，如同在超市中徜徉。既有知识学习，也有人格养成、审美能力培养，还

① 王素，曹培杰，康建朝，等. 中国未来学校白皮书. 北京：中国教育科学研究院未来学校实验室，2016：17-18.

有社会实践等感知与体验，在不同的场景中自由选择。万物互联背景下的教育体系具有强大的管理功能和智能决策系统，保存着学习者的学习内容、学习进度、学习情况等学习档案，并通过大数据分析对学习者进行判断预测，结合学习情况给予智能化的决策建议，提供相应的解决方案，使得学习者任何时间进行学习行为，都可以得到教育专家的指导，获得定制的学习方案。例如，学生可以跨校选课，在教联网的教育体系中，“师校分离”，学习者可以选择校外的高水准人士和高质量的网络课程，而不囿于一校一地；“考校分离”，在开放的教育体系中，学生可以选择任意时间进行考试。[①]

未来的社会需要的是创新型的智慧人才，未来教育的目标是实现人才的全面自由发展，实现社会的文明和创新发展，我们的学校观不仅仅是“教”的层面，还需要回到“育”的层面，需要回归到“人”这一教育原点，回归教育的本真，教育的过程是情感和精神的活动过程，未来的学校将是学生生命成长的摇篮。

第二节　未来的教师：学生的引路人和“灵魂的工程师”

随着人工智能机器人走上讲台，高考机器人答题拿下较高的分数，人工智能在教育中的应用越来越受到人们的关注，也成为推动未来教育创新发展的重要推动力量。未来，对于记忆类的知识，可以借助可穿戴技术或者人工智能在一定的时间内获得。这引起人们重新思考教师这个职业，在人工智能、物联网和大数据等新的信息技术塑造下，未来的教师是否面临着消亡？抑或是转型？

一、教师的权利去中心化与教师为主体的结构解体

教联网时代，教师的权力正在去中心化。教联网时代的教育形态特征与万物互联的特点有关，物联网等技术结构决定了它内在的精神，是去中心化，是分布式，是平等的。此外，教联网时代的教学平台是开放的，教学资源也是开放的，

① 汤敏. 慕课革命. 北京：中信出版社，2005（1）：195-196.

最大程度的实现学习资源的开放和共享，教联网时代的教育有着开放和共享的特征。

人类交往发展得越快，权力扩散的趋势也将越明显。互联网教育背景下的教师的权力正在发生改变。知识的权力正从教师向网络学伴、网络专家、行家等力量扩散。学习者只要可以通过计算机、手机，连上互联网，就可以搜索和获取信息和资料，传统教育中的知识、经验、信息不再专属于教师。由此，互联网时代的教学首先要转变对待知识及知识传递的态度。传统媒体时代的教育，是建立在教师权力相对稳定的基础上，而万物互联时代的教育，则是建立在权力分散流动的基础上。我们再也不可能像传统教育那样，在一个相对封闭的教室里进行教育，知识的来源只从教师那里获得。信息技术突破了学习围墙，少数人拥有知识、专断知识的情形被打破了，知识传播的渠道大大增加了。单向传输知识的时代将终结，教师角色发生重大转变。

在传统的教学中，教师采用的是粉笔加黑板的单一教学模式，教师是知识最主要的来源，学生是知识的被动接受者，教师在教学中占有主体的地位。在教联网时代，人工智能、虚拟现实、3D 打印技术和大数据等元素加入到教学中，教师与学生的角色发生了转变。首先，学生是学习的主体，学生会对很多感兴趣的领域进行主动探索，而且他们也不再仅仅满足于“知其然”，还要“知其所以然”，教师要对他们进行指导就必须改变旧的教学观念，不断学习新知识，维持自己的主导地位。其次，新时代对于教师自身的能力要求有了较大提高，新型的教学观念要求教师必须不断学习以适应快速更替的知识体系，学校教育必须与社会的发展需求相适应。为此，教师要不断改进自己的知识结构，改善自己的教学观念，注重培养学生的创新意识和创造性思维。

教师由知识的二传手到培养质疑和创新精神的引路人。教师的权力正在被去中心化，意味着教师的角色要变。这就需要教师的角色定位要从知识传递的角色中转变过来。在传统的应试教育中，知识传递的目的性强、权威性也很强，方式方法比较简单，但却常常因为应试教育的指挥棒使得知识的传递放在了教师职责和工作的最主要位置，相反，教师对学生思维的启发、引导，对学生的情感沟通、价值观引领其实是最重要的。在教联网教育时代，知识的传递相对来说比较便捷，学生可以通过多种途径获得知识，教师得以从重负中解脱出来，能够更好地发挥这个角色应该发挥的作用，即由知识的二传手到培养质疑和创新精神的引路人。一方面是培养学生的质疑精神。在万物互联时代，学生获得知识和信息的渠道大大增加，面对海量的信息，教师必须引导学生去选择知识，自觉培养学生的批判和质疑精神。另一方面，是培养学生的创新精神。教联网时代特别强调对创新人才的培养，教师要在激发学习者好奇心，提升其创造力上下功夫。

二、人工智能与机器人执教：教师职业消亡抑或转型？

人们进入到借助于智能设备而生存与发展的时代。佐治亚理工学院一个 300 多人的课堂上，学生们并不知道新助教吉尔·沃森是一个人工智能机器人；中国的高考机器人答题拿下了较高分数成为教育界的热门话题。未来社会，对于记忆类的知识可以借助可穿戴技术或者人工智能在一定的时间内取得较高的学习效率，或者很多记忆类的知识不需要学习，机器帮人阅读。随着人工智能的不断发展，机器人执教将成为教育领域的新趋势，这引起人们重新思考教师这个职业，如果机器在智能方面超过人类，教师会被人工智能替代吗？教师职业是否面临消亡？

对于这个问题，答案是，教师职业不仅不会消亡，而且作用更加重要，主要基于以下两点。

教师在教育中的“育人”作用无法替代。传统意义上所谓的知识型的教育和技能型的教育可能会被人工智能的教育所代替，甚至一些内容本身也会被代替，但是对人生观、世界观塑造的“传道”和某种程度上的“解惑”还无法完全依赖人工智能解决。学校教育的模式是在工业文明中为大规模培训生产线的工人而设计的，其特点是规模化和批量化，有人比喻学校教育模式培养出来的人才如同工业流水线上的产品，统一而无差异。在教联网时代，以 3D 打印技术为代表的新技术标志着信息时代突出个性化的时代特征，社会需求人性化的人才和创新创造型的人才，为此，教育也需要为培养个性化人才而改变。学校教育是在家庭之外实现社会化的第一步，即学会做人和学会共存的重要组成部分。[①] 在移动学习和大规模开放式在线课程（MOOC，慕课）的背景下，技术加强了教育“教”的层面的探索，但是对“育”的层面离不开教师面对面的熏陶和影响。

教师面对面的教育不仅传递知识，还给孩子以美德、艺术等层面的熏陶感染，还要教育学生健康成长，实现个体自由全面的发展，实现个性化发展，同时还要

---

① 顾明远. 对教育本质的新认识. 光明日报，2016-01-05.

引导学生承担更大的社会责任和使命，将个体价值和社会价值统筹起来，在实现社会价值中来体现个体价值，成为具有家国情怀的创新型人才。AlphaGo 之父、DeepMind 创始人 Demis Hassabis 也认为人机合作可以达到“1+1≥2”的效果，人类的智慧将被人工智能放大。人工智能和 AlphaGo 都是工具，就像哈勃望远镜一样，可以推进人类文明的进步。而这时候，从繁重的重复性分析型工作中解放出来的教师们可以“大显身手”了[①]。他们能将更多的时间和精力花在富有创造性的工作上，如教学创新、经验传授、情感关怀，培养学生的素质和情商，激发学生对学习的热情，从而发挥人类的创新、复杂决策、情感关怀激励等更大优势。从这个角度来讲，教师的功能和作用更加重要、更加紧迫，教师职业不仅不能消亡，而且要在新的角色中加大力度，更加关注育人功能的发挥和实现。

教联网时代，教师角色的内涵有进一步的扩展。教师角色的定位和教联网时代与人才的培养目标息息相关，尤其是在新人文教育观的影响下，教育正在由技术技能目标观到以人文价值目标观为导向转变。学生不仅要掌握知识、技术，更重要的是综合素质的培养，如沟通能力、协作精神、创造精神、批判思维等，要具有现代人文素养，并且是掌握未来文明前进的方向，作为未来人类命运共同体的组织部分，承担着人类社会发展的使命。

在教育中，教师对教联网新技术的运用也不断走向深入。当大数据参与教师教学的决策，人工智能和虚拟课堂受到学习者的欢迎，教师对新技术的理解和认知也会不断深入，但问题的关键不在于此，教师关注的不仅仅是技术本身，而是要重新回归到教学的本质，回归到育人的本质。新技术不仅仅是解决实际的教学问题，更重要的是使教师从繁重的知识传授中解脱出来，更好地去思考教育的本质，更好地通过传授思想、方法、途径、认知范式等来引导学习者建立认知世界的经验方法、思维方式、认知模式，教师应该是思想和学习方法的引路人、引导者和陪伴者。教师可以更好地关注运用先进的教育理念来设计和规划教学过程，引导学习者更好地学习。例如，创造型人才和个性化人才的培养不仅需要知识的学习，更需要有协作、分享、创新和创造的能力，教师在学校中扮演的不仅仅是知识传播者的角色，而是学习的引导者和陪伴者，万物互联时代的教师职业，不管技术再怎么发展，教师这个光荣、伟大、崇高的社会职业并不

① 外滩教育. 教育该如何应对人工智能的到来？. http：//edu.sina.com.cn/zl/edu/2017-05-25/doc-ifyfqqyh8315157.shtml，2017-5-25.

会消失。

此外，教师是新时代推动教育变革的关键力量。教师的职业不仅不会消失，反而作用更加重要。在教联网时代，教师的角色定位与教育目标变革、人才培养目标变革等紧密联系在一起。在大数据、人工智能、移动互联网、云计算的时代背景下，以互联网为基础的新技术推动教育变革已经全面展开，教师是教育变革的践行者，是促进新技术与教学深度融合的设计者、执行者、促进者和引导者。教师对新技术的运用水平及教师本身的知识水平、能力素质、责任感将成为互联网教育发展和应用的核心要素，教育变革的成功与教师的作用密切相关。前面提到的“乔布斯之问”，为什么唯独互联网对教育变革成效不够明显的原因，主要还在于没有重视教师在教育变革过程中的关键性作用。

随着教育信息化的不断深入，教师对新技术的理解、认知和应用也在不断地提高，如教师利用大数据进行教学决策，利用人工智能和物联网的有关技术开展智慧教学，提供个性化的教学和学习服务等。当教师在自觉地运用技术到教学中时，教师关注的不仅仅是技术本身，而是回归教学，真正发挥教师“育”的功能。①

由此可见，教师在在教联网时代扮演着更加重要的角色。教联网时代，教师这个光荣、伟大、崇高的社会职业并不会消失，反而会更加重要和关键。

三、教师角色转型：以学生为中心的引路人和服务者

教师职业不会消亡，但是面临着角色的转型。教联网时代赋予教师更多新的内涵与角色，给教师专业能力的培养与发展赋予了新的使命。未来的教师是什么样的？未来的教师以学习者个性化发展为中心，鼓励学生探索、创造，鼓励学生沟通分享，随时与学生互动，随时为学习者提供支持与服务。

1. 教师内涵的拓展：他人即教师

教联网时代教师即他人。学习者可以随时随地和“他人”一起学习，向“他人”进行学习。这里的“他人”不是传统意义上的“学校老师”，而是在同学、父母、社区、社会之间创建各种各样的学习关系，如图 6-4 所示。

---

① 周洪宇，易凌云. 大数据时代教师教育变革. 教育研究与实验，2017（1）：7-12.

图 6-4 教师内涵的拓展

教师除了传统学校中的教师以外，还包括了来自社区和社会中的各种角色，各个行业的专业人士，如桥梁专家、科研院士、甚至社区里的老人、高校的图书馆的管理员等。这些社会中的各种角色可以更广泛更方便地参与到未来的教育体系中，带给学习者全新的学习体验。学习是生活中的场景，学习无时不在，无处不在。学习对象是日常生活中的普通人、各行各业中的从业者，专业领域中的专家等；同样地，日常生活中的普通人、各行各业中的从业者，专业领域中的专家也是帮助学习的教师，因为，每一个学习者既是学习者，又是教师。学生的每一份作业都会得到专业人士的反馈。这些专业人士类分布在世界各地，只要有台电脑就可以在自己的碎片化时间里给学生批改作业，做评估反馈。教师也可以在从教和其他身份之间转换，教师可以今天从事教育站在讲台上，明天从事科研、办企业等，或者还可以白天在公司或者研究院所上班，晚上通过视频在线讲课；科研工作者、企业家、律师等各种职业人只要获得教师资格证就可以当教师。教师与其他职业之间的流动性将大大增加，各行各业的优秀者从教将是一种新的趋势。

2. 教师职能的拓展：个性化的支持与服务

教联网时代，教师最重要的是做一名思想的引领者。对于未来社会的发展，未来社会对人才能力的需求，在学习中遇到互联的困难和生命体验的困惑，都需要教师来引导。尤其是随着未来的学校在"提供个性化的教育方案"方面的不断发展，教学从基于课程标准的统一传授转向个性化培育的成长陪伴，选择、重构、再造教育资源是教师必须具备的基本功，教师需要指导学生选择课程，建立个性化课程学习菜单，提供以学生个性化发展为核心的支持和服务。在教学过程当中，教师的任务不再是满堂灌地传递知识，而是指导学生如何获取信息，解决学习过程中的问题。在教学过程中，教师可以获得学生学习的大量数据，可以组织、管理和评价个性化的学习体验，让每个学生享受更加个性化、更有针对性的教育。教师作为学生学习的引导者，有义务根据学生的认知水平、学习习惯特征、学习风格等组建学习共同体，将适宜在一起学习的学生组织在一起，通过现实或者虚拟的方式进行团队合作学习与讨论。教学将从教师个人的工作转化为运用教联网来支持团队的形成。

3. 新型的师生关系生态：学习共同体

万物互联背景下的新技术为实现多角色、多层次、多角度的交互提供了技术支持，教师不再是互动的中心或信息的来源，师生之间，生生之间是扁平化结构。教师要学习新的技能来适应教联网时代新的角色，既掌握传统的面对面的教学技巧，又会设计和促进以学生为中心的学习方式。教师和学生面对面教学时，注重团队学习方式，让学生一块儿工作，互相沟通，分享学习的美妙经验，达到促进学习的效果。教联网时代，一种新型的师生关系生态正在逐渐形成，即学习共同体。学习共同体是指参与学习活动的学习者，也包括专家、教师及学生，围绕共同的主题内容，在相同的学习环境中，通过参与、活动、反思、会、协作、问题解决等形式建构的一个具有独特文化氛围和境脉的动态结构。不管是在现实生活中的教室、在课堂，还是在虚拟远程教室与课堂中，教师与学生都围绕着学习任务，教师与学生互为主体，共同分享着知识，共同对对难点进行探索，相互交流讨论。在教学和学习活动中，教师与学习者是为完成共同的学习目标而平等交流关系，即教师与学生都有学习的任务和权利，教师与学生一起探索创新。[①]学习是一种自组织行为，教师在教学活动的设计中，以学习同伴的角色进入，让学生有机会去探索独特的方式，以促进同伴的积极参与和有意义的对话，分享学生在探索学习中的快乐，感悟和体验，及时组织讨论和思考，引导解决疑惑。

四、教师需要做一名拥抱新技术的终身学习者

教联网时代，人工智能的不断发展与机器人执教开始倒逼教师们与时俱进。交互的多元化打破了教师对知识的绝对权威，解构了教师的主导地位，教师的教学能力受到挑战，如果仍然只会用粉笔和黑板教学，或者仅仅会一种方法的老师，

---

① 张鹏高，冯骐，罗兰. 中国高等在线教育发展现状探究. 中国教育信息化，2016（1）：18-21.

可能是要被淘汰的。在教联网时代，教育行业需要的，是习惯于用最优质、最高效率的方法去提高学习效率和质量的教师。在新的条件下，希望教师能从使用体验、意识和使用工具的方法上改变。在新的时代背景下，教师的专业能力发展必须与时俱进。与传统教学背景下教师的教学能力相比较，教联网时代教师的专业能力发展向以下几个方面转变（表 6-1）：

表 6-1　教联网时代教师专业能力发展的变化

传统教学背景下教师的专业发展	互联网教育背景下教师的专业发展
专注教学	关注社会的发展变化
单一的能力	多元化的能力
个体性作用的发挥	群体性作用发挥
直接的、面对面的作用发挥	间接的、在线的、开放的作用发挥
促进教师专业发展	促进学生全面发展

1）由“专注教学”到“关注社会的发展变化”。在教联网时代，3D 打印技术能够用鼠标实现我们的创意从设计到实物，智能制造和绿色制造正在向我们走来，个性化、分散化和协作化的社会正在形成。科技的日新月异导致教育的目标，教学的内容，教学的方式方法都在不断地调整和变化，未来的教师必须第一时间感知社会的发展变化，在这样一个技术迭代升级水平越来越快的新的社会里，究竟需要什么样的人才？作为新时期的教师，如何培养社会需要的人才？预测不断发展的社会所需要的人才及具备的知识和技能，并且与时俱进，准备随时把最有用、最利于学生适应未来发展所需具备的知识和技能作为自己教学的出发点和归宿，让自己与学生一起在社会的变革中成长。

2）由“单一的能力”向“多元化能力”转变。在教联网时代，应对人工智能时代的到来，需要从全球化、人类社会深刻转型、中国的崛起、科技革命四个方面进行全面认识，人才的培养要体现个人担当、社会担当和时代担当。坚持以人为本，充满人文关怀，注重个性发展，健全人格等，实现个性化和人的自由全面发展；要站在融汇优良教育传统、传承和发展文明的高度，培育具有全球观、中国心和正义感的现代公民，要承担起社会责任和历史的重任；要站在人类历史发展的高度，带着全球视野、全球意识和全球观念来变革教育目标，关注全球的绿色生态和自然环境；关注文化的丰富性和多元性，求同存异，和谐共生，要有科学精神，勇于创新和探索，适应未来生活。基于上述人才培养目标，教师不仅仅是知识的传递者、新技术的实践和运用者，同时还是培养学生创新精神的引路人，是一起参与交流讨论的学习伙伴，同时还是学生个性化学习的服务者，是和学生一起关注绿色生态和自然环境的地球生物圈的命运共同体……教师的内涵和角色的增多，需要教师由单一的能力向多元化的能力转变。

3）由“个体性作用的发挥”向“群体性作用发挥”。在传统的教学环境中，教师的教学能力仅仅在本班级、本学校发挥作用。在教联网时代，教师的个体性作用开始向群体性作用转变，一堂好的课程通过互联网教育平台不仅可以让本校教师和班级受益，还可以让其他班级、学校，甚至是世界上任何一所学校的班级和学生受益。而且，互联网教育背景下教师的协作交流更加紧密，通过同行之间的交流、对话与协作，形成教师的集体教学智慧，发挥群体性的教学作用。

4）由“直接作用发挥”向“间接作用发挥”转变。教师教学能力的发挥在传统的教学中是直接的、面对面的，在教联网时代，教学的空间由传统的教室延伸到社会、社区、互联网的虚拟课堂，因此，教师教学能力的发挥既可以是直接的、面对面的，也可以是间接的、在线的、开放的。①

5）由“促进教师专业发展”向“促进学生全面发展”转变。在传统的教学环境下，教师专业能力的发展目的，主要是给学生传授知识和技能。在教联网时代，教学的对象是千变万化、个性迥异的，每个学生接受知识的方法和方式不一样，对能力的培养需求也不一样，教联网时代教师的专业发展既注重教师教学能力的发展，同时还要重要服务于不同学生个性和能力的全面发展。这不仅仅是形式上的变化，而且是教师教学能力发展的价值取向变化，教师专业发展是在寻求促进教师教学能力发展和促进学生全面发展下的双发展。

教联网时代，教师的专业成长发生了上述的转变，这就需要教师做一名拥抱新技术的终身学习者，教联网时代教育系统内发生了一系列的变革，教师的工作职能变得更加复杂，更加具有创造性。以物联网、人工智能为代表的新技术在教育领域的运用，对教学观、教学模式、教学方法、教学手段产生了重要影响。在教联网时代，传统的口语表达能力、教学设计能力、科研能力、课堂教学能力等在内的传统教师教学能力已不能满足学校教育对教师的要求，教师教学能力的发展与体系重构成为必然。“在当代教育改革实践中，教师的工作职能出现了深刻的变化，这种变化极大地提高了教师劳动的复杂程度和创造性质。没有教师的

① 郑燕林，柳海民. 美国网络教师的培养及启示. 教育科学文摘，2012（5）：47-48.

发展，没有教师专业上的成长，教师的历史使命便无法完成。”[①] 教师的工作职能必然要求教师要与时俱进地发展自己，完善自己，努力成为教联网时代的合格教师。教师的专业化发展要求是历史进步使然，是信息时代的教育变革的必然。

教联网时代，要求教师不断更新自身知识结构，提升自己的能力，适应新的历史时代背景下的教育变革。

从教学的角度看，教师需要和学生一起拥抱新技术。教联网背景下，大数据、人工智能、云计算等正在走进教育教学之中，教师不仅要具有教学的技术技能，还要具备整合新技术与教育的能力，如熟练使用各种教联网时代的新工具，包括教育资源的智能检索工具，跨越时空教学的可视化展示工具，教学过程的实践反思、探究教学、思维汇聚工具，教育及教学评价工具、教学及学生的管理工具等，并将这些新技术工具与知识迁移到新的教学情境中。万物互联时代的学生出生在数字化的时代里，有着数字土著民之称，教师和他们一起拥抱新技术。万物互联时代，教师的工作职能也变得更加复杂和具有创造性。新技术在教学中的运用对于教学思想、教学模式、教学方法、教学手段产生了重要影响，整合新技术与学科教育教学，实现信息技术与教育的深度融合是教师需要具备的能力和素质。

从教师专业发展的角度看，需要紧紧围绕教师专业能力发展的新变化。教联网背景下，教师的专业发展需要从被动适应到主动参与，从传统教育下的个体工作向群体协作转变，从专注教学到关注社会的发展，从传播信息向培育智慧转变。教师要能够适应新的教学理念，帮助学习者培养个性化的认知模式，更好地实现个体生命的体验和成长。

教师不仅是知识的传授者，还是学习者的引路人，同伴和教育服务的提供者。教师不仅需要设计多样化的教学过程，开发数字学习资源，还需要提供个性化的教学支持与服务。在大数据聚合、分析技术的基础上，教师可以在教学过程中获得学生学习的大量数据，可以组织学习者个性化的学习体验，帮助学习者按照自己的兴趣和个性特征与外部世界建立起联系，为他们在校内外学习提供帮助，成为自主学习过程中的辅助者、合作者。[②] 以教师为中心的教学模式将转化成以教师

---

① 王长纯. 教师专业化发展：对教师的重新发现. 教育研究，2001（11）：45-48.

② 涂涛，李文. 新媒体与未来教育. 中国电化教育，2015（1）：34-38.

为主导、学生为主体，教学资源与活动都围绕学生来优化配置。教师和学生互相沟通，分享学习的美妙经验，提高教育教学的支持与服务。

做一名终身学习者。教联网背景下的教育教学改革的实践必然要求教师不断更新自身知识结构，提升自己的信息素养，适应新的教学模式和教学方法。教师教学技能需要不断地发展与突破，这不仅包括新技术在教学中的运用给教师教学技能提出新要求，还包括万物互联背景下教师培养模式、策略、方法研究及实践探索等教育思想和方法的重构。教师的工作职能必然要求教师要与时俱进地发展自己，完善自己，努力成为教联网时代的合格教师。

第三节　未来的学生：释放本来就有的能力和天分

一、每一个学习者都是创造者

万物互联时代，一种改变人类生活方式的新经济模式，协同共享经济模式正在形成。协同共享经济模式在教联网生态系统中得到了渗透和体现。物联网的主要特征是每一种物件都可以寻址，每一个物件都可以控制，每一个物件都可以通信，也就是说每一个物件都是一个信息源，并在信息沟通中充分体现出它的即时性。以物联网技术为代表的万物互联时代，所有的资源包括人、物、信息等都通过传感器技术、射频识别技术、嵌入式系统技术等连接起来，形成虚拟世界和现实世界交互的生态圈。在以物联网技术为支撑的教联网生态系统，所有的教育资源包括教师、学生、教学设备、教室等构成生态系统的要素。其中，学生既是教联网的核心构成要素，也是教联网服务的对象，在教育生态系统中构成了学习共同体。每个学习共同体的学生具有不同的角色和身份，并且随时发生角色转换。他们既是知识的生产者，也是知识的消费者，共同维持学习共同体或学习生态系统的平衡、演进和自适应。在学习中，学生不仅是汲取知识、经验或方法的索取者，更是知识、经验和方法的提供者、生产者。学生在学习的过程中，也在提供相应的知识、经验、方法和解决方案，既是在消费，也是在生产。正是在学生共同的生产中，共享和分享经验、知识和方法，协同产生新的观念、知识和认知世界的方法、范式。和传统的教育相比，学生在学习共同体中具有多种角色和身份，学生从学习内容消耗者转变为内容创建者，被动接受学习资源到主动获取学习资源，再到提供学习资源、共享学习资源，并成为生产者。

传统的知识学习特点主要是通过信息传播反复刺激学习者，使之产生记忆。但是，人的记忆会随着时间和刺激频次逐渐衰减。基于教联网打造的全新智能化平台，可以使符合自己特点、兴趣、时空要求的个性化的移动学习更加方便和高效，从而改变学生被动学习、负担沉重的状况，真正形成学生主动、积极、自信的学习心态和质疑、探究的学习能力。每一个学习者都可以借助教联网成为信息的接受者和发布者。他们通过物联网技术接触到每一个物件。而每一个物件因物联网技术而具有视频传播、主动搜寻、自动播报和自动识别功能。学习者要学会应用各种先进的智能技术、设备来获取知识和信息，拓展创造的边界。

可以想见，将来的学生既可以利用课堂学习，也可以利用在家或户外的便捷信息感知设备（如智能手机）进行全面、系统的课程学习，并通过统一的管理和服务平台与远距离的人进行交流，从而提升全面学习的能力，并通过主动地利用信息感知设备进行内容搜索并提供到教育信息服务平台，成为内容的提供者和生产者。

二、释放本来就有的能力和天分

在教联网时代，当所有的精品教育资源免费向全世界开放之后，变化最大、受益也最大的首先是学生。未来的学生可以释放自身的潜能和天分，为自身的全面自由发展而学习，具体体现在学习目标、学习方式和学习内容上。

想象力远比知识重要。当我们加深对世界的认知，认识到其错综复杂的魅力并且认识到大数据赋予我们发现世界的力量时，我们也必须意识到它的局限。教联网教育给我们创造了一个想象的世界。它将打破传统教育中的认知疆域，在虚拟的世界中，每个人都可以成为设计师，设计自己的房子、衣服、食品、车子，甚至是一个国家、一个城市以及他能想到的任何东西，每个人都可以成为神笔马良，让想象的世界成为虚拟现实里真实存在的物体。

简单地说，未来的学生需要认知的新方式，想象力成为教育中一个需要培养和关注的能力，虚拟现实降低了我们的想象力的试错成本，也给了我们更大的空间去实践我们的想象。在学习中，我们也要继续重视那些数据不能解释的事物，如人类的智慧、创新性、情感的理解、创造力等理念，是大数据分析无法预测的。爱因斯坦曾经说过，想象力比知识重要，因为知识是有限的，而想象力是无限的。

学习者不断地完善自我。除了知识、研究和表达思想的能力之外，还应掌握观察、实验和分析能力、听取别人意见的能力、把科学精神和艺术相结合的能力，培养有助于人际协作的感情方面的品质。这些概括起来就是把一个人的体力、智力、情绪、伦理各方面因素综合起来，保持人格的均衡，使其成为不断完善的人，提升自我适应及建构未来社会的能力。

三、面向未来的能力策略清单

在万物互联时代，人和物都是网络中的一个节点，作为信息交互的重要节点，意味着人类与周围世界在时空关联上的极大压缩，社会发展在这种强信息流的交互中千变万化。在这样的时代背景下，我们的教育也要与时俱进，培养适应瞬息万变社会的人才，教育要未雨绸缪，以应对未来挑战为使命，面向未来培养人才。作为学习者，必须准备一份面向未来的能力策略清单。

在万物互联的背景下，培养学生面向未来的能力素养已成为世界各国所共同思考的问题。在新形势下，各国政府都重新审视人才培养目标，对未来的核心能力分别做了相应的表述，如表 6-2 所示。

表 6-2　代表国家和地区面向未来的能力清单

国家（地区）	发布机构/发布文件	面向未来的能力清单
中国	教育部/《中国学生发展核心素养》	人文底蕴、科学精神、学会学习、健康生活、责任担当、实践创新六大素养，涵盖了理性思维、批判质疑、勇于探究、信息意识、国家认同、国际理解、问题解决等多方面内容
欧洲议会和欧盟教育理事会	《终身学习关键能力——欧洲参照框架》	基础教育：母语交流能力、外语交流能力、数学能力及科学和技术基本能力、数字化能力、学会学习能力、社会和公民能力、首创精神和创业能力、文化意识和表达能力等八种能力
美国	《美国国家教育技术计划》	批判性思维能力、复杂问题解决能力、协作能力和多媒体通信能力

续表

国家（地区）	发布机构/发布文件	面向未来的能力清单
美国	国家科学院	认知技能（如批判思考、分析推理等）、人际关系技能（如团队合作和沟通能力等）和个人内在技能（即自我表达，包含自我觉察的反省能力及诚实耿直的品性等）[①]。其中，批判性思维和问题解决能力、创新能力、沟通和协作能力、信息技术技能是重点关注的
新加坡	《新加坡学生 21 世纪技能和目标框架》	核心价值观、社交和情感技能、全球化技能（包括公民素养，全球化意识和跨文化技能，批判性和创新性思维，沟通、合作和信息技能）
芬兰	国家教育委员会	批判性思考能力、动手与表达能力、工作与交往能力、自我掌控意识与责任意识以及参与动员能力
	联合国教科文组织	知识和理解技能；认知技能；非认知技能；行动能力
	经济合作与发展组织《未来的教育与技能：教育 2030》	创新能力、责任感以及应对压力的能力

在万物互联的时代大背景下，世界各国形成了面向未来的核心素养和能力的广泛共识，未来的学习者必须储备面向未来的核心能力，这些核心的能力素养概括起来有以下几点。

1. 培养放眼世界的系统思考能力

从梳理上述国家和地区关于面向未来的核心能力的关键词“国家认同”“国际理解”“全球化意识和跨文化技能”“沟通和协作能力”可以知道，在万物互联的时代，系统思考是非常重要的能力，特别是在人类命运共同体时代更显重要。未来的教育疆域的拓展，学习者的学习无处不在，自然联结于家庭系统、社区、自然生态系统等各种系统当中。在这种时代背景下，教育应该跳脱“标准答案”的教学模式，开发学生与生俱来的系统能力。由此让学生意识到他与每个人之间的联结，意识到他所做的事情能够联结到更大的集体；让学生从解决问题的过程中发展出一辈子受用的智慧，从而产生成就感与效能感，因而更有信心面对现今时代各式各样的社会与环境难题。例如，让学生每天放学之前，绘制一张曲线图来呈现自己当天的学习状况，并且要向其他的学习同伴分享体验、反思原因，以及学会去了解他人。培养系统智能不仅可以帮助学生建立与周围世界的关联，还能自然地扩展到许多需要系统思考的学科学习中，如物理、化学、历史、社会人文

① 王素，曹培杰，康建朝，等. 中国未来学校白皮书. 北京：中国教育科学研究院未来学校实验室，2016：2-3.

等学科知识背后的脉络就是系统思考。在这个快速变化的世界里，人类、个人生存环境与地球之间的相互依存却愈来愈重要。放眼世界的系统思考能力还有利于让学习者将自我内心与身边其他人相联。在传统的教育里，过于强调知识技能的学习，使得很多学生在学习中“见树不见林”，找不到学习的目标与乐趣；忽略社交情绪学习，以致很多学生无力应对自我的情绪行为问题，阻碍了个人发展。在教联网时代，未来世界的学习者能够学会观察自我内心的世界，同理他人，关心身处的系统，以系统观思考所生存的环境，这也是当前学校教育需要思考的重要内容。

2. 人文积淀、人文情怀和审美情趣

万物互联时代，程式化的、重复性的、仅靠记忆与练习就可以掌握的技能将是最没有价值的技能，几乎可以借助人工智能或者机器人就可以完成，反之，那些最能体现人的综合素质的技能。例如，人对于复杂系统的综合分析、决策能力，对于艺术和文化的审美能力和创造性思维，以及由生活经验及文化熏陶产生的直觉、常识，基于爱、恨、热情、愉快等人自身的情感与他人互助的能力，这些是教联网时代最有价值，最值得培养、学习的技能。中国上下五千年悠久的历史文化和世界各国多样化的文化，学生都应该认真学习，应当具备人文积淀、人文情怀和审美情趣。而且未来随着机器进一步代替人、服务人、扩展人，很多工作可以靠机器完成，但是文化底蕴和文化艺术类岗位往往不可替代。例如，日本智库野村综合研究所与英国牛津大学合作调查分析：现在的日本劳动者中，49%的人可由计算机代替；美国可能被机器人取代的职位比例为 47%，英国为 35%。但是文化艺术、人际沟通的职业，很难被机器替代。而且，这些技能中，大多数都是因人而异，需要“定制化”教育培养，不可能从传统的“批量”教育中获取。

3. 复杂多变世界的认知能力及通用的技能

对于学习者个体来说，只学习过去时代的知识已经不够了，而且懂得现在的知识也还不够，因为在万物互联的时代，信息高速流动，人们的决策也随时调整，未来的社会和生活充满了未知和不确定信。学习者必须学会如何去预测未来变化的方向和速度，去识别未知的模式，也就是说，学习者在积累经验和基础上必须学会预测未来的概况和远景的本领。托夫勒在他的《未来的冲击》中对未来教育的变化提出要培养学生适应临时变化的能力以及通用的技能。其中，提到应该在青年中培养能在水下生活的专门人材，他甚至大胆地假设下一代人有可能在海底生活。应该带一批学生到水下去，教他们潜水，介绍海底住房的建筑材料，所需要的动力以及人类闯入海洋后会遇到什么危险，又会有何种进展。提出向其他年轻人介绍外层空间的奇迹，让他们同宇航员一起生活或同他们接触。让他们了解行星的环境，让他们像今天十几岁的孩子熟悉家用汽车那样去熟悉空间技术。这样社会就能储备各种各样的技能，其中包括某些可能永远用不上的技能。[①] 关于未来的设想可能是错误的，但如果世界各国都有专门的教育机构研究面向未来的能力清单，也许未来的设想就是学习者必须准备的通用的技能。通用的技能包括迁移能力和批判思维。迁移能力很重要，不但能够从事他所学的专业，而且还能从这个专业出发，迁移到别的专业。随着计算机和人工智能的发展，知识的记忆、储存和调取很多可以由机器和电脑替代，但是对知识和信息的综合分析、整合判断就显得极为重要，这需要学生具备批判性思维。

4. 创新的能力

创新创造成为时代的主旋律，在万物互联时代，培养创新能力可以关注以下几个方面：首先是问题意识，在信息瞬息万变的万物互联时代，发现问题、解决问题的能力至关重要。其次是迁移能力，具有迁移能力的人才不但能够从事自己所学专业的工作，而且还能从自己熟悉的领域出发，迁移到别的工作，处理复杂问题，也能做到举一反三。此外，还需要具备丰富的想象力。知识是有限的，而想象力是无限的；生活世界有很多现实的限制，但想象的世界是没有边界的。物联网、虚拟现实降低了我们的想象力的试错成本，万物互联推动了人们的意识流与信息流交互交融的实现，也给了人们更大的空间去实践内心的想象，实现创新创造的机会。

第四节　未来的课程：有意义互联的载体与流动的媒介

“未来的课程”也是未来教育的关键组成部分，是培养“未来的人才”关键性的元素之一，是建设“未来型学校”的重要方面。课程是学生学习和教师教学的重要媒介，在教联网时代，教育是流动的，学校也是流动的，学习是促进生命中有意义的互联的过程，在互联中获得生命的体验与成长。从这个角度出发，课程

① 阿尔文·托夫勒. 未来的冲击. 孟广均，等，译. 北京：新华出版社，1996：343-349.

从知识的载体转变成有意义互联活动的载体，所以教联网时代的课程需要从时代所需要的能力出发，面向未来，突出个性化和流动性的特征，围绕学生的真实生活和社会需要来构建课程体系。

一、面向未来且突出互联和交互能力

在教联网时代，学习是促进生命中有意义的互联的过程，在互联中获得生命的体验与成长。从这个角度出发，课程的角色转变为促进有意义互联活动的载体。学生通过学习课程这一载体来“生成有意义互联”，教师根据教学课程“促进有意义互联的生成”。因此，课程即是有意义互联活动的载体和媒介。万物互联时代赋予人类的“互联的认识结构”，使得培养学生的互联和交互能力成为未来课程的重点，而教联网为课程的设计与实施提供了前所未有的便利，在线课程将成为常态，将使课程结构、课程表现形态、课程实施、课程评价等发生巨大的变革。从有利于学生生成有意义互联的角度来看，课程具备以下几个基本特征。

1. 从时代所需要的能力出发

教联网时代是信息与知识爆炸的时代，知识越来越具有社会性、微创新性、碎片化的特征，知识的增长速度与折旧率比以往任何社会都要迅速，与此同时知识传播媒介与获取方式均发生了重大的变化。教育则承担着生产知识、创造知识、传播知识的重任。随着知识的转型，教育也必须不断进行改革来适应社会需求。教育要使得学生适应和驾驭海量的信息与知识，课程作为教育活动的核心载体，必须要从“传授知识为主”向“促进有意义互联的生成为主”转变。为了适应新的人才培养目标，课程体系重新优化，按知识、能力、素质协调发展的要求来制定与社会发展相适应的教学计划和课程体系，纳入课程的知识必须是核心知识，所要推动形成的能力是万物互联时代关键创新能力，所要掌握的互联工具必须是基本工具，即在整个意义互联大厦中具有不可或缺的奠基作用。为此，开设专门的创新课程，培养学生的创新智能和创新方法。此外，在课程设置上适当调整必修、选修课的比例，增加选修课的数量和广度，使精力充沛、学有余力的学生选择更多适合自己的课程，塑造学生全面而和谐发展的个性，从而培养全面发展的复合型人才，使学生在未来工作中具备全面素质及创新能力，适应未来社会对人才的需要。

2. 课程内容必须面向未来

在科学技术日新月异的今天，世界正在发生快速变化。新时代的课程设置必须面向未来。教联网连接是一个无限的空间与时间，它可以触摸到世界各地的每个角落，追溯到历史和未来。教联网时代，课程应让学生掌握最新的知识内容，了解世界最新的发展动态，使学生的知识层次和结构与世界先进水平趋于同步。在学习内容的设置中，应把本学科前沿的最新研究信息、动态及成果有机地引进课堂，拓宽学生的知识面，强化学生的创新意识。教育部公布的 2016 年度普通高等学校本科专业备案和审批结果显示，各高校在布点新专业时纷纷聚焦大数据、新能源、新媒体等战略性新兴产业，如“数据科学与大数据技术”“新能源科学与精神”“网络与新媒体”等专业，时代感十足。回归到人工智能领域，自 2003 年北京大学提请建立智能科学系，并于 2004 年招收首批本科生后，至今十多年的时间里，随着人工智能的崛起，越来越多的高校开设此专业，从事有关智能科学发展的研究并培养相关人才。除了突破时间和空间的限制，知识与个体之间的接触也从间接转化成为直接的方式，个体可以直接接触到不同层次、多个梯度的专业知识和内容。未来人工智能将不断取代或变革现有的工作，也会创造很多新的工作，学校教育必须紧跟时代步伐，不断调整学科专业方向与人才培养目标，才能为社会培养、输送有用的人才。

3. 课程的表现形态多样化

课程越来越数字化，越来越立体化，课程越来越多的体现在社会与学校的互通，线上、线下融合，大规模在线开放课程和虚拟现实的课堂将融入未来的教育，成为教联网时代常态课程的有机组成部分。课程实施从班级形态集体授课向尊重学习者自我学习管理转型，如在社区、科技馆、文化馆、植物园、在线个性化课堂等新的课程实施形式，在尊重学习者自我建构的知识网络里，意义互联是无限延伸的，意义网络是超出人们想象的，要想将所有的东西纳入课程既是不可能的，也是没有必要的。学生在建立属于自己的意义互联网络的同时，也自然而然地与偌大的意义网络发生了关联，从而为今后的学习创造可能。课程实施的空间将从班级、学校扩展到网络空间、社区，商店、植物园等，跨越学校边界的课程协同将是常态。[①] 课程的整体结构从分散走向整合。学生根据各自的需要在多样的课程空间以多样的方式学习，获取、储存、体验、传播和创造知识，提高创造性解决

① 余胜泉，王阿习. “互联网+教育”的变革路径. 中国电化教育，2016（10）：1-9.

问题的能力。

4. 课程的时间可长可短

在教联网时代，学习者可以让碎片化时间得以充分利用，随时随地增加“微”课程。因此教师首先要积极开发适合“微学习”的学习资源，对传统课程内容进行调整，改变以章节或单元的课程内容模式，将学习内容分解成知识点的学习，每一个知识点关注一个问题，聚焦一种主题，短小精悍，强调学生对某一知识点或程序的掌握。这种微课一般为5～8分钟，适合进行碎片化的学习。其次是开发适合学习类的APP资源。学习者可以在自己的移动端下载教育类APP学习课程，其最大的特点是灵活性强、易操作、不受时空限制、互动方便等。

二、“世界是教材”与“生活是课本”

教联网时代，世界就是教材。万物互联背景下教育资源互联共享，教育信息全方位的流通。通过人工智能、大数据和物联网技术将整个现实世界纳入教育连接的视野，从而实现了教育的泛在化，使教育回归到社会生活本身。因此，在教联网时代，学习往往发生于传统的教室、教学内容和教学方式之外，世界就是教材。有教育工作者这样对比：在传统的教育体系中，教材就是学习者的整个世界；在教联网时代，整个世界都可以是学习者的教材。学习的目的并不仅仅是让学习者记住某些知识点或者某个技术，而是将学习置身于真实的社会生活之中，帮助他们体验和发展与未知复杂世界互联的能力，即创造能力、探索能力、独立思考能力、沟通能力、好奇心、合作能力、同理心等。

教联网时代，生活就是课本。教联网教育背景下的课程能有效实现知识与生活、知识与社会实践的联合。课程将通过教联网，更多连接实际生活，转变过分注重知识学习、轻视实践体验的状况，增加学习者动手实践和体验感悟的机会，密切学习者与自然、与社会、与个体生活的联系，让学习者用多维度的视角去发现和解决问题，去体验和感受生活，从而培养学生的创新精神和实践能力，通过项目设计与实施作为载体，将学术性的学科知识转化为可解决实际问题的生活性知识，从而促进学习者的全面发展。此外，课程内容的组织、课程的实施也逐步模块化、碎片化，动态可重组成为课程设计的重要特征，课程将逐渐移动化与泛在化，微课程将嵌入到日常生活，基于情境问题动态配置课程将成为现实。另外，教联网教育背景下的课程实施场所，不局限于学校的空间，其关注点逐渐为走向大自然、走向社区、走向社会，更好地体现围绕学生的真实生活重建课程体系的理念，使学习无处不在、随时发生。

教联网时代，课程强调以学习者的经验、个体生活和核心素养为基础，打破学科的固有界限，以真实问题为核心进行课程重组。每一个课程单元就是一个知识和能力的模块，是一个意义互联的小集合体，是不同模块之间有机衔接，使相关的学习资源建立永久性的动态联结，最终形成有持续进化能力的知识网络。课程内容也不再是教育者的专享权力，而是成为教育者与学习者之间互动与建构的成果，甚至是学习者在这种基础上能够发挥更大的影响力，学习者的兴趣和爱好决定了未来学习课程内容的选择。教联网时代的课程所促进的学科之间的融合，不是对原有学科的简单删减，而是需要从时代需要的能力出发，对原有的课程采取删减、融合、增补、重组等方式，增强课程实施的综合性，灵活开展大小课、长短课、阶段性课等课时安排，积极探索跨学科协同教学。教联网教育背景下的课程提供者，不仅是学校和教师，也可能是社区、家长、社会企事业机构。家长的参与、社区丰富多彩的活动、社会企事业和一些文化机构所开展的业务，都是课程资源。课程服务的专业化使课程外包成为常态，生活即课程。

三、流动的课程与个性化定制课程

在教联网时代，学习成为生存的需要，伴随人的一生。学习者根据自己的发展需要和所处的环境，按照自我的学习需求安排学习内容。在新技术的支撑下，未来教育将更加凸显个性化，未来的书本是流动的，未来的课程也是流动的。

书页是流动的——页面成了一种灵活的单位，从智能手机上那微乎其微的屏幕到一整面墙，内容会适应任何可用的空间，可以适配你喜欢的阅读设备和阅读风格。

版本是流动的——电子书的材料可以变得更个性化。如果是一个新手，那么你手中的版本或许会解释生词；如果你是一个对此书有一定了解的熟手，那么你手中的版本将重点为你解疑释惑；如果你是这一方面的专家，那么你手中的版本将更加关注这方面的研究的最新动态。个性化的“我的图书”会真正意义上为我量身打造。

分享是流动的——电子书在云端保存的成本是如此之低，以至于在没有限制的图书馆里保存一本书是“免费”的。而且这本书还能在瞬时发往地球上的任何地方，无论发送时间如何，接收对象是谁。

更新的是流动的——电子书的内容可以随时更新，也可以逐步改进。在可穿戴设备的帮助下，电子书可以随着事物的不断发展而不断更新改进，更像一个成长中的生命体，这种生机勃勃的流动性鼓舞人们成为创造者和读者。

课程是流动的——课程社区化和生活化，课程无处不在。万物互联的时代背景下，关于生活世界的信息能够形象、直观地呈现在学生面前，使学生产生“身临其境”之感，从而破除了时空的壁垒。人工智能、可穿戴技术和物联网等新技术的出现和不断发展则进一步加强了这种感受，也进一步浓缩了时空距离，将世界各地连接成一个不可分割的有机整体，支持真实的情境创设，创造出全新的虚拟空间，为学生提供了图文并茂、丰富多彩的虚拟世界和交互式人机界面，使学习者可以不受时空限制地共享资源并自由地进行联结，增强学习体验，实现情境学习，促进知识迁移。

教联网时代，正是因为未来的课程存在上述的“流动性”的特征，有利于实现课程的个性化定制。课程是意义互联活动的媒介，对于相同学科、相同技能来说，不是只有一种课程体系能够达到学科或者专业要求，要实现既定的学习目标，最基本的课程要素是相同的，但也可以通过其他的类似的课程来达到相同的目的，课程结构方式和表现形式可以是多样化的，课程体系不是固定统一的几门课程，也不是给定的一本教科书上的内容，不需要以同样的顺序和步调进行，而是将有数千种不同的组合方式。这为课程建构提供了广泛的创造空间，流动的个性化的课程成为常态。以电子商务为例，需要计算机、商务、设计、广告等若干方面的知识点，假设 245 个知识点组成了电子商务的整个知识点系统，学生学完了这些知识点，教师再进行检验评价。将来课程界限被打破了，需要文传学院的广告知识点，计科学院的计算机编程、网页设计知识点，工商学院的市场营销知识点等，这些知识点进行整合，形成了知识板块。

对学习者来说个性化定制的课程如同个性化的音乐播放列表，可以截取、混合最爱的音乐并将之列入音乐播放器，我们的课程，也可以实现个性化定制，创建个人的播放列表，实现一人一张课表的教学。学习者可以搜寻数以百万计的不同课程。他们不需要再把课从头听到尾，而是可以跳过自己已掌握的，或是不喜欢的内容，重复播放还没有掌握的部分。教育大数据分析能精确地反映学习者的知识结构、能力结构、个性倾向、思维特征，使实施个性化的课程成为可能。课程建设将会出现更为精细的社会分工，以团队形式建设和运行一门课程将成为一种趋势，不同教师将扮演知识规划、教学设计、技术开发、在线辅导、学习服务等不同角色。教师利用大数据分析选出最有效的、支持个性化特征的个性化教材。即便是同一组学生使用相同的教材，教材也会进行个性化的处理。课程将越来越智能化，越来越具有选择性，适应学生个性特征是未来课程发展的重要方向。

第七章

应对挑战：迎接教联网时代的到来

随着万物互联技术的发展，教育领域将会发生深刻的变革，教联网时代成为教育领域新的里程碑，成为教育领域新的时代特征。以物联网为代表的新技术在教育领域的广泛应用，不仅对教育技术、教学模式、学习方式等方面产生了深刻的影响，并对未来的教育理念、教育价值与教育目标产生重大的影响。教联网时代的教育要真正发挥其应有的功能和作用，必然需要对现有的教育制度、教育治理体系等方面进行颠覆式的创新与变革，使其适应未来教联网时代的教育。然而，传统教育根深蒂固，其产生的土壤虽然在不断改善，但仍面临重重的困难，必然受到主体利益、制度、惯性等主观和客观因素的影响和制约。教育是面向未来的，教育就是要创造一个更美好的未来。当我们由"互联网时代"走向"物联网时代"和"教联网时代"的时候，我们的社会、国家和个人都将面临万物互联的冲击与洗礼，不可避免地受到教联网的影响。我们唯有主动拥抱即将到来的教联网时代，我们才能真正地在思想观念、制度机制、治理体系等方面积极探索，才能建构适应面向未来、适应万物互联时代需要的教育，才能培养出未来社会所需要的人才，才能真正创造出更加美好的时代与未来。

第一节　面向未来的教育战略

一、未来教育制度的衔接：社会文明的进程与教育制度的“焦距”

教育具有个体功能和社会功能，教育不仅仅是培育个体的人，也是培育社会的人。不同的社会具有不同的社会架构、社会秩序、价值观念、运行模式，对人才的需求也必然存在差异，对教育的需求也必然不同。每个社会对过去、现在和未来都抱着特定的态度，每个时代都具有不同的倾向性，反映到教育领域，就是为社会培养的人才具有不同的倾向性。而要培养出适应未来社会的人才，不仅仅需要教育技术的变革与发展，也需要基于技术变革与发展背后的教育理念、教育目标、教育路径的选择与判断，而最终反映到国家层次、社会层面和制度层面，制定适应未来社会发展的教育制度，为教育理念、教育目标的实现提供制度保障，为培养未来社会的人才提供可以实现的路径与方式。

回顾人类社会发展的历史，教育在不同的社会发挥着不同的功能与作用。特别是随着社会的发展，教育的功能与作用正在加速变革。在社会文明和进步比较缓慢的时代，社会生产力的发展停留在一个变化不大的层面，整个社会的结构是固化的、不变的，过去积累的知识和经验都能够在未来社会中得到应用。如在农业社会进程中，教育的主要目的是学习已知的知识、技能和经验，以适应一成不变的社会，而这种知识、技能和经验正是巩固社会发展的重要手段，并且这些知识、技能和经验也是在农业社会中所需要的维持社会发展及个人生存发展的重要依靠。传统农业社会的教育是面对过去的教育，学校把各种实用技术，包括祖宗积累并建立的社会价值观、社会秩序等，通过私塾、学校、家庭、宗教机构等方式进行传授，师生主要是分散在整个社会中，主要通过言传身教的方式实现知识、价值、技能的传递。这种教育制度适应农业社会固有的特征和发展规律，其核心是以巩固和传承过去社会为基础的，教育面对的是过去。

到了工业社会，需要培养大批的专业技术工人以适应工业革命带来的社会化大生产，满足社会大生产的需要。教育制度就是按照工业体系标准化的模式发展起来的，按照工厂规模化大生产的方式组织起来的。教育就是向人们传授工业化大生产过程中所需的特定的学科知识，是以工业化社会为背景和依据的，并实现从农业社会的精英教育、私塾教育向大众教育、标准化教育转变。教育聚焦于培养社会所需要的劳动力，要求学生遵守集体纪律，按照既有的规则和程序作出适当的行为，讲求标准、规则和秩序。我们今天的教育就是工业社会所建立起来的教育制度和教育模式，也是适应工业社会规则和秩序的教育，人们希望未来的教育制度不断改善，主要是因为社会的飞速发展，社会的规则、秩序、行为方式、思维理念等正在发生深刻的变化，各个行业、各个领域对人才的需求不再是按部就班、一成不变的工业社会的人才，而是需要大量的能够标新立异、不断创新的人才，而这正是现有的教育制度所缺乏的，如管理太严，学生缺乏个性，教师专制，分配座位、班级及记分法一成不变等。工业社会的教育本身的侧重点缓慢地从过去转移到现在，这种教育制度的核心是以现实社会的需要为基础的，教育面对的是现在。

信息技术的不断发展推动了社会历史变迁，从工业文明进入了信息时代，转瞬间又将从信息时代走向物联网时代，社会生产力的不断发展改变了教育教学所处的外部生态环境，使教育教学系统与整个社会大系统之间的相互关系发生了变化。一方面，社会历史变迁对教育教学提出了变革的新要求；另一方面，科技进步为教育教学的变革提供了新手段。如果我们不能提前预测并应对新技术对教育越来越快的冲击，那么，培养的人才就不得不去面对变化更加急剧的社会。教育的主要目标应该是提高人的“适应能力”，即培养具有社会所需要的能力和素质的人才以适应不断变化的社会和生活。变化的速度越快，越需要去预测、关注和识别未来变化的模式。

我们现在所坚守的“传统的现代教育”起源于第一次工业革命时期，兴盛于第二次工业革命时期，是这两次工业革命的产物，学校与学习的模式都反映了工业化时代大生产模式。而万物互联打破了这一切，物联网时代在信息社会的基础上进一步智能化，实现了万物智能互联，特点是社会变革速度快、变化大，能够根据周围环境的变化不断地进行自我调节与适应，并不断地进行创新。尤其是随着人工智能、机器人和大数据走进社会和生活的方方面面，机器人代替教师的部分功能，成为辅助教学手段，和教师一起来教育学生。学生和教师都不再集中在学校或教室中，而是分散在世界各地，在社区、在家里、在图书馆、在任何社会中的场景……通过灵敏度极高、反应极快的通信系统、视频系统互相联系。因此，我们随时随地都处在一个正在发生变化的时代，需要时时刻刻面对新的事物并重新建立新的关联模式，有的已经掌握的知识和技能很可能在下一刻就没有任何参考的价值，万物互联的时代是面向未来的时代，是创新发展的时代，教育要适应这种万物互联的时代，培养能够适应未来社会特点并不断创新与构建社会的人才。而这种教育所教授的不是简单的技能、知识，而是创新的思维、创新的方法和创设新的互联关系，这是家庭教育或工业时代的学校所不能提供的，也正是未来教育的重要特征，如图 7-1 所示。

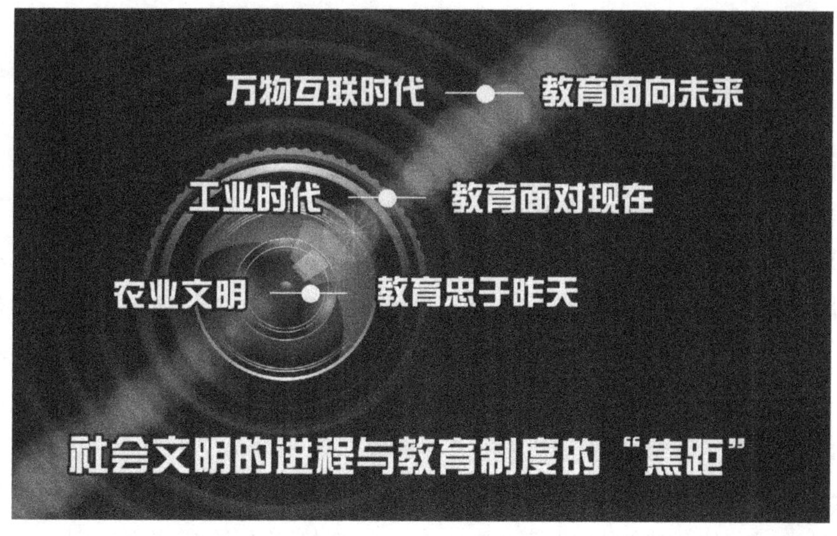

图 7-1　社会文明的进程与教育制度的“焦距”

在这种时代背景下，教育从固化的教育向创新的教育转变，从大众教育向个性化教育转变，从不变的教育向多变的教育转变，从共同性教育向个性化教育转变，从永久性的教育变为暂时性的教育，从关心现在的教育变为注重未来的教育。在万物互联的时代，人工智能、大数据、移动互联网和云计算不再需要数百万的人在一起做不断重复的工作。特别是智能机器人技术的发展，智能机器人不仅可以代替人类工作，还可以用机械取代肉体，把人类的意识输入设备之中。在万物互联的时代背景下，社会不再需要重复性劳动的普通劳动者，这些工作都将被智能机器人所取代，而是需要具有创新意识、创新思维和创新能力的人才，能够在新的环境里进行模式识别，在未知中迅速反应，敏于发现迅速变化的现实中的新规律。万物互联时代需要的是一些“未来化思想深入骨髓”，有创造性、有好奇心和有想象力的人才，能够适应、设计与构筑未来新的社会机制、规则和秩序的人才。

托夫勒在《未来的冲击》中对未来的教育进行了预测，未来社会需要能做出重大判断的人，能在迅速变化的现实中做出敏捷反应的人，需要“骨头里都有未来”的人。为适应这种新的人才需求标准，托夫勒认为，未来教育的目标将是提高人对变化的方向和速度的应对能力。托夫勒在对未来进行预测时正是20世纪70年代，计算机刚刚起步，云计算、大数据、物联网还没有应用的苗头，只能用他诗人的直觉和天才对未来进行展望。40多年后的今天，社区学习、社区图书馆、社区资源、校区等“回到社区”的教育理念不仅完全应验了杜威“教育即生活”“教育即生长”的理念，而在家上学与在线教育、新乡村运动与社会化网络、服务社区与云和大数据为基础的教育资源共享、教育模式语言与教育空间设计的重视、学生个性和天性培养与支持，则强力说明了未来教育已经到来。教联网可以将更多更全面更廉价的过去的教育连接到社区和家庭的每个角落；大数据和物联网的发展及基于此的更真实的教育环境及教育空间的设计，将产业、社区和知识完整真实地连接到每个学习者，更好地实现 “教育即生活”“学校即社会”的教育理想；社区和新乡村运动及第三次工业革命所带来的变化和信息化支持，则体现了未来教育的终极愿景：人和技术共同进步、混合发展，创新成为时代的主题。教育是面向未来的，尤其是在万物互联的时代，不断变化的社会更加需要面向未来的教育，需要教育培养出适应未来特点并能够对未来社会进行建构的创新型人才。作为未来的教育，必然要摆脱实现传统教育功能与作用所需要的一系列制度性安排，需要对原有的教育制度进行重新审视，并建构新的教育制度来保障和实现未来教育的功能和作用。

二、未来教育的顶层设计：制定面向教联网时代的教育战略

教育不仅是面向未来的，也不仅是个体的教育、孤立的教育，而是社会的重要组成部分，是对社会作出的回应，是对过去、现在和未来社会的继承、发展与创新，是社会的教育、国家的教育。新技术与社会、教育、人的融合，创造新的秩序、范式与文化。新时代与教育的新要求还需要国家层面来实施和推动，从而使每个人都获得好的教育机会。同时，教联网时代的教育还涉及线上教育、网络安全的问题，作为国家和政府，必然要作出相应的对策和制度设计。不仅如此，物联网技术的发展催生了教育的变革，没有国家层面的制度推动，没有统一的教联网的构架、没有学分制的认定等，教联网时代的教育变革就没有相应的保障。

在万物互联这种新的教育生态下，学习者的认知方式正在发生改变，应对社会复杂性的生存方式正在改变。现代社会的知识爆炸与我们每个人的学习时间与学习能力的鸿沟越来越大，人类要很好地适应越来越复杂的社会，人类认识世界、驾驭世界的认知方式会越来越多地依赖人与智能设备的分布认知、协同思维，分布式认知成为信息时代人类适应社会复杂性的基本方式。大规模的社会化协同，将逐渐成为社会协作的常态，成为各种组织解决问题的基本工作方式、基本思维方式。认知是构建教育大厦的基础，人的认知方式的裂变，必然导致教育的革新。技术已成为人类生存环境中不可分割的一部分，并使人类的基本认知方式，驾驭世界的基本思维方式发生意义深远的改变，当基本认知方式发生改变的时候，在此基础上建立的教育大厦必然发生意义深远的革命性的裂变，无论是教学思想、教学理念，还是教学组织形态、教学方法等都会发生意义深远的改变，只有这种改变才能培养出适应未来社会发展的人。因此，为应对教联网时代的到来，建立适应万物互联时代的教育制度，国家和政府需要制定面向未来的教育战略，提前谋划未来的教育。

在教联网时代，社会结构、社会组织变化，社会的职业变化和行业发展，未来的智能机器将取代人类程式化的、重复性的机械工作，而使人类主要从事那些艺术、文化、审美等创造性的工作，那么，需要什么样的教育才能实现这样的目标和定位？

1）要研究教育机构应该如何进行变革。在教联网时代，教育机构将实现多元

化，教育内容将得到无限的拓展，教学模式、学习方式也都将发生深刻的变化，怎样才能构建适应教联网时代的教育体制机制，如何处理好教育管理部门、学校、社会教育、职业教育、网络教育之间的关系，构建开放、共享、交互的教联网平台，实现资源的共享交流，如何利用最新机制与技术手段，以更大的规模、更低的成本、更新的模式、更快的速度为更多的年轻人创造出更好的教育环境呢？

2）要制定面向未来战略的顶层设计。作为未来的教育，承担着未来的历史使命，决定着未来人才的素质，关系未来的人才战略和核心竞争力。要提前考虑我国教联网发展的战略布局，尽快编制我国教联网发展规划与政策，加强对教联网教育资源引发的全球教育资源配置的影响与挑战的研究，从国家层面确定教联网的指导思想、理论基础、主要原则、预期目标。此外，从工作的组织管理上，政府部门必须担负起明确发展方向，统筹协调推进的责任，建立起教联网发展相关部门的协同配合机制，凝聚各方力量共同推进。

3）要重塑教育理论体系。教联网时代的教育蕴含着不同于传统教育、现代教育的规律和特点，是对过往教育的全方位的改变和颠覆，必然需要在技术不断革新的基础上，对未来教育的理论进行重新构架。新技术在教育教学系统内部的扩散也具有颠覆性，教联网带来教育的变革的内部动力正源于这种颠覆性特征，而其核心的表现则在于重构了教育教学系统内部各要素相互之间的关系，对未来教育的发展做出了构想。万物互联时代的新的教育目标观决定了人才培养目标。在新的目标观下，需要构建适应新型人才培养的教学观、课程观、教师观、学生观、管理观、评价观、质量观和教育发展观，构建教联网时代的新的理论体系。

4）要加强对政策的研究与制定。在研究与制定政策时不仅要有纲领性、原则性的指导，更要使规定和政策内容具有较强的具体性和可操作性，给具体实施提供坚实的基础，使实施者明确自己的职责及工作重点，将政策落到实处。同时，随着教育技术的发展，会连带许多与教育技术相关的领域，在制定政策与发展策略时不能只关注教育技术本身，而应扩大政策及策略的范围，关注与教育技术发展有关的各个领域。例如，电子时代的知识产权问题，这个问题已引起一些国家的高度重视，知识的电子化对知识产权提出了新的要求，那么必须从政策、法规上给予明确规定来顺应这个要求。我国地域辽阔，人口众多，并且各地发展不平衡，致使各地的信息技术水平及教育情况差异很大。因此，在国家宏观调控下，通过协会、组织和学校、研究机构的合作，根据各地实际情况及发展需要合理建立各级教育技术政策及策略是十分必要的，这样既利于各地教育技术的发展，也不影响国家的统一规划。

5）要保障教育的公益性质。政府如何在活跃教育市场的同时确保教育的公益性呢？首先是政府兜底，确保人人享有接受普惠性教育的权利。政府不直接办教育，但可以通过购买教育服务的方式，将优质教育资源提供给人民群众。由于政府可以采取集体采购、税收调节等多种手段“压价”，所提供的教育服务就会相对便宜。对义务教育，政府全部承担费用。对非义务教育，政府通过适当补贴、贫困资助、设立奖学金等方式，确保人人都能享受价廉质优的教育。其次，政府统筹，确保教育公共设施的转型和建设。教联网催生教育业态发生变革，必将迎来学校基础设施的转型建设。一方面，当今大兴土木建起来的“围墙内的学校”将面临传统教育功能萎缩，网络教育功能再造的改建任务，如走向小型化、公共化、信息化等，导致一批学校将面临被拆除的命运，总体趋势是互联网学校的实体部分将“变形”，散居并融入小区、厂矿、写字楼、博物馆、名胜古迹等之中，这个变革的过程需要政府统筹规划，引导学校自觉转型。另一方面，一批与互联网教育配套的重大公共设施亟待建设，如建设教育云，能够为人们提供公共教育服务平台和网络教育资源。第三，政府调节，确保教育市场提供优质服务。政府要坚持依法行政，可通过制度、规划、筹资、服务、监管等多种方式，最大限度地激发教育市场的活力，让市场充分发展，有序竞争，让优质教育资源脱颖而出，让教育市场满足每个人的学习需要。可以建立课程资源网络合法性审查制度，要求所有课程模块都在专门的网络平台上接受合法性审查，凡是没有通过合法性审查的，不得提供给学生学习；建立教育信息公开制度，让公众“看得见”学校和其他教育机构的办学行为、教育效果，以及学生和家长的评价；建立在线教育纠纷解决制度，允许教育主体通过网络平台解决相应的纠纷；建立社会诚信系统，学校和其他教育机构一旦违背法律法规，责任人就被记入教育黑名单，或者从教育服务行业中永久除名。最后是政府支持，完善社会化的教育公益服务。支持和发展具有公益性质的社会组织、机构和人民团体等，建立各种教育公益基金，完善教育捐赠系统，让社会力量参与教育资源提供、教育服务监督等中来，为确保教育公益性出力。

三、未来教育的研究：成立面向教联网时代的教育发展与研究机构

在万物互联时代，教联网必然实现教育的全球化，需要在全球范围内率先把

规则体系建立起来，构建开放、统一、规范的教联网，构建教联网时代的教育体制机制，研究教联网时代教育的特点、规律及运行机制，需要成立教育发展与研究机构，加强对教联网时代的特征及教育规律的研究，为教联网的构建提供建设性的意见。比如，如何把教联网时代的规则体系建立起来，包括人才培养的目标、课程的标准、评估的标准、终身学习的举措等，充分发挥面向未来进行研究和预测的作用，从而促进教联网的发展。20 世纪 70 年代，美国就成立了成人和经验学习委员会（Council for Adult and Experiential Learning，简称“CAEL”），这个机构并非隶属政府教育主管部门，而是一个全国性的非营利组织，其职能就是负责制定先前学习评价政策，制定大学水平学习标准，并指导各个机构开展先前学习评价。美国现在有两个由联邦政府资助的“教育政策研究中心”，一个在锡拉丘兹大学，一个在斯坦福研究所，就是负责研究面向未来的教育。巴黎的经济合作与发展组织最近也设立了一个类似的部门。我们可以借鉴并及早进行布局，鼓励和支持社会组织来设立相应的研究机构，加强对未来教育规律、特点的研究，以便更好地推动教联网时代的教育，在未来的教育中抢占制高点。特别是随着全球一体化、地球村的形成，谁能够在教育领域赢得先机，谁就有可能在意识形态领域、在价值观输出、在产业发展等方面取得优势。

在我国，可以由社会团体成立中国教联网协会，进而成立世界各个国家的教联网协会，然后他们之间互相授权承认。同样的课程，中国认可，世界其他国家也认可。也就是说，学习者凭借已经在一个国家选修的教联网课程，再到别的国家接受教育，减免学分，冲抵学分，减少成本。还要加强与其他国家教育的交流与合作，特别是在全球化的今天，随着互联网的发展，相互交流学习、分享观点，共同汲取人类的共同经验，人们越来越具有理解、开放、包容的心态，新人文教育观也得到了越来越多的认同和肯定。同时，人类作为命运共同体，也面临环境问题、安全问题、恐怖主义等方面的挑战，需要共同去承担和解决，成立教联网协会就是要分享人类优质的教育资源，相互交流、学习与理解，共同应对人类未来的挑战。

四、探索个体学习的实践：适应未来的学习

教联网时代的教育具有不同于传统教育的特点，作为未来的学习者，必然要在教联网时代的背景下，重新构建新的学习思维、学习方式，适应未来的学习。

人们要养成终身学习的理念。教联网时代的教育机构走向多元化，教育资源逐渐多元化，学习者接受教育资源的渠道也多元化，而学校教育功能逐步弱化，学校并不是教育的唯一场所，集中学习也并非主要方式。在这种情况下，作为未来的学习者就要建立新终身学习的理念，并且要通过自我约束来达到学习的效果，让终身学习成为生活习惯。每个学习者结合自身的不同情况采取不同的学习方式。碎片化的学习、社会化学习成为主要的渠道和方式，学习自由度更大，且未来的学校全天候开放，没有暑假和寒假，没有双休日，学生根据自己的需要安排学习时间。这样学校的设施和校舍将会得到最大程度的利用。未来暑假、寒假、周末、夜晚等时间都可以被充分利用，所以整个教育资源会进一步集约化。

教联网时代提供个性化学习模式。未来的学习是个性化的，每个人除了完成国家的基本课程以外，完全可以设计和定制自己的课程。由于大数据技术的应用与发展，系统可以对每个人的学习数据进行智能抓取，分析判断个体性格特征、个体学习进展情况等，并结合个体定制提供不同的学习课程。在这样的学习背景下，个体学习者要结合自身的特点和学习情况安排自身的学习进程、学习内容，而不是被动地接受教育。特别是在智能机器人替代人类工作的领域，在人工智能设备提供基本的学习知识的情况下，重点是强化学习者自身创造性的学习内容，自定步调的自主学习成为学习的重要方式。

走向社会，人们在社会中学习成为常态。未来的教育将突破传统教育机构的藩篱，通过教联网这个大平台实现教育资源的互联互通，人们可以随时随地通过教联网便捷地获取教育资源。传统的教育机构不再是唯一的教育资源的来源，也不再拘泥于原有的教育方式，更多的是通过社会化学习的方式提高学习者的能力，使学习者拥有更多的学习自主权，并且社会学习者可以随时回到学校继续学习，接受教育。同时，正式学习与非正式学习可以互补融合，学习者通过无处不在的教联网，将学习活动由课堂向课外延伸。

第二节　重构教育治理体系

教联网时代，用互联思维重构教育治理生态，已是教育与新技术深度融合的必然选择。重构教育治理体系既是对现行的教育治理不足的反思，也是对未来教育治理体系的展望与探索，其重要的意义在于通过重构教育治理体系，不仅为我们提供宏观的理论指导，更重要的在于为我们提供实践指导，有效地促进和推动教育领域的改革与创新，推动教联网时代的教育理念、教育价值、教育目标、教育模式、教学方式、学习方式等都能够得到有效的落实和体现，最终提供公正、公平、优质和安全的教育，构建教联网时代的教育。

一、现行教育治理体系面临冲击

现行的教育体系也是适应工业时代的需要而构建起来的，随着物联网、人工智能等新技术在教育领域的应用与拓展，现行的教育在应对急剧变革的社会与培养创新型人才时面临多方面的冲击与挑战，因此，亟须对现行的教育治理体系进行变革与创新。

1）对现行教育理念与价值目标的冲击，从社会价值、工具价值到个体价值、人性的回归。工业社会的教育目标主要是培养具有特定技能的人才，满足工业化大生产的需要。而随着社会的发展，教育的理念与价值目标出现了多元化，不仅仅满足社会的需要，还要考虑个体的因素、对个体的尊重，也不仅仅是生存的需要，还是实现人自身的价值，促进人的成长与生命体验。现行的教育正在社会价值与个体价值之间寻求平衡。新人文教育观正是对现行教育的重新思考和对即将到来的教育的希冀，也是未来教联网时代教育所追求的教育理念和价值目标。

2）对现行教育管理模式的冲击，从标准化、集中式到个性化、分散式的变革。现行教育是工业化时代的产物，由于班级授课制的需要，学生被编入班级，若干班级构成学校，若干学校构成整个教育的主体。这样的教育业态具有明显的网格化、叠床架屋特征，一个班级就是一个教育网格，由无数网格叠加成稳定的教育结构。在传统的教育环境下，通过层层设定教育目标、课程内容、考核大纲等，“收获”工业化大生产所需要的标准化人才。而教联网催生的教育业态普遍以个性化菜单制为基本形式，学生从班级、学校的固定网格中解放出来，可以自由地选择教学机构、教师、学习课程、团队，这样，计划性很强的模式面临冲击，市场在教育资源配置中的作用将会加强，这要求我们构建适应未来发展的新的教育模式，真正激发教育的活力，发挥教育的功能与作用。

3）对现行教育体系的冲击，互联网、物联网对现行教育体系的颠覆与瓦解。随着互联网、物联网技术的发展，原有的社会结构发生变化并进行整合重组，深深地影响了教联网时代的教育疆域、教育组织形式、教学模式，教联网时代的教育能够满足人们任何时间、任何地点、与任何物件进行沟通交互的需求，实现实时交互、碎片化的学习，对现有的教育管理体系、教育科研体系、教学运行体系、设备管理体系、学生学习体系、师生评价体系等所造成的影响不容忽视。例如，物联网时代的教育空间场所可能会发生转移，制度化的学校教育功能将逐渐弱化，阶段化的教育推进将阻碍一些人的教育需求，固定的课程和教材将会被便携式的感知工具所取代，学校的教学设施和基本装备将完全实现智能化，相应的管理机构和管理人员将逐步缩减。基于物联网技术的影响，我们必须要正视其对现存的教育体系所造成的消极作用，推动教育理念转换，管理制度变革，真正建立以学生为中心的教育体系，以适应未来教育时空、内容、主体、评价的深刻变迁，应对未来教育的挑战。

4）对现行教育主体的冲击，从教师为中心向学生为中心转变。在传统的教学技术环境中，以教师为中心的教学形态并不能轻而易举地被消除，这是由于传统的技术手段并不能从根本上改变知识单向传输的状态。在教联网时代，通过物联网等新技术可以实现学习者、教师和所有的物体之间的互联，体现的是“行动者的网络”的特征，在这个网络中没有主客体的区分，每个人都是信息的提供者、消费者，每个人都是主体，也是受众。随着智能技术、大数据和物联网等新技术不断发展而带来互联，物质世界得以实现数据化并被赋予生命，物体也将能够表现出其“拟人化”的特征，从而会“说话”、会“思考”、会“行动”。物体的拟主体意义被极大程度地展示出来，此时的人类也在一定程度上成为物的“对等物”或“结合物”，与物体一起成为世界体系中的一个互动载体，共同实现对世界体系的认知与理解。因此，物联网的出现，必将带来人们对关于物体与自我更深关系的思考，物体在体现人类认知观念变迁的同时，也将物理世界更多未知的现实问题带入人们的视野之中。物联网既是一种实存、一个概念，也是一种理念、一种实践。它不是人与人、人与物、物与物的简单相连，而是一种新的生存方式和生存空间。在万物互联的背景下，人与人、人与物、物与物的沟通和感知呈现出新的关系形态。

5）大数据技术也为教育治理带来了新机遇，从经验主义向理性主义转变。传统的教育和现代的教育是对过去经验的总结，传授的是过去的规律，并对未来缺少变化的社会的运行提供经验性指导。在整个的教育体系中，也主要靠集中管控式的管理对教育机构、教学内容、教学主体及学习者进行管理控制。而随着大数据技术的发展及应用，能够通过各种信息传感设备收集各个运行主体的信息，并对信息进行分析和预测，这就为教育治理提供了依据。我们能够通过大数据对学生的学习行为进行分析，从而提供个性化的学习指导与服务；通过大数据为教师提供相应的辅助性帮助、为学校之间提供共享的信息等，这些都为未来的教育治理提供了理性化的依据。

总体而言，未来的教育与现行的教育在各个方面存在差异，现行的教育随着教联网时代的到来不可避免地受到冲击，必须要重新厘清面向未来的教育治理体系，从而推动教育适应未来的时代。

二、重构面向教联网时代的教育治理体系

教联网时代的教育与现行的教育存在本质的不同，深深烙上了互联网开放、共享、免费、交互、去中心化、分散化等印记，同时，随着物联网技术的发展，使教育领域、教育内容、教学方式、教学主体、教学形式等与现行的教育截然不同，烙上了教联网时代的扁平化、分散化、个性化、及时性等特征，必然要重新构建新的教育治理体系。

1. *要加强政府的宏观引导*

①发挥市场配置资源的优势。积极调动社会各方力量参与教联网的建设；充分发挥社会各方在推进教联网建设工作中的作用，把市场配置资源的优势充分发挥出来，把企业等机构专业化服务的优势发挥出来。例如，对白领的再培训、社会的个性化教育培训等，市场能做的应该鼓励商业机构用市场机制去解决，或者通过政府服务外包的模式，让民间机构参与解决。②营造开放灵活的合作环境。推动校企之间、区域之间、企业之间广泛合作，形成政府主导，多方参与，共建共享的良性发展格局。③分领域推进。在高等教育领域，重点在提高普通高校的教育质量，职业教育的专业师资不足及专业课缺乏的问题上；在基础教育方面，重点应该放在提高农村地区、特别是贫困地区学校的教学质量上，促进区域教育的平衡发展。在继续教育方面，政府工作的重点应该放在农民工的培训及建立规则和标准上。

2. *改革和完善教育体制*

现行教育制度最突出的特点是给予学生、教师、学校时空上的限制，“划片招生”“职称配比”“片区管理”等都是这种制度的典型代表。要建构满足个体学习

需求的个性化菜单制教育就必须给予教育主体更多的选择权。就学生而言，最重要的是给予他们学习的选择权。由于教联网让所有的教育资源都聚集网络，学生可以“个人定制”自己的学习，自由选择学校、教师、课程、学习团队、学习进度等，只要达到国家规定的学习标准即可授予相应的文凭。这就要求我们要突破传统的学习管理制度，取消单一学籍限制，学生学籍号即为身份证号，可以在多个学校和其他教育机构注册学习，学校或教育机构一旦给予注册，则根据学生注册学习的内容和形式承担相应的教育和管理责任。同时，取消固定学制，学生可以根据自己的需要选择修业年限，只要达到规定的学习标准，学校和其他教育机构都可以颁发学业证书。

3. 要建立评估和监管体系

为保证教育的质量，教育主管部门或是教联网协会成立质量评估机构，建立一个教联网时代的专业标准体系，这个标准体系包括教育资源的格式、质量的标准体系，也包括学习者自由学习之后要求达到的教育程度和课程检测的评估和监管体系，如建立按照年龄分级的教育检测制度，要求每个人在 15 岁、18 岁等年龄时参加公民受教育合格性考试，确保其达到国家规定的基本教育标准，并让家长承担未成年子女的教育监督责任。例如，教联网课程的任何专家学者都可以制作教联网课程，但是要遵循相关的标准和格式。也可以组织专家审查评估委员会，以这个体系的标准对已经挂在网上的教育资源的教学内容、教学质量、测验考试的水平进行认证和评估。此外，还应该有政府的监管，像引进好莱坞电影需要解决意识形态渗透问题一样，我们引进和制作的教联网课程，必要时也可以组织专家审查，将质量低劣和滥竽充数的课程排除在外。总之，评估体系和监管体系是我国教联网时代教育可持续发展的重要保障机制。

4. 要制定学分互换的制度

教育管理部门可以考虑在适当的时候出台一系列规定，让一些优秀的网络课程作为在校学生的必修课，学生选修并完成教联网课程可得到相应的学分。学校也可以鼓励学生参与教联网，每个大学生一年可选修 1～3 门世界一流教授讲授的互联网在线课程。同一门课程，学生可以选择互联网在线学习，也可以选择本校教师的面授课，考试合格，都可以修到学分。此外，还可以实现全国各省、市、学校之间教联网学习平台与业务系统的互联互通和数据共享，做到课程互认，学分互认，建成能够提供不同学校之间学生的学分互换共享的全方位服务。另外，取消国家统一颁发毕业证，学校和其他教育机构可自行颁发毕业证，国家通过抽查评估对学校颁发的毕业证进行认证，并将认证结果向社会公布。如果学校和其他教育机构的教育质量不过关则取消其办学、颁证的资格，同时，国家建立公共教育考试服务平台，学生可以参加由国家举办的教育标准考试获得国家标准文凭，以此来确保教育质量，保证学业证书不“注水”。

第三节　教育的技术化与人文化发展

一、教联网时代：技术与教育相伴前行

在技术哲学的观点看来，物联网环境中人只是物联网的一个节点，人被物化而成为物质世界背景的一部分。当教育对技术产生过度依赖的时候，则意味着教育中人的主体地位的消解和丧失。这些在互联网时代就已经产生的问题，在更加技术化的物联网时代显然仍然无法解决，而且会产生更大的技术依赖。消除教育主体的异化还是产生新的异化？一方面，技术把人类教育的理想带向现实，有什么样的技术就有什么样的教育自由空间。另一方面，事物总是矛盾的，每个事物都是矛盾的统一体。技术对每一次可能性空间的开辟都意味着对更多可能性的遮蔽和遗忘，使丰富的可能性扁平化、单调化。

我们正走进这个崭新的时空和形态之中，探寻和发掘其内在机理与运动规律，并在与物体世界交互共生的过程中发挥对原有社会空间的建构作用并赋予其全新的意义，这既是对社会空间的再生产过程，也是对社会空间的再理解过程。所以，在“物联网”视域下，物体建构了社会空间和意义世界，社会空间和意义世界也成就了物体。在人类社会与周围的物理空间、自然环境、生态体系共处的大背景下，完美联通人类世界和物理世界并使之无缝对接的物联网技术承载着人类的更高理想应运而生。基于射频和传感的技术优势，物联网构建着一个泛在的全球网络基础设施，具有基于标准和互操作通信协议的自组织能力，实现系统的实时感知、动态控制、计算支持和信息服务。在物理属性之外，新赋予物的身份标识、虚拟特性和智能接口，使不同智能空间中各种物体之间具有抽象性、适应性、互操作性和协调性能力，能够根据环境信息作出行为决策，并依靠节点间的有机融合与深度协作来达到整个系统的最佳运行状态，这种系统功能层面涌现出的更复

杂、更智能、更协调的宏观有序特性成为物联主体之间构建新型交互关系的技术实现基础。

在教育的发展历程中，技术的每一次进步和变革都带来了教育的奇迹，马克思曾经指出，科学技术不仅“是一种在历史上起推动作用的、革命的力量”，而且是“最高意义上的革命力量”[①]。科学技术是最高的生产力，也是最具有变革的力量。由于教育技术的制约，从最初孔子的“因材施教”到杜威的“教育即生活”“社会即教育”的理念，从我们一直所追求的教育公平和追求更好的教育到教育要“促进人的生命有意义的成长”等从来都是一种理想，但从未真正实现过。尼葛洛庞帝在《数字化生存》中讲了这样一个故事：一位 19 世纪中叶的外科医生神奇地穿过时光隧道来到一间现代的手术室，所有的一切对他而言都全然陌生。他不认识任何手术器械，不知道该怎样做手术，也不知道怎样才能帮得上忙。现代科技已经完全改变了外科医学的面貌。但是，假如有一位 19 世纪的教师也搭乘同一部时光机器来到了现代的教室，那么，除了课程内容有一些细枝末节的变动外，他可以立刻从他的 20 世纪末的同行那里接手教起。传统的教学方式和 150 年前相比，几乎没有什么根本的改变，在技术手段的运用上，也差不多还停留在同样的水平。[②] 随着技术的发展与革新及在教育领域中的应用，原有设定的理想目标与理念有可能逐步成为现实。尤其是随着人工智能、物联网、大数据和云计算等新的信息技术的不断发展，对教育产生了巨大的影响力，如人工智能的应用，可以使人们从繁重的劳动中解放出来，从事与人的思维有关的更加自由与创新的工作，更多的是对生活的享受，而不仅仅是为了生存而工作。物联网技术的应用，使虚拟世界与现实世界构成统一的整体，从而使人们能够在有限的空间与时间内实现对外在物体的智能控制，最大限度地实现对资源的利用与配置，也使教育更好地与生活、社会连接起来，形成学习共同体、社区共同体等。大数据技术的应用，可以实现对个体学习行为、性格的追踪、分析与预测，并及时给予合理化的教学课程、教学内容，从而实现教育的个体化、个性化。在教联网时代，尼葛洛庞帝在上述《数字化生存》的故事可能要改写，随着智能感知技术的发展，能够及时地对教学过程进行记录与分析并及时作出智慧的决策，可以针对学习者不同的个体体验、性格、行为习惯作出科学合理的教学安排，提供定制化的教学模式；大数据汇集全球成功的教学案例，让教师获得足够的数据寻找解开教学难题的密码；

① 中共中央马克思恩格斯列宁斯大林著作编译局. 马克思恩格斯全集（第 19 卷）. 北京：人民出版社，1963：375.

② 尼古拉·尼葛洛庞帝. 数字化生存. 胡泳，范海燕，译. 海口：海南出版社，1996.

机器人可以走上讲台执教，也可以在家里做私人学习的陪伴者。技术与教育之间的关系不仅是技术层面上的，也是根植于社会层面和思维层面的，随着技术的革新与发展，教育领域的观念、理念、技术、模式、机制都将发生翻天覆地的变化，从而呈现出与现在的教育完全不同的形态。

在万物互联的时代，以物联网和人工智能为核心的信息技术将在教育领域得到较为广泛的应用。斯坦福大学的华裔科学家吴恩达，与谷歌合作构建了一个由1000台计算机组成、含有1.6万颗处理器、多达10亿个连接的全球最大的电子模拟神经网络，在向这个人工神经网络展示了来自视频网站上随机选取的1000万段视频后，在没有外界指令的环境下，这个人工神经网络竟然自主学会了识别猫的面孔，甚至还能认出人的脸和身体。机器的这种自我学习能力，被视为越来越接近人类思维方式。欧洲的科学家们已经在尝试为机器人建立他们的网络，在这个已经运行的数据库中，机器人可以下载互联网上的信息，自主学习和更新自身的知识。并执行更多样化的任务。技术对自然与社会都产生了巨大的作用和影响，在教育领域肯定不会错过：技术可以使教育教学变得更为有效、更为规范、功能更强、作用更大、更能满足社会需要。

凯文·凯利断言："互联网时代会把我们连接在一起，然后，再把我们与机器进行连接。我们和机器才是真正强大的结合体。这就是互联网时代的意义所在。"①那个"全球脑"是怎样的大脑呢？全球所有的计算机，所有的存储器，包括所有的人，都将被连为一体。这个无所不包的连接体随时被每个人驱使，随时呼应每一个人。因此，每个人将拥有一切，每个人同时又微不足道。在这里，独立的机器和独立的人都不再有意义。可以说，随着机器人、人工智能、移动互联网、大数据、传感技术、通讯技术、计算技术等新技术的发展、成熟及市场化应用，物体与物体、人与人、人与物体之间将实现"亲密接触"和"心灵感应"，将整个世界关联起来，变成一个互联、互通、互享的生态圈，并最终走向万物互联的时代。那个"全球脑"面前的人类是怎样的人类呢？人们在飞速成长的网络和机器的能量面前，必须重新思考教育，并对未来的教育进行设计与重构。

总而言之，在教联网时代，教育与技术的关系将更加紧密，技术对教育的影响是深刻的，也是全方位的，技术正在成为人们思考和处理教育问题的一个出发点，技术思维正渐渐成为人们的教育思维方式，技术生存正在成为教育中的人的

---

① 凯文·凯利. 必然. 周峰，董理，金阳，译. 北京：电子工业出版社，2016：334-336.

生存方式。

二、技术化教育中存在的问题与挑战

教联网时代，人类社会不存在一个知晓万事的超级大脑，大规模的社会化协同，将越来越成为社会协作的常态，技术已成为人类生存环境中不可分割的一部分。随着技术与教育的不断深入融合并相伴前行，技术思维正渐渐成为人们的教育思维方式。然而，不可否认，随着技术在教育中的不断应用，也面临着一系列的挑战。在碎片化的时间里如何开展深入专注的学习是不能忽视的，在万物互联强信息流的时代，学习者的人际交流能力毫无疑问是任何在线内容都不能复制和代替的，学习者如何加强面对面的交流和熏陶也是教育中值得关注的问题，在强调生命体验与感知的学习中，如何加强教育中“育”的影响等，这些都是在不断技术化的教育中存在的问题和挑战，也是面向未来教育不得不思考的问题。

1. 深入专注的学习

数字化的学习方式为学生提供了丰富的信息，但同时也受到很多学者的质疑，首先是碎片化的学习时间对深度学习的影响。在传统教育环境下，学习者有固定的学习时间。目前，中小学课堂通常是 45 分钟，成人的培训学习机构通常也要按 1 小时一节课计算，学习被定时定量。学习环境相应要排除一些干扰，尽可能地做到安静。通常学校和机构还有严格的考勤制度，能够辅助保证学习者连贯地进行学习。这些条件都有助于培养学习者的学习专注度。而在教联网时代，可以实现随时随地地学习，碎片化的学习会降低学习者的专注度，造成学习深度下降。其次，数字化学习重在对知识的摄取，而不是分析和加工，属于浅层学习，容易让人养成一种惰性化的学习习惯，而且快速浏览的学习方式缺乏深度思考，对人的思维能力、判断力的提升具有负面影响。[①] 久而久之，学习内容的碎片化会使得知识与知识之间的关联难以建立，从而学习者学习到的都是很多零散的点，而难以加工成为有意义的知识网络。在这样的情况下，如何使学习者进行深度的学习将是教联网时代的教育不得不考虑的问题。

2. 学习的黏度和自律

随着物联网技术的发展，越来越多的感知设备所获取的信息量将不断增大，

---

① 杨剑飞.“互联网+教育”：新学习革命. 北京：知识产权出版社，2016：165-166.

知识不断更新拓展，知识的复杂度、融合性不断增强，信息呈现爆炸性增长的趋势，在线教育能够进行快速搜索，获取海量信息，甚至整理筛选海最信息，这显然具有传统教育不可比拟的优势。但是，当我们抛开没有生命力的信息和数据，给计算机前具备情感感知能力的学习者一个特写的时候，许多问题就暴露在我们面前。相比传统课程，在线教育课程最缺乏的是真正的课堂气氛，难以调动学习者保持较高的积极性。有教育工作者表达了对幕课教学质量和教学方法的担忧，认为慕课教学只是借助于视频的方式辅以一些测试来检查学生的学习成果，这仅仅是在传统的教学方法上加了新的技术，这种教学会对学习者的参与度和未来发展产生影响。尽管慕课吸引了大批学生，但只有一少部分学习者能够完成课程。学习者在相对比较自由的学习时空下，行为习惯尚未真正养成，不像传统教育那样有课堂对学习行为的约束，在线学习可以随时终止，很难保证学习者的粘度及学习效率。在技术环境下的学习使得学习者需要更多的自律，对于这些学习者来说，他们的主要挑战是缺乏社会参与度，而且慕课的自主程度跟传统的学习环境存在很大的差异。如何能够实现学习者的自律将是教联网时代面临的重大挑战。

3. 应对信息的能力

教联网时代的互联带来的海量的信息和知识，远远超过传统教育的信息量。传统教育中，学习者面对的知识相对固定，知识的复杂度不高，学习资源有限，因而传统教育下的学习者会围绕固定的知识为核心进行深入思考挖掘和反复练习。而在教联网时代，学习者学习的知识非常广泛，内容庞杂，涉及方方面面，经常与各行各业的知识融合，知识不断更新拓展，信息增长速度很快，可用的资源虽丰富却良莠不齐，有待进一步筛选。在这样的情况下，学习者如何快速获取自己需要的信息并学习吸收大量的新知识，这对传统学习环境下成长起来的、学习能力和信息加工能力不足的学习者而言，将是一个巨大的挑战。如何提升学习者抓取信息、提炼信息的能力就成为教联网时代的教育所面临的重大课题。

4. 教师的陪伴引导与教育中的“育”

在面对面的工作环境中，教育工作者会将德、智、体、美的育人工作融入其中，给学生带来艺术、美育方面的熏陶和感染。而在数字化的互联网中，教育的育人功能面临被弱化的危险。在教联网时代，足不出户遍知天下事，使学习者过于依赖网络，与学习伙伴日渐疏远，与大自然渐行渐远，真正用多种感官去接触世界的机会越来越少，而像艺术教育这些需要感受和灵感的学科，更是无法通过互联网就获得的。强大的搜索功能可以让我们迅速地找到需要的信息；慕课教育可以让我们选择全世界最优秀教师的讲课；一对一的在线教育系统可以让我们对学生进行个性化教学，但这些离教育的“育”还有一段距离，学习者在学习交流过程中的情感却不是一台计算机和大数据可以解决的。传统的教育模式中同学的陪伴和教师的引导是“育”的重要途径，而且教师会潜移默化地带给学生熏陶，进而影响学生。近代大家都有回忆教师的作品。例如，魏巍回忆起他的小学老师蔡云芝先生，清楚地记得她爱诗，并且爱用歌唱的声调教他们读诗，直到魏巍过了而立之年写文章时还记得她读诗的音调，老师这样一个寻常的教育细节，却变成了魏巍记忆中的宝藏。又如，梁实秋在清华大学听梁启超讲《中国韵文里表现的情感》，对梁启超的外貌步履、神态风采都印象深刻，当梁启超朗诵完诗经中一首诗后，梁实秋已经身临其境、产生了莫大的感慨，而除了所受的感动，不少人从此对中国文学发生了强烈的爱好。再如，鲁迅回忆起藤野先生，也难忘他为自己添改的讲义，不但增加了遗漏的地方，连文法的错误也都帮忙改正。可见岁月留在他们印象中的，绝不仅仅是死板机械的知识，老师作为有血有肉的个体，或饱含热情，或满怀关爱，或认真严肃，正如春雨一般润物细无声地带给学生情感上的熏陶和影响。未来的教联网时代的教育不仅仅是远程视频、网络授课、技术方面的指导，更重要的是教师的陪伴、对个体生命成长的指引和内在品质的塑造。

5. *面对面的互动与交流*

知识是无穷无尽的，也是可以分类的，通常可以分为显性知识和隐性知识，显性知识可以传授习得，但是还有一类隐性的知识往往被人们忽略，这就是在学习过程中塑造和培养出来的意志、品格，包括诚信、责任心、与人合作交流的能力等许多方面。不可否认，在线学习在这些方面并非完全一片空白，如不抄袭独立完成作业体现诚信，按时提交作业或进入论坛反馈体现责任心，在贴吧论坛的交流、讨论也体现出与人合作交流的能力。但显而易见，这些品质形成是在虚拟的网络空间，脱离了真实的、面对面的人与人之间互动的交流，这样的交流合作是非完全的，在一定程度上脱离了自然真实的社会环境。因此，在这样的土壤下培育出来的诸如此类的能力，是值得持保留态度的。几千年延续下来的教师与学生的面对面互动是短期内信息化手段无法替代的，这既有技术方面的因素，也有人类情感方面的因素。人生活在群体之中，是一种情感动物，希望获得认可、关心，喜欢彼此融洽的关系，这一切感受应该是另一个生命体给予他的尊重和关注。

如何面对面地实现互动与交流，得到真实的感受，这是教联网时代的教育需要思考的问题。

三、关注学习者的人文化发展

AlphaGo 在人机围棋对决中再次战胜了人类。人工智能虽为社会带来了极高的生产效率，但我们不得不思考当今教育该何去何从，如何教会孩子那些无法被“机器”取代的技能。技术与教育的深度融合成为教育最明显的特征与趋势，也是教育得以发展的主要支撑，技术思维正渐渐成为人们的教育思维方式。特别是随着人工智能、大数据、移动互联网的不断发展，人们对技术在教育领域的应用与变革给予了更大的期待。然而，我们不得不承认，我们对于教育的思考更多的是关注技术在教育领域的应用与拓展，更多涉及技术的问题，技术对教育外在的变革问题，更多涉及概念的问题、形式上的问题，而对教育的内在本质缺少应有的关怀，特别是技术在教育领域应用与拓展之后所涉及的对教育内在的思考。技术与教育既统一又存在矛盾，教育的本真目的是追求人的全面自由发展，追求个体的不断自我完善，而技术追求的是短期的“利”和“效”。从本质上来讲，技术最终是为教育这个本体服务的，一切都必须围绕教育来展开，一切都必须围绕学习者来思考，一切都必须从教育的本质出发，即教育的目的是什么？教育的本质是什么？在技术不断发展的今天，我们在关注教育技术的同时，更应该回到最初的原点，要站在人文关怀的角度，关注学习者的人文化发展，去思考教育未来的方向。尤其是在我国，教育任重而道远。在 2015 年金翼奖主题——“让教育回归本质”上，俞敏洪认为，教育的本质应该是培养一个人格健全，加上知识结构完整的人，同时还要加上旺盛的求知欲、创新能力和探索未知世界的能力。并坦言我国的教育在人格、求知欲、创新与探索能力的教育方面，做的还相当不够。实质上，在我国教育不仅仅是技术的问题，也涉及教育体制机制问题，而追根溯源，最根本的就是教育的本质问题，如图 7-2 所示。

教育的本质是爱，万物互联人物互联之后，最怕的是心失联，千连万联，最难的是心相联，最高境界是师生之间的心相联。美国教育家杜威认为，教育就是儿童生活的过程，而不是将来生活的预备。最好的教育就是“从生活中学习、从经验中学习”。德国哲学家雅斯贝尔斯认为，教育就是一棵树摇动一棵树，一朵云推动一朵云，一个灵魂唤醒一个灵魂。张伯苓认为，教育本质上讲是一种“唤醒”，

图 7-2　技术化教育与人文化发展

如果教育不能触及人的灵魂，未能引起人的灵魂深处的变革，它就不能成为教育；德国教育家斯普朗格认为，教育最终的目的不是传授已有东西，而是把人的创造力诱导出来，将生命感、价值感唤醒；马克思则认为，教育绝非单纯的文化传递，教育之为教育，正是在于它是一种人格心灵的唤醒……不管怎么去定义教育，教育的核心是“人”，教育的本质就是培养人。王道俊、王汉澜主编的《教育学》中对教育的本质做出这样的解释：“在中外教育史上，尽管对于教育的解说各不相同，但却存在着一个共同的基本点，即都把教育看作是培养人的活动。这是教育区别于其他事物现象的根本特征，是教育的质的规定性。”在考察了教育的历史形态后，作者进一步明确指出：“教育是培养人的社会活动，这是教育的质的规定性或教育的本质。”[①] 从这个角度来看，教育引导人的成长过程的展开与实现，人通过教育成为人，教育关注人的生活，人通过教育更好地生活，人在教育的视野里，是压倒一切的核心，“人不仅是教育的对象，更重要的是，人是教育的根本目的”。[②]正因如此，无论是作为“一切有目的地影响人的身心发展的社会实践活动”的“广义的教育”，还是“根据一定的社会要求和受教育者的身心发展规律，有目的、有计划、有组织地对受教育者的身心施加影响，期望受教育者发生预期变化的活动”

① 王道俊，王汉澜. 教育学. 北京：人民教育出版社，1999：178.

② 郭元祥. 生活与教育——回归生活世界的基础教育论纲. 武汉：华中师范大学出版社，2002：2.

的“狭义的教育”，其核心目标都是促进人的发展。“教育要促进作为具体的、活生生的、个体的人的发展，是教育最重要、最核心的职能……完全可以说，作为人道主义事业的教育，天然地要求关注人的发展。”①

在教联网时代，教育是促进学习者发生有意义的联结，感知和体验生命，促进其成长，教育无处不在，在生活和工作中的任何一个场景都可以让教育发生，尤其是在万物互联的时代。然而，人们在关注技术的发展和应用的同时，也要关注学习者的人文化发展，相对于技术而言，教育的本质是关注人的价值和尊严，是关于人性，教育不仅强调要发展人的理性，而且还要发展人的非理性因素，教育的目的在于促进人的全面自由发展和社会的创新发展。②所以，教育关注的是文化传统的熏陶与文化的传承，教育的本质在任何时候都是客观存在的，教育重视个人能力素养的培养和教育过程的社会交往。这是由教育的本质所决定的。因此，面向未来的教育，其本质依然是以人为核心，关注人的发展，这点始终不变，并且随着社会的发展，教育的本质在不断深化，人们对当前的教育做出审视与反思，坚持人文主义教育观。在 2016 年 6 月联合国教科文组织颁布的研究报告《反思教育：向“全球共同利益”的理念转变？》中提出，教育应该以人文主义为基础，以尊重生命和人类尊严、权利平等、社会正义、文化多样性、国际团结和为可持续的未来承担共同责任。在教育和学习方面，要超越狭隘的功利主义和经济主义，将人类生存的多个方面融合起来，采取开放的灵活的全方位的学习方法，为所有人提供发挥自身潜能的机会，以实现可持续的未来，过上有尊严的生活。

周洪宇教授在“教育与中国未来 30 人”论坛上发表主旨演讲“以新人文精神引领教育未来”中认为，在当今人被技术异化为物的时代，教育比任何时候都更有必要成为人的教育。教育的本质是要最大限度地发挥个体的潜力，把人的内部潜能与可能性充分调动起来并加以实现。教育的宗旨应该是教会人如何把握自己的命运，成为理想中的人，并提出了新人文教育的 10 点主张：新人文教育应以人为本，充满人文关怀；新人文教育应注重个性发展，丰富情感，健全人格；新人文教育应培养人类整体意识，做有全球观、中国心、正义感的现代公民；新人文教育应培养科学精神，善于思辨，掌握技能，适应未来生活；新人文教育应师生平等，合作共享，因材施教，教学相长；新人文教育应尊重和保持文化的丰富性和多元性，提供选择的多样性，求同存异，和谐共生；新人文教育应融汇本土域

① 王道俊，王汉澜. 教育学. 北京：人民教育出版社，1999：165-166.

② 左明章. 论教育技术的发展价值. 武汉：华中师范大学博士学位论文，2008：173-176.

外优良教育传统，传承和发展文明；新人文教育应开放，创新，勇于探索；新人文教育应重视终身教育和终身学习，具有可持续性；新人文教育应注重绿色生态和环境教育，养成同理心。教育的本质是人，而如何育人，从哪些方面来育人，周洪宇教授对此作出全面深刻的阐释，而这正是未来教育、也是教联网时代的教育以人为核心的综合概括。在教联网时代，我们必然把技术与教育紧密结合起来，从而回归教育的本质，实现人的全面自由发展。

1. 要处理好技术与教育的关系

技术与教育，一个关注手段，追求现实的功利，追求永恒的价值；一个关注人，崇尚理性，强调理性与非理性的结合。所以，一方面，要正视人工智能、物联网、大数据和云计算等新技术带给教育的影响，从教育目标的变革到教的变革、学的变革、课程的变革、评价的变革等，与时俱进，顺势而为；另一方面，又要坚守教育之道，从教育的本质出发，从教育的目标出发，探寻教育本真，遵循规律，守正创新，教育的变革需要变通，更需要坚守。在适应万物互联时代发展、与时俱进的同时，也要回归教育本原，追寻教育的本质。这需要教育坚持人文主义精神，真正唤醒人内在的品质和美好的心灵。在信息化和全球化这两大时代潮流的推动下，人类正在步入知识经济的信息时代，世界创新创造的发展趋势表明，创新创造是信息时代和智慧时代的特征，全球化趋势更加注重人与人之间的合作、分享、和谐；人类文明的发展进步需要培养适应时代需求的人才，关注绿色生态，有同理心。因此，教育之“育”应该从尊重生命的个性化和创造性，提倡人与人之间的合作分享，把人的内部潜能与可能性充分调动起来，实现人的全面自由发展。

2. 要加强技术的教育

我们的教育所处的社会环境发生了深刻的变革，正在步入互联网时代、教联网时代，技术的发展改变了我们获取信息和知识的途径和方式、交流的方式，互联网技术成为基础性技术。在这个新的社会环境里，我们必须要加强技术方面的教育，既要通过技术的应用为教育提供更好的技术支撑，提供公平和有质量的教育，又要加强对技术的教育，使学习者掌握教联网时代的技术，从而成为未来的数字原住民，应对未来新技术的发展及对社会带来的挑战。

3. 关注教育的本真

技术是一把双刃剑，在重塑教育教学的同时，也带来了一些挑战。技术的发展既为教育带来了便利，也带来了挑战，如个人信息涉及隐私和安全的问题，需要技术自身来克服，也需要培养适应未来时代的遵守数字世界规则与秩序的人，这也需要育的培养。从教育的内容来看，教育包含“教”和“育”两个层面，在面对面的教学过程中，教育工作者会将德、智、美的教育融入课堂中，给学生以人格和德行层面的引导，美和艺术等层面的熏陶。越是在技术不断发展的教联网时代，越是需要关注教育的本真。因为教育的目的是努力使学习者用其心灵内心的力量和天赋，以及其理性天然的直觉能力去把握和追求真、善和美。教育需要回归人的本真存在，教育关注的人的价值和尊严，关注人的个性发展，教育不仅强调人的理性，同时也强调非理性的因素。所以，教育需要关注的是个体的全面发展，需要关注学习者人格的塑造，需要除了技能以外的传统文化的熏陶与文化的传承。

第四节　信息安全与教育法治

一、教联网时代的信息安全

万物互联时代最主要的特征是信息的互联，随着技术的迅猛发展，技术与教育的融合在进一步深入，教联网教育中的很多问题和挑战都需要相关的法律法规来解决，教育物联网中的信息是各种具有版权的教育资源信息，也涉及学生个人信息及学校的各种管理信息。在高信息流的物联网时代，如何保证这些信息的互联安全，是物联网时代教育管理面临的重要挑战，突出表现在以下几个方面：

1）大数据带来的教育信息的安全隐患。信息安全问题是万物互联时代人们交往过程中所难以避免的一大挑战。随着物联网发展进入人物、物物互联阶段，全球进入“大数据时代”。由于设备数量庞大、复杂多元、缺少有效监控、节点资源有限、结构动态离散等，因此，信息安全问题必将日益突出。在教联网中，传感网的建设要求 RFID 标签预先被嵌入任何与人息息相关的物品中，这就意味着属于专有的个人隐私、物品信息面临着极大的安全风险。但是从教联网的长远发展来看，要形成良好的产业应用，统一的信息中心平台、统一的业务开发平台、统一的网络传输平台、统一的安全支撑平台是缺一不可的，同时需要由专业的平台运营公司集中维护，提供数据存储、数据计算（交互）、数据共享等服务。假如物联网技术广泛应用于教育过程中，一个全国性的、庞大的、综合的教育信息管理平台，就必须搜集各种传感信息并分门别类管理，进行有指向性地传输。在此过程中如果网络安全没有保证的话，学生信息、教师信息、学校信息随时有可能被肆意泄露，甚至还会被黑客远程控制而造成网络瘫痪。而解决教育物联网建设过程中的信息安全问题，单靠个体的自我道德约束和社会的道德舆论约束也是远远不够的。因此，必须借助于立法的手段将物联网行为规范上升为强制性的法律规范，以规制教育物联网的正常运转。物联网目前来看仍然是一种新生的事物，现有的关于技术方面的法律法规与物联网发展阶段难以适应，目前关于网络个人隐私及数据安全方面的法律法规仍存在较大空白，如何有效保护教育主体的个人隐私及教育机构的数据安全，是教联网时代一个迫切需要解决的问题，需要与大数据及信息安全相关联的法律法规来保障。

2）数字化教育资源版权保护的迫切需求。在我国互联网的发展历程中，版权问题一直是长期被关注并需要解决的问题，教联网时代的的数字化资源开发中同样要注意保护课件和资源的知识产权。目前由于监管的薄弱、信息的不对称以及相关法律法规不明确，数字化教育资源共享协议，数字化教育资源的知识产权问题，是摆在我国数字化教育资源开发中的一个瓶颈问题。

3）教育全球化带来的文化安全挑战。全世界一流大学的课程通过教联网平台传播，对传播国家和民族的文化起着重要的作用。教联网时代的教育必将走向全球化，带来文化交流的全球化。新的机遇同时也带来挑战。我们国家不能只是简单地加入国外的在线课程体系，充当西方国家推广西方文化价值观、提高西方国家“软实力”的马前卒[①]。政府部门和高等教育机构应该从历史的、战略的高度，认识到如何确保我国的文化安全是摆在我们面前的现实问题。

二、教育法治是教联网时代的需求

教联网时代的教育立法任重道远。推动制定和完善相关的法律法规，既是教联网时代的必然要求，也是促进教育发展，解决教育发展中问题的有效途径。法律是对现实的规范，具有稳定性的一面；同时，法律在一定程度上又有引领和推动现实发展的一面。在依法治国的背景下，教育立法越来越凸显其重要性，也越

---

① 郭文革，陈丽，陈庚. 互联网基因与新、旧网络教育——从 MOOC 谈起. 北京大学教育评论，2013（4）：173-184.

来越被重视。完善相关的法律法规，教育发展所需要的客观条件才能有保障，才能有效协调教育领域内的各种关系，才能更好地面向未来发展。教联网时代，加强教育相关领域的立法，是推动未来教育发展的必然要求。

1）趋于全球化的共享协作需要相关的法律法规引导。目前，全球教育仍存在教育资源区域分配不均衡、配置不合理的现象，教联网教育正好为解决世界范围内的教育公平提供了思路和平台。教育的发展趋于全球化协作，如何建立与国际接轨的教联网教育组织，加强国际教育协作和资源共享，都离不开互联网教育相关法律的引导。

2）促进教育公平的价值需要相关法律法规的保障。目前，我国区域之间、城乡之间还存在教育资源分配不均衡、配置不合理的“数字鸿沟”现象。而万物互联时代的教育以其开放性、平等性、自由共享性，正在打破学校之间的隔墙，让更多人分享优质的教育资源。如何更好地凸显互联时代的教育公平，促进教育公平与社会公平的价值需要相关法律的保障。

3）鼓励和推动教育行业与产业的发展需要相关法律法规的支持。万物互联时代的教育具有行业再造与融合的特征，在线教育市场规模正快速壮大，据《教育蓝皮书：中国教育发展报告》预计，2016 年在线教育市场规模有望达到 2045 亿元。随着在线教育的不断发展，市规模有望加速扩大。鼓励和推动教育产业的发展，需要相关法律的支持。

4）终身教育体系的建构需要相关的教育法律法规来统筹协调。教联网时代，教育将变为现实学历文凭与微学历、微文凭并行，满足学习者终身学习的需求。无论是在线教育的发展还是终身教育体系的构建，都离不开相关法律的支持与引导，如线上教育与线下教育之间的相互衔接，线上教育的评价体系与传统学校评价体系之间的对接等问题，都需要相关的教育法规来统筹协调，保驾护航。

三、规范治理与政策法规建设

教联网的互联能力十分庞大，在客观上几乎每种事物都可以互联，从信息安全的角度出发，有些联接是不允许的。“联”与“不联”将成为教联网时代的核心问题。美国当代著名法学家 E. 博登海默有一句名言：“法律是人类最伟大的发明，别的发明使人类学会了驾驭自然，而法律让人类学会了如何驾驭自己。”[①] 正

① 赵红. 以法治思维和法治方式推进国家治理体系和治理能力的现代化. 江汉大学学报（社会科学版），2015，32（4）：54-58.

是法律让我们看到了驾驭以人为中心的互联网世界的广阔前景。在万物互联的视域中，法律成为权威机构为互联所确立的强制性规则和不可逾越的边界。违法就是在不该互联的时候发生了互联或不按法定规则互联。法治就是在不应该或不公正互联的地方设置法律限制，其余则允许自由、平等地互联。

“互联”是教联网时代的核心关键词，不仅育人的目的要求有意义的互联，而且外在运行也有赖于优质高效互联。要实现教育互联效益的最大化，必须发挥市场在资源配置中的决定性作用。但市场以追逐利益为目的，也有失灵的风险。因此，在教育世界中，哪些可以“互联”，哪些需要“禁联”，必须通过法律法规来建立规则，加以规范。[①]如明确教育资源生产与交易、教育服务要遵循的规则，明确教育资源、师生隐私等网络安全及其保护规范。

除了加强规范治理，还要加强政策法规的建设。要在有关法律法规中与时俱进地增加和完善教育法治的相关条款。例如，在《互联网信息服务管理办法》《互联网电子公告服务管理规定》《通信网络安全防护管理办法》《网络游戏管理暂行办法》《互联网电子邮件服务管理办法》《互联网新闻信息服务管理规定》《非经营性互联网信息服务备案管理办法》中增加或完善对数字资源的开发标准、设计原则、质量要求、应用规范等，对信息技术的共享、开放和安全，对信息技术的风险等互联网教育方面的相关内容做进一步的明确和规定。[②]

教联网时代的教育法治除了和上述的教育、互联网、文化传播等相关法律法规有密切联系以外，还和其他相关法规有关，针对在教育中出现的未成年沉迷于互联网、数字资源的版权保护等相关问题，也应与时俱进地在《民法通则》《侵权责任法》《未成年人保护法》《互联网著作权行政保护办法》等法律法规条文中增加或完善相关的条款。教育是文化传播的一种重要形态，教育的传播与发展离不开文化传播领域相关法律政策的支持。在文化传播的《信息网络传播权保护条例》《音像制品管理条例》《国务院关于非公有资本进入文化产业的若干决定》《文化部关于网络音乐发展和管理的若干意见》等法律条文中增加或完善相关的法律政策条款。

---

① 张务农. 物联网发展图景中的教育变革与挑战. 教育发展研究，2015（17）：21-26.

② 易凌云，周洪宇，王明雯，等. 推动我国互联网教育立法的思考与建议. 现代远程教育研究，2017（1）：44-45.

第五节 结 语

教育、社会与人才始终是我们关注的重大课题。技术变革推动社会变革，社会结构及需求推动对人才需求的变革，而人才终将依赖于教育的变革，尤其是在社会急剧变革的时代，教育承担的责任和使命重大，教育不仅仅是对过去的总结，更重要的是面向未来，创造未来。教育所承担的使命不仅仅是培育适应未来社会的人才，更重要的是培养能够重新构建未来社会的人才。未来将会怎么样？凯文·凯利曾经说过，如果我们穿越到 20 世纪 80 年代，告诉那时的人们，30 年后你们会有维基百科，会有今天各种各样很酷的技术，没有人会相信，展望 20 年后，也是今天的我们难以想象的。或许人类的伟大就在于此，即使希腊神话中推石上山的西西弗斯徒劳无功，也必然有其特定的意义和价值。或许这也是人类不断前进的动力。未来毕竟立足于当下，我们能够从现存的蛛丝马迹中看出端倪。未来学家约翰·奈斯比认为，未来构筑于现在。我们对未来的趋势的判断来自于我们自身现有的基础和发展，随着物联网技术、人工智能技术的成熟与发展，社会需求、社会分工发生了翻天覆地的变革，从而使人类直面机器的竞争，或者更准确地说是共存、人与机器的共同进化，整个人类社会同处于一个地球村，相互关联影响，并共同面对技术、环境、安全等方面的挑战。人类所面临的共同利益和共同挑战，使我们能够站在一起，重新思考和定义教育，赋予教育不同的时代意义。万物互联时代的到来，必将对我们现有的社会结构、社会秩序、社会生活及教育、文化、经济、政治等各个领域、各个行业产生颠覆性的变革。在这样的时代背景下，教育领域的变革成为必然的趋势，也成为我们共同探讨的课题。

在万物互联时代，教育必将受到物联网技术及观念、思维的影响，并身先士卒地谋求变革与创新，用万物互联的技术及思维来重构未来的教育，并为未来社会承担起教育的历史使命。在教联网时代，我们必然要为培养人才、推动未来社会的变革，重新设计未来的教育。教联网时代所带来的全球共同体、利益共同体、地球村等，世界的每个角落都联结在一起，在这个命运共同体中，人类面临共同的挑战和机遇，包括文明秩序的建立、价值观的共融、求同存异、多样性、同理心等，这将是未来教育面临的重大课题。教联网时代既对未来的教育提出了新的挑战，实质上也为未来的教育提供了解决途径和方式。教联网时代必然呼唤并创造适应教联网时代的教育，包括教育的理念、价值、目标观、教学模式、学习方式、教育的形态等。而要实现这样的理想状态，必然要用教联网时代的思维方式来重新审视和重构我们的教育，以适应未来社会发展的需要、人才培养的需要，最终培养有思想、有创造性的人才。

法国哲学家布莱兹·帕斯卡认为，人只不过是一根芦苇，是自然界最脆弱的东西，但他是一根能思想的芦苇。这就是人类最珍贵的价值和意义。我们的教育的本质就是促进个体生命的成长，成为有思想的个体，焕发出人性最耀眼的光辉。人类社会历史的发展，不就是孜孜不倦地追寻我们人类存在的意义吗？甚至付出生命的代价也在所不惜。教联网时代的到来，为教育变革提供了技术支撑、思想基础和社会条件，教育变革也恰逢其时，迎来最好的时代。而这正是教育的价值得以实现的保障，或许教联网时代的教育变革将为人类开启一个新的时代。

我们身处这样一个时代，既面临物联网技术、人工智能技术发展所带来的机遇，也面临基于技术的发展所带来的社会解构与重构、文明秩序的失序与重构、环境、安全等方面的挑战。作为教育学人，我们深深感受到这种责任和使命，如何通过教育的变革来重建未来的社会、培养未来的人类、促进生命的体验、个体的成长、人类的尊严，等等，教育的变革显得如此迫切与必要。鲁迅曾说过，“无穷的远方，无数的人们，都和我有关。”正是怀着这样的情感、责任和使命，我深深地被这个时代所感动，并为这个时代作出自己的努力与贡献。对教联网时代及教育变革的探索仅仅只是开始，还有很长的路要走。我们基于对未来的判断首次提出了“教联网”和“教联网时代”，想通过对教育价值、目标、理念、方法等各个方面作出初步的探索与研究，寻求一条通往未来教育的路径和方法，为未来的教育提供一种可能性。通往未来的路很多，也有更多选择，我们希冀通过这种探索和研究，引起我们共同的关注、共鸣与探索，推动未来教育更好地发展。毕竟，我们身处这样一个最好的时代，正是教育的价值得以实现的最好的时代，值得我们共同去探索、去研究、去构建。

教联网时代，我们共同的期待，也需要我们共同的努力。

参考文献

一、专著类

第一教育. 上海基础教育信息化趋势蓝皮书. 上海：上海教育杂志社，2014.

何克抗，李文光. 教育技术学. 北京：北京大学出版社，2002.

李开复，王咏刚. 人工智能. 北京：文化发展出版社，2017.

李克东，谢幼如. 融合创新——信息技术促进高等教育的改革与发展. 广州：华南理工大学出版社，2012.

李运林，徐福荫. 教学媒体的理论实践. 北京：北京师范大学出版社，2003.

毛光列. 物联网的机遇与利用. 北京：中信出版社，2014.

桑新民. 步入信息时代的学习理论与实践. 北京：中央广播电视大学出版社，2000.

施良方，崔允漷. 教学理论：课堂教学的原理、策略与研究. 上海：华东师范大学出版社，1999.

王广宇. 2049 智能崛起. 北京：中信出版社，2016.

王继新，左明章，郑旭东. 信息化教育、理念、环境、资源与应用. 武汉：华中师范大学出版社，2014.

王建华. 移动学习理论与实践. 北京：科学出版社，2009.

王建宙. 移动时代生存. 北京：中信出版社，2014.

王磊. 无边界：互联网+教育. 北京：电子工业出版社，2015.

吴军. 智能时代. 北京：中信出版社，2016.

吴康宁. 教育社会学. 北京：人民教育出版社，1998，111-113.

奚晓霞. 教育传播学教程. 重庆：西南大学出版社，2009.

熊才平. 教育在变革——论信息技术对教育具有革命性的影响. 北京：科学出版社，2013.

杨现民，田雪松. 互联网+教育：中国基础教育大数据. 北京：电子工业出版社，2016.

云亮. 赵龙刚，李馨迟，等. 智慧教育：互联网+时代的教育大转型. 北京：电子工业出版社，2016.

郑燕祥. 教育范式转变效能保证. 上海：上海教育出版社，2006.

钟启泉，汪霞，王文静. 课程与教学论. 上海：华东师范大学出版社，2008.

周洪宇，鲍成中. 大时代——震撼世界的第三次工业革命. 北京：人民出版社，2014.

周洪宇，徐莉. 第三次工业革命与当代中国. 武汉：湖北教育出版社，2013.

周洪宇. 第三次工业革命与中国教育变革. 武汉：湖北教育出版社，2014.

朱建良. 场景革命. 北京：中国铁道出版社，2016.

祝智庭. 信息教育展望. 上海：华东师范大学出版社，2002.

二、译著类

埃弗雷特·罗杰斯. 创新的扩散. 辛欣，译. 北京：中央编译出版社，2002.

保罗·莱文森. 新新媒介. 何道宽，译. 上海：复旦大学出版社，2011.

布兰思福特，等. 人是如何学习的：大脑、心理、经验及学校. 程可拉，译. 上海：华东师范大学出版社，2002.

弗兰克·纽曼，莱拉·科特瑞亚，杰米·斯葛瑞著. 高等教育的未来. 北京：北京大学出版社，2012.

福尼. 机器人新时代. 潘苏悦，译. 北京：机械工业出版社，2016.

嘉格伦. 网络教育——21 世纪的教育革命. 万小器，程文浩，译. 北京：高等教育出版社，2000.

克里斯·安德森. 创客：新工业革命. 萧潇，译. 北京：中信出版社，2012.

里夫金. 第三次工业革命：新经济模式如何改变世界. 张体伟，孙豫宁，译. 北京：中信出版社，2012.

尼古拉·尼葛洛庞帝. 数字化生存：20 周年纪念版. 胡泳，范海燕，译. 北京：电子工业出版社，2016.

威廉·鲍恩. 数字时代的大学. 欧阳淑铭，石雨晴，译，北京：中信出版社，2014.

维茨. 消失的地域：电子媒介对社会行为的影响. 肖志军，译. 北京：清华大学出版社，2002.

维克托·迈尔·舍恩伯格，肯尼思·库克耶. 大数据时代. 盛杨燕，周涛，译. 杭州：浙江人民出版社，2013.

维克托·迈尔·舍恩伯格，肯尼思·库克耶. 与大数据同行：学习和教育的未来. 赵中建，张燕南，译. 上海：华东师范大学出版社，2015.

尤瓦尔·赫拉利. 未来简史. 林俊宏，译. 北京：中信出版社，2017.

三、期刊论文类

陈园园. 在线教育的困境与机遇. 互联网周刊，2013（8）.

程换弟. 数字化时代教育变革路径探析. 教育理论与实践，2016（22）.

丁兴富. 教学媒体的本质、分类和特征——远程教育中的信息技术和媒体教学（4）. 中国远程教育，2000（10）.

冯建军. 建立多元的公民身份体系. 江苏社会科学，2013（6）.

龚玉清. 教育技术中的媒体技术——对教育技术的再认识. 现代教育技术，2003（6）.

郭文革，陈丽，陈庚. 互联网基因与新、旧网络教育——从 MOOC 谈起. 背景大学教育评论，2013.

郭元祥. 变革的追求：提高质量——对义务教育课程标准修订与课程改革深化的思考. 今日教育，2012（5）.

何克抗. 关于《美国 2010 国家教育技术计划》的学习与思考. 电化教育研究，2011（4）.

何克抗. 学习“教育信息化十年发展规划”——对“信息技术与教育深度融合”的解读. 中国电化教育，2012（12）.

何齐宗，周益发. 教育变革的新探索——迈克尔·富兰的教育变革思想述评. 教育研究，2009（9）.

洪超，程佳铭，任友群，等. 新技术下学习科学研究的新动向——访学习科学研究专家 Roy Pea 教授. 中国电化教育，2013（1）.

洪建标. 我国社区教育的现状、问题及对策. 福建广播电视大学学报，2009（5）.

胡艺龄，陈婧雅，顾小清，等. MOOCs 在教育均衡中的挑战及应对策略. 中国电化教育，2014，（7）.

黄得群，贾义敏. 美国学习科学发展研究. 外国教育研究，2011，38（5）.

黄荣怀，杨俊锋，胡永斌. 从数字学习环境到智慧学习环境——学习环境的变革与趋势. 开放教育研究，2012（12）.

纪德奎，姚军. 从“潮课”现象看高校选修课程开发的困惑与抉择. 高等教育研究，2013，（7）.

姜艳玲，国荣，等. 翻转课堂与慕课融合促进教学资源均衡研究. 中国电化教育，2015（4）.

金义富，王伟东，张子石. 未来教育空间站设计与运行模式研究. 电化教育研究，2012（9）.

李凡，陈琳，蒋艳红. 英国信息化策略“下一代学习运动”的发展及启示. 中国电化教育，2011（6）.

李林，王冬，覃文圣，等. 论电子教材取代纸质教材发展趋势的必然性. 中国信息界，2011（5）.

李爽，张艳霞，陈丽，等. 网络教育时代开放大学课程辅导教师角色定位与职能转变实证研究. 中国电化教育，2014（1）.

李海峰，莫永华. 瞰与思：学习科学研究的最新进展兼热点——以《学习科学杂志》（JLS）近十年的文献为例. 中国电化教育，2013（1）.

李红恩. 国民教育体系与终身教育体系的关系. 辽宁教育，2012（10）.

李慎明. “互联网+”的发展必将引发西方国家生产关系的大变革. 红旗文稿，2016（1）.

李文英，张立新. 世界教育信息化的变革及发展趋势. 外国教育研究，2007（10）.

李艳红，赵波，甘健侯. 基于 MOOC 的学习定制服务模型构建研究. 中国电化教育，2014（11）.

厉以贤. 社区教育的理念. 教育研究，1999（3）.

刘杨，等. 中国 MOOC 学习者参与情况调查报告. 清华大学教育研究，2013（4）.

刘东广. 论信息技术对现代教育发展的深刻影响. 考试周刊，2013（12）.

刘刚，胡水星，高辉. 移动学习的“微”变及其应对策略. 现代教育技术，2014（2）.

刘美凤. 解析美国教育技术的三条历史发展线索. 比较教育研究，2004（8）.

卢玉梅，王延华，孙静怡. 从资格框架看我国“学分银行”制度中学习成果框架的建立. 中国远程教育，2013（11）.

马金钟. 依托 MOOC 平台的高校课程联盟运行机制及实施策略. 中国电化教育，2014（12）.

穆建亚. 大学生网络公民教育：意义、内容与路径. 中国电化教育，2015（3）.

南国农. 教育信息化建设的几个理论和实际问题（上）. 电化教育研究，2002（11）.

宁家骏. 关于我国“十二五”信息化发展趋势与教育信息化建设的若干设想. 中国教育信息化，2010（8）.

欧启忠. 未来教师空间站网络教育平台设计. 中国教育信息化，2011（17）.

裴新宁. 学习科学研究与基础教育课程变革. 全球教育展望，2013（1）.

任友群. “慕课”下的高校人才培养改革. 中国高等教育，2014（7）.

桑新民，李曙华，谢阳斌. “乔布斯之问”的文化战略解读 在线课程新潮流的深层思考. 开放教育研究，2013（6）.

单美贤，李艺. 教育中技术的价值探讨. 开放教育研究，2008（2）.

桑新民，刘永贵，梁林梅，等. 教育信息化新阶段的战略思考与顶层设计研究论纲——教育技术学专业创新发展的机遇和挑战. 电化教育研究，2011（3）.

尚俊杰. 新一轮信息技术潮会颠覆教育形态吗？. 人民教育，2014（1）.

尚俊杰，庄绍勇，等. 学习科学：推动教育的深层变革. 中国电化教育，2015（1）.

尚俊杰，庄绍勇，蒋宇. 教育游戏面临的三层困难和障碍——再论发展轻游戏的必要性. 电化教育研究，2011（5）.

申国昌，程功群. 第三次工业革命背景下的教学改革. 教育研究与实验，2013（4）.

苏启敏. 学生评价的民主意蕴. 教育研究，2010（12）.

谈松华. 深化教育体制改革的整体框架与推进策略. 国家教育行政学院学报，2012（5）.

唐燕儿，庞志坚. 社区移动学习——促进教育机会均等的新途径. 中国电化教育，2015（4）.

涂涛，李文. 新媒体与未来教育. 中国电化教育，2015（1）.

汪基德，冯莹莹，汪滢. MOOC 热背后的冷思考. 教育研究，2014（9）.

王红，赵蔚，孙立会，等. 翻转课堂教学模型的设计——基于国内外典型案例分析. 现代教育技术，2013（8）.

王明海，汪天彬. 高中起始年级数学课堂教学探析. 科学咨询（教育科研），2012（5）.

王萍. 大规模在线开放课程的新发展与应用：从 cMOOC 到 xMOOC. 现代远程教育研究，2013（3）.

肖君，胡艺龄，等. 开放教育下的 MOOCs 运营机制研究. 中国电化教育，2015（3）.

肖占君，辛宝忠. 大学生存危机来临还是高等教育普及开始——大学慕课研究与实践的转向与未来走向. 中国电化教育，2015（3）.

徐爱平. 让智能机器人教育进入中小学. 机器人技术与应用，2004（1）.

杨刚，胡来林. MOOC 对我国高校网络课程建设影响的理性思考. 中国电化教育，2015（3）.

张鹏高，冯骐，罗兰. 中国高等在线教育发展现状探究. 中国教育信息化，2016（1）.

郑太年，等. 学习科学与教育变革——2014 年学习科学国际大会评析与展望. 教育研究，2014（9）.

郑旭东，陈琳. MOOCs 对我国精品资源共享课建设的启示研究. 中国电化教育，2014（7）.

郑燕林，柳海民. 美国网络教师的培养及启示. 开放教育研究，2012（8）.

祝智庭，管珏琪. 教育变革中的技术力量. 中国电化教育，2014（1）.

祝智庭，孙妍妍. 数字时代学习的新常态. 开放教育研究，2015（2）.